山水 SHANSHUI JOURNAL 辑刊
第一辑

学术委员会（按拼音排序）
陈尚君　邓小南　韩启德　李　零
潘公凯　司徒立　唐晓峰　童中焘
王铭铭　王庆节　徐　冰　赵汀阳

编辑委员会（按拼音排序）
汲　喆　林　晖　刘　宁　渠敬东
孙向晨　魏　斌　张卜天　张志强

主　编
渠敬东　孙向晨

本期作者
沙　畹（1865—1918）　法国著名汉学家
李　零　北京大学人文讲席教授，美国艺术与科学学院院士
王铭铭　北京大学社会学系教授
张祥龙　中山大学讲座教授
刘　宁　中国社会科学院文学研究所研究员
渠敬东　北京大学社会学系教授
童中焘　中国美术学院教授
薛梦潇　武汉大学中国传统文化研究中心副教授
张卜天　清华大学人文学院科学史系长聘教授
王庆节　澳门大学人文学院特聘教授
杨思梁　中国美术学院教授
贾　妍　北京大学艺术学院助理教授，北京大学古代东方文明研究中心研究员
李涵之　伦敦大学瓦尔堡研究院硕士研究生

CHINESE CIVILIZATION
AND THE WORLD OF SHANSHUI

中国文明
与山水世界

生活·讀書·新知 三联书店

Copyright © 2021 by SDX Joint Publishing Company.
All Rights Reserved.

本作品版权由生活·读书·新知三联书店所有。
未经许可，不得翻印。

图书在版编目（CIP）数据

中国文明与山水世界/渠敬东，孙向晨主编．—北京：生活·读书·新知三联书店，2021.8　（2022.6 重印）
（山水辑刊）
ISBN 978 – 7 – 108 – 07190 – 3

Ⅰ．①中…　Ⅱ.①渠…②孙…　Ⅲ.①中华文化－研究　Ⅳ.①K203

中国版本图书馆 CIP 数据核字（2021）第 126952 号

责任编辑　杨　乐
装帧设计　一千遍工作室
责任美编　康　健
责任校对　张国荣
责任印制　卢　岳
出版发行　生活·讀書·新知 三联书店
　　　　　（北京市东城区美术馆东街 22 号 100010）
网　　址　www.sdxjpc.com
经　　销　新华书店
印　　刷　天津图文方嘉印刷有限公司
版　　次　2021 年 8 月北京第 1 版
　　　　　2022 年 6 月北京第 3 次印刷
开　　本　720 毫米 × 1020 毫米　1/16　印张 21
字　　数　260 千字　图 142 幅
印　　数　5,001－8,000 册
定　　价　88.00 元

（印装查询：01064002715；邮购查询：01084010542）

目　录

发刊词　　　　　　　　　　　　　　　　　　　　　　　　iii

专　题　　中国文明和山水世界

　　　　　泰山：论一种中国信仰　沙　畹　　　　　　　　002

　　　　　秦汉祠畤的再认识——从考古发现看文献记载的
　　　　　秦汉祠畤　李　零　　　　　　　　　　　　　　028

　　　　　山与社会　王铭铭　　　　　　　　　　　　　　068

　　　　　桃花源的隐逸世界　张祥龙　　　　　　　　　　078

　　　　　谢灵运、王维和文人山水画的"居游"理念　刘　宁　　090

　　　　　山水天地间
　　　　　——郭熙《早春图》中的世界观（上）　渠敬东　　116

艺 论	合一三用——中国画的"综合之体"　童中焘	168
行 记	向山水更深处——富春江流域考察　薛梦潇	186
思 想	科学革命——从天文学到物理学　张卜天	210
	物的"可依托性",梵高的鞋与艺术真理的展开 ——也谈海德格尔《艺术作品的本源》　王庆节	226
	罗杰·弗莱的艺术理论及其形成过程 ——兼论中国画论对西方现代艺术的意义　杨思梁	242
万 象	神采幽深——青金石在古代美索不达米亚使用的历史 及文化探源　贾妍	288
	农民、废墟与历史——老勃鲁盖尔《十二月》中的 "如画"风景　李涵之	312

发刊词

今天的这个世界，只讲人的自然权利，却见不到超越的存在，彻底失了精神上的向度。

"山水"，之所以重现在我们的眼前，乃因其为中国文化精神的栖居之地。

在常人看来，"山水"只是一类题材、一门艺术：山水画、山水诗、山水音乐、山水文学，甚至是小小的山水盆景……"山水"作为中国文化的独特因子，起于六朝。东晋南渡，士人们面对苦闷的现实，发现了江南山水的真谛，如孙绰所言："振辔于朝市，则充屈之心生；闲步于林野，则辽落之志兴。……屡借山水，以化其郁结。"当其时，寺院、道观也散布山林之中，所谓"别有洞天"，开始成为一种新的文化现象，传承千年，直到今天。

"圣人含道应物，贤者澄怀味象。"（宗炳语）在中国的文化传统中，"山水"不是一种对自然的摹仿，而要在心性与物象之间构建一种相互契合的关系，寄托一种超越日常世界的精神追求。"山水以形媚道"，这是一种"畅神"的境界，"神之所畅，孰有先焉？"学者常将"山水"与庄学勾连，便是领会了此意。相对于庙堂，"山水"乃隐逸之地，以"天下为沉浊"，故寄情"山水"，遗世而独立。"山水画"造极于宋元时期，即源自文人对于这一精神创造的高度自觉。世人所以贵画山水，郭熙一语道破：人在庙堂，"然则林泉之志、烟霞之侣，梦寐在焉，耳目断绝"。

不过，以"隐逸"之于"山水"，终未道尽"山水"之真精神。"隐逸"终究是一种精神意义的呈现方式，并非与"精进"相对立。"山水"不是一种逃避，不是进取与退舍之间、凡尘与山林之间的选择。"山水"开展的是一片"澄明"的世界，是中国人进入"天地之道"的通路。

《中庸》有云："天地之道，可一言而尽也：其为物不贰，则其生物不测。天地之道：博也，厚也，高也，明也，悠也，久也。"其"至诚无息，不息则久，久则征，征则悠远，悠远则博厚，博厚则高明。博厚，所以载物也；高明，所以覆物也；悠远，所以成物也。"由是观之，"山水"正是通达"天地世界"之道途，是中国人精神世界的超越体现。中国文明的超越性固然不在彼岸，却也绝不限于心性。山水之道即天地之道，是物质精神之合体，"天人"关系之本然。

现代社会物我两分，天人阻绝，"自然"转而为一纯粹对象的世界。天地山水之精神已然远去，"博厚、高明、悠远"的澄明之境亦已不再。今天重提"山水"，乃为重建"天人"关系，重建中国人的精神家园。

"山水"是中国理解世界的维度，亦因历史演变而转化：从先秦时期绝地天通的山川祭祀，到中古以降澄怀修身的山水艺术，再到现代平等社会/民族国家背景下的山河政治，皆为中国文化传统中整全性的精神概念。

遗憾的是，由于现代学科的分野，一直以来文学、艺术、宗教、历史、政治、社会等领域的文人、学者、艺术家很少就此开展视野宏阔的共同研究。有鉴于此，《山水》集刊拟邀学术界和艺术界各方人士，就"山水"这一核心议题阐幽发微，考订辩难，以期再造中国文明之精神的超越维度，并与世界其他诸文明的精神内核形成对话，共同探求这个世界的未来。

天地交而万物通，上下交而天下邦。中国文明的根本，是天地上下的交通，而非存在之本体的追究。"天地以成，群物以生，品物以正"，唯有山水之间，一切秩序方有始源。人于天地中，作为交通的媒介，无时无刻不在寻找着交通的路径。

在汉学家沙畹看来，亘乎千年的封禅祭祀，即泰山的祭天封仪及社首山的祭地禅仪，将先祖的功德和丰产的祝祷寄于上天下地，化为神圣信仰。于是，山岳成了神明，"在人主和天或地之间扮演着中间人的角色"，发挥着"圣德齐天""万物资生""惠及生民""惊远惧迩"等作用。李零从考古、文献和实地考察等角度，指出秦汉时期的山川祭祀已成天地交通的完整枢纽。皇帝巡游天下，封禅与郊祀并举。祠、畤是郊祀之所，祭祀的对象是天地、五帝、名山大川和各种鬼神。秦汉祠畤，数量很大，分布极广，秦有二百余所，西汉则有近七百所。从秦皇到汉武，齐秦两系的祭祀传统逐步得以东西整合，与军事上的南北整合一道，形成了祀与戎的"大一统"体系。王铭铭通过考察民间信仰，提出中国社会的每个社区，都置身于一个由聚落-田园/牧场-山水三个圈层共同构成的生活世界里。不同形式的"神山系统"都构成了古老的宇宙观。作为万物汇集和上下贯通之轴，为所谓的人间社会，赋予了一种神性的底色。

魏晋之际，释道并入，山水世界开始变得充盈起来，成了天地的化境。晋人宗炳所说"圣人含道应物，贤者澄怀味象"，唐人张璪也说"外师造化，中得心源"，都是要从山水之间寻得心物共生的通道。张祥龙以为，陶渊明将儒家和道家的精华结合，认亲亲之家可构成仁义之社团，与世无争或与世隔离，正是庄子讲的"至德之世"，结合了显与隐的两个向度。在刘宁看来，山水诗人谢灵运开辟了文人居游的心灵世界。山居体验中，既有丰饶自足的养生之具，又有各具神采的自然之景，使人栖清旷于山川，寄高情于尘外。在筚路蓝缕、探幽寻胜的览游中，谢灵运更是受到佛教涅槃学的影响，深得"诸行无常""寂灭为乐"的顿悟。后来，唐人王维则将"居"之沉潜和"游"之触发统合一处，缔造了终南、辋川别业中的文人千古幽独之境。"身居庙堂，心系山林""不下堂筵，坐穷泉壑"，是渠敬东所刻画的宋代士人群体的共同心志。通过对郭熙画作《早春图》的分析，指出宋人如何"俯仰往还，远近取与"，得象会意，方能把捉气势相生、远近相迎的山水大象。山水世界，是士人构造的更为整全的精神世界，为天地而造设，为人心所归往。

专题

中国文明和山水世界

泰山：论一种中国信仰 *

沙 畹

中国的山岳俱为神明。她们被看作自然崇拜的力量，有意识地运行着，因而能够通过祭祀致获祯祥，也会为祈祷所动。不过，这些神明的重要性却又各不相同：一些神明是卑微的地方守护神，其威权仅施行于有限的地域范围之内；另一些则是雄伟庄严的君王，支配着无限广阔的区域。其中最著名的有五座，[1] 分别是中岳嵩高、东岳泰山、南岳衡山、西岳华山以及北岳恒山。在这五座山岳当中，其中一座较其他四座更负盛名，即东岳泰山。我将其选作研究对象，并将力图阐明人们为何崇奉泰山。本文可以帮助我们一方面澄清山岳在中国宗教中所扮演的一般角色，另一方面确定那些使得泰山在目前的信仰以及在历史中都占据了显著位置的特殊职能。

---

* 本文节译自沙畹《泰山：论一种中国信仰》一书的第一章和结论部分，秦国帅译，雷阳校。Édouard Chavannes, *Le T'ai Chan: Essai de monographie d'un culte chinois*, Paris, Ernest Leroux, 1910, pp.8-26, pp. 234-236.

1 我们首次发现列举五岳之名，是在司马迁于公元前98年或稍晚撰写的《封禅书》当中（参见《史记》，法文译本，第3册，第415—416页），不过，这份名单形成得更早。事实上，此处的五岳显然是按照其相对于都城的方位而命名的，嵩高被称为中岳以及华山被称为西岳，只有在都城为洛阳（河南府）这一假设之下才能成立。然而，西汉（公元前206—公元25）的都城是长安，在此之前秦朝（公元前221—前206）的都城则是咸阳。这两个位于华山西部的城市，丝毫不能解释它被命名为西岳的理由。很可能是在都城为洛阳的东周时期，即公元前770年至前256年之间，中国五岳主要山岳的名单已然形成。据《尚书·舜典》的注释者的说法，五岳之名应当追溯到舜帝时期，或者至少到《舜典》篇的成书时期。但是，我们会发现，这部文献只提到四岳，对中岳则只字未提；另外，这四岳中只有三座是依其方位而命名的，人们可以轻而易举地将之与目前这份名单中处于相同方位的山岳匹配起来。在《舜典》的四座山岳当中，只有一座被明确地命名，即人们在《禹贡》中称为岱山的岱宗，此山无他，正是泰山。因此，我们从《尚书·舜典》中能够获得的唯一准确信息是，自《舜典》篇成书的遥远时代起，在泰山上举行祭祀以敬上天这一做法就已然十分著名。不过，对于仍未明确界定且仅仅出于对称而在《舜典》中被提到的其他三岳，即南岳、西岳和北岳，我们不敢妄下结论。

一

泰山庞大的身影屹立于泰安府驻地县城的北方，但她并不是一座特别雄壮巍峨的山峰，事实上，她的海拔高度只有1545米。² 尽管如此，她却是中国东部最高的山岳，因而被看作周边所有山峰的管理者和东方的主宰。【图1、图2】

高耸之地宜生非常之象，这一观念并非为中国所独有。西奈山（Sinaï）和奥林匹斯山（Olympe）³ 向我们表明，在所有国度，且不论何时，山岳都是诸神明流连眷顾之所。事实上，这是人类精神中自发产生的一种观念，即，为了能够与天上诸神相交通，人们应当接近这些神明，而登上山顶之后，人们就能够在此与之际遇。如果说泰山已然成为举行祭天仪式的众选之地的话，那么，这主要是基于所有民族共有的一种信念。

同样，民间传说也告诉我们，山岳亦是身具超凡能力之人的居所，还有众多仙子或地灵嬉戏于此。在道教的影响下，中国的山岳神灵被构想为一些摆脱了诸种重压于人身并缩短人生寿命的束缚的人；他们是神仙、受福之人，正如汉代铜镜铭文所说的那样："上泰山，见神仙。食玉英，饮醴泉。"

不过，山岳并非仅仅是天上神明以及仙真的显现之地，她本身亦是神明。⁴ 就泰山而言，我们在施加于她的官方荣宠当中就能找到证据。如果司马迁的记述可信的话，⁵ 那么，自周朝起，五岳之神就被与人称"三公"的三位朝廷最高级别的官员同等对待。725年，唐玄宗进一步提升了泰山神的位阶，授予其"天齐王"的封号。⁶ 1008年，宋真宗为此封号添加了一个新的修饰词，进而使之变为"仁圣天齐

2　参见 Fritsche, Tables d'observations géographiques, magnétiques et hypsométriques de vingt-deux points de la province de Chan-tong, dans *Repertorium für Meteorologie*, t. III, n° 8 : St. Petersbourg, 1878。

3　西奈山，又称摩西山，位于埃及西奈半岛南端，在《圣经》中是上帝显现并向摩西传授不杀人等十条诫命的地方，因而成为基督徒眼中的圣山；奥林匹斯山，位于希腊中部，是希腊神话中天神宙斯等诸神居住的地方。——译注

4　最早提到泰山作为神明的文献是《晏子春秋》（卷一）。我们于此读到，当齐景公（公元前547—前489）准备举兵攻打宋国时，他在梦中看到两个非常愤怒的人。一个占梦者向他解释说，他们是泰山神，"师过泰山而不用事，故泰山之神怒也"。这种解释尽管遭到了晏子的质疑，但至少证明了，自公元前6世纪起，人们就以人的形象来描述神化的泰山，不过，人们还并未将其看作一个非常明确的人物，因为他还是以两个人的形式出现的。

5　《史记》法文译本，第3册，第418页。

6　参见《旧唐书》卷二十三。在司马迁的《史记·封禅书》（法文译本，第3册，第432—433页）中，我们发现"天齐"彼时意指天之肚脐，因为"齐"与"脐"相通。在司马迁的作品中，"天齐"一名用于一个人们在其旁边祭祀名为"天主"之神的湖，不过，这个湖与泰山毫无共通之处，并且，当人们将"天齐"一词赋予泰山时，并不是为了将之与上天的肚脐（转下页）

图1　泰山全图

图2　泰安府南北向主街道，背景可见泰山顶峰

王"。[7] 1011年，又是一次新的晋封，其封号中的"王"被替换为"帝"，这样，泰山神就变成了"天齐仁圣帝"。[8] 1291年，元代，这一封号再次扩伸了一个定语：天齐大生仁圣帝。[9] 然而，1370年，明太祖终结了历代王朝借由叠加封号而冀求赢得神灵庇佑的做法。他宣称，世间的封号，无论多么显耀，都不足以表达人们对神明所怀有的尊崇之情。就此而言，人们用以指称神明的诸多措辞中最简单纯朴的，

（接上页）相比较，而是为了表明其"峻极于天"。司马迁的作品与725年泰山神被授予的封号之间不能建立任何关联，两个用语之间的巧合是偶然的。

7　《宋史》卷一百零四。

8　《宋史》卷八。封号中由王到帝的替换是同时针对五岳神明颁布的。

9　《元史》卷七十六。

才是尊崇的最高标志。因此,为了朝奉泰山神,人们往后将之称为"东岳泰山之神",而禁绝其他所有称谓。[10]

山岳神明的职权一般有两种。一方面,她实际上以其庞大之躯压制周边所有土地,因而成为稳定的本源;她是防止土地运动、河水涨溢的控制者;她阻止地震、水灾的发生。另一方面,云彩集聚于顶峰,仿佛是山岳创造了它们,山岳因而配得上"兴云师"(assembleur de nuages)这一传奇美誉,[11] 所以,山岳神明控制着使土地肥沃的雨云,并促成丰收。

明代为数众多的祝祷文向我们表明,人们之所以祈告泰山,实际上正是基于这两种职权。春天,人们祈求她助益谷物的生长;秋天,人们进奉感恩,以酬谢她所护佑的丰收。人们还祈求她救济民众,她无形而有力的行动配给了比例适宜的雨旸,从而使得粮食作物达至成熟。当发生干旱时,人们向之祈助完全是自然而然之事,因为"雨旸以时,冥任其责"。[12] 因此,每当民众翘首望雨、谷穗在田中枯萎变黄以及农民开始担心饥荒之时,皇帝就求助于这座能够也应该终结此种不幸的高山伟岳。同样,当发生地震或水灾时,诸多应此而作的祝祷文也提醒泰山作为整个地区支配者的职能,并请求她恢复秩序。

从这些对中国宗教史而言十分有趣的文献中,人们会发现皇帝与泰山神之间的诸种假定关系。每当天下产生某种混乱时,皇帝就开始谴责自身的失德。事实上,这是中国人的宗教心理学中的一个主要思想:一方面,自然灾害首先归因于道德的缺失;另一方面,皇帝要对所有人的罪过负责,因为如果他统治得好的话,所有民众的举止都将会合乎其宜。不过,在承认其过失的同时,皇帝亦昭告泰山神,她本人也不能免责。之所以向之进奉牺牲并倍加美誉,正是因为人们看重她的庇护;如果辜负了人们给予她的信任,那么她就不再配得上人们的尊重。很可能,泰山神并不是造成突袭人们的诸多灾难的根源;不过,既然她有责任与上天协作以保证生民的繁盛,那么,当不能及时消解人们向其指出的灾祸时,她就应该受

10　1370年的这道政令被刻于一通石碑之上。

11　《隋书》卷七:"爰有四海名山大川,能兴云致雨,一皆备祭。"另,卷七中还载:"七日,乃祈岳镇海渎及诸山川能兴云雨者。"

12　载《岱史》卷七18页下。——译注

到指责。1455年，一位皇帝[13]就说道："然因咎致灾，固朕躬罔避，而转殃为福，实神职当专。夫有咎无功，过将惟一，转殃为福，功孰与均？"[14] 1452年，同一位皇帝值黄河水灾之际便称："伊谁之责，固朕不德所致，神亦岂能独辞？必使泉出得宜，民以为利而不以为患，然后各得其职，仰无所负而俯无所愧。"[15] 因此，在我们看来，皇帝与泰山神如同两位上层显贵，他们地位几近平等，且由上天任命以确保人民的福祉，一位通过其圣贤治理而在人们中间建立和谐与美德，另一位通过其控制能力而在物质世界维持良好的秩序。此外，他们两者又因其行为而向授予其职责的上天以及从中期望自身繁荣昌盛的人民负责。通过皇帝的道德力量与泰山神的诸种自然力量的持久合作，干旱、地震以及洪水等就能够被避免，人们将会获得福佑。

此外，人们在其他初看起来似乎并不容易解释的情形下仍要祈求泰山神的保佑。事实上，在明代的祝祷文中，我们发现了许多呈请，其目的在于向泰山神宣布帝国军队即将出发进行军事远征。皇帝首先谨慎地声称他知道所有军事行动的严重性；他列举了尽管不愿使用武力但仍迫不得已而劳师袭远的诸多苦衷；在如此辩护其决定之后，他又指出了这些抛弃家人而不顾漫漫征途的危险与劳顿的军队将会面临的危险；他祈求泰山神使士兵们免于致其死亡的瘴气疠疫，并恳请神明保佑所有兵勇都能安然无恙地回到家中。问题出现了，我们需要知道，泰山为什么会出现在此类情形当中？这位主宰东方的地方神灵，又是如何在远行动中护卫讨伐广西或东京[16]叛乱的军队的呢？我们在这些祝祷文的结尾语中找到了答案。在一篇祷文中，我们读到："然予未敢轻告上帝，惟神鉴之，为予转达。"[17] 另一篇祷文则写道："万冀神灵，转达上帝。"[18] 或者另如："万冀神灵，鉴予诚，闻于上帝。"[19] 因此，无论在何种情形当中，泰山神都未被召请去履行超越自身权限的行

13　应指明代宗朱祁钰（1428—1457，1449—1457年在位）。——译注

14　载《岱史》卷七19页上至19页下；亦见《明英宗实录》卷二百五十三。——译注

15　载《岱史》卷七18页下至19页上；亦见《明英宗实录》卷二百二十。——译注

16　东京，越南古地名，指以今河内为中心的越南北部地区。——译注

17　载《岱史》卷七15页下。——译注

18　载《岱史》卷七16页上。——译注

19　载《岱史》卷七17页上。——译注

动。她在人间君主和至上神明,即唯一具有主宰宇宙各个方向之资格的上帝之间,仅仅扮演着中间人的角色。由于这个至上神明太过遥远且威势甚巨,乃至人们不敢直接向其祈请,便委托其身边的一个下级神明进行协调以感化他。既然泰山的高度接近上天,她便被完全任命来履行这个职责。

二

到目前为止,我们所列举的宗教职权对于泰山神和中国其他的山岳神灵而言都是共通的。比如,如果仔细研究一下涉及中岳或西岳的文献,我们就将发现祈雨文、地震和水灾时的祈祷以及与上帝进行斡旋的请求。但是,泰山还有另外一些专属的职权,我们现在将要研究的,正是这些职权。

泰山为东岳,在此意义上,她主宰东方,即众生的源起之所。如同太阳以及所有的生命都从东方开始。可以使青翠的植物元气涌动的阳气集聚于东岳,其充满活力的气息也从此处散发出来。1532年,一位皇帝[20]祈育子嗣,他之所以朝请于泰山,正是因为这座山岳是取之不尽、用之不竭的生育源泉。

泰山在其腹中承载着所有的未来生命,一个十分合乎逻辑的推论即是,她与此同时还是已达尽头之生命前往的聚集之处。从公元1、2世纪开始,这已经是中国十分普遍的一种信仰,即人死之后,其魂归泰山。在民间文学作品当中,我们能够找到一系列讲述关于这片类似于爱丽舍乐土(champs Elysées)[21]的田地的稗闻野史,在那里已逝之人继续说话和行动,与生时无异。在此,高官显职仍旧是人们渴求的对象,权高势重之人的举荐依然极为有效。这是地面之下的另外一个中国,成长、绽放于圣山东岳。

既然泰山能够荐生纳亡,我们就此可以总结,她主宰着人类或长或短的生命。她集三位帕尔卡神(Parques)[22]的职权于一身:给予生命、维护生命以及最后终止

20　应指明世宗朱厚熜(1507—1567,1521—1567年在位)。——译注

21　爱丽舍乐土或爱丽舍福地,是希腊神话中地狱的尽头,是英雄和德行高尚之人死后的归宿。——译注

22　帕尔卡,罗马神话中掌握生、死、命运的三位女神诺娜(Nona)、墨尔塔(Morta)、得客玛(Decuma)的合称。——译注

图3　蒿里山神庙内的石碑

生命。人们还向之祈祝，冀求获得生命的延长。公元100年左右，许峻自觉病笃，于是前往泰山祈命。3世纪时的诗人应璩则满怀伤感地写道："年命在桑榆，东岳与我期。"

传说精确定位了逝者灵魂在泰山脚下聚集的地点：约在泰安府城西南2公里处被称为蒿里山的一个小山丘之上。人们曾在紧邻这个小山丘的地方举行庄严的祭地仪式，即禅仪，这也是人们将地下的逝者王国置于此处的原因。一千多年之前，一座寺庙在此建立起来；时至今日，游人如织，更胜往昔。当前往游览时，人们首先感到吃惊的是不可胜数的墓碑，形成了长长的墓廊。这些石碑由诸多家族或乡村社区建立，用以标明其已逝祖先的集会之地。【图3】

蒿里山神庙包括数栋宏伟壮丽的建筑物，与他处奉祀泰山神的主要庙宇一样，在这座神庙当中，我们能够看到七十五司室，沿着一个内院的四墙依次排开。这些司室等同于审判法庭，其中用灰泥雕塑再现地狱中的审判。因而，泰山信仰似乎与彼岸世界的报应尤其是惩罚相关。这一事实也提出了一个宗教史问题。实际上，到目前为止，泰山神在我们看来是一位自然神明，不管是主宰降雨以及大地的稳固，还是作为生死的起源，她所致力的仅是自然现象，其中不涉及任何道德因素。此外，这也正是泰山信仰乃一种道教信仰的原因，因为与首先是道德宗教的佛教相反，道教主要是一种自然宗教。在中华帝国的疆域之内，正是道士主持管理着象征自然力量之神明的祠宇。既然如此，在泰山信仰当中，我们又如何能够看到依据其行为之善恶而在他界受到惩处或奖赏的灵魂审判这一道德观念的介入呢？

毫无疑问，这一观念并非泰山信仰所固有，而仅仅是在唐朝，即公元7或8世纪才引入的。我们可以将之归因于佛教对道教的影响。在佛教当中，诸所作为的报应这一观念是原始且本质的。人们可以说，这正是忽略自然而仅仅关注道德的佛教这一宗教成立的基础。然而，作为由印度传入中国的道德宗教，佛教将自身植根于道教这一纯粹中国起源的自然宗教旁边。因此，为了共同生存，这两个系统随着时间的推移而相互作用。因而，道教从佛教中借用了惩罚与奖赏的道德理论，并完全仿照佛教的地狱而建立了自己的地狱。在完成了对自身宗教基底的补充之后，道教随后开始寻找能够将自身附于其上的信仰。它找到了两种信仰：一种是城隍信仰，城隍神主宰着城市的垣墙，并如同法官一样负责裁决城中居民的行为；另一种则是泰山信仰，因为这一神明主宰着死者的灵魂。这就是为什么人们能够在中国的两类道教寺庙，即城隍庙和东岳庙中找到地狱酷刑的具体表现。这同时还解释了，为什么在这两类庙宇当中，人们经常会看到形制巨大的算盘悬挂于迎墙而立的庙门之上：这种计算工具的出现意味着，此处神明拥有清算人的行为并称量善恶之职。

三

历史文献多次长篇大论地向我们讲述在泰山山顶和山脚举行的著名仪式：封和禅。封仪为祭天，禅仪为祭地。我们必须准确界定这些仪式是什么。

一种说法认为，这两种仪式可追溯至远古时代，并且曾频繁举行。这种说法被附会于该传说的源起之人管仲[23]：公元前651年，齐桓公提出举行封禅仪式，他的谋士管仲通过向其阐明他不具有所需的资格而最终取消了他的这一念头。管仲的主要依据是，这些仪式是天子的特权，而并不适宜于一个单纯的霸主。为了证明这一点，他回述道，在远古时期，所有举行这些仪式的人都是由上天这一至上权威所

23　参见《史记·封禅书》（法文译本，第3册，第423—424页）。

授受的君王，其数共有72家，不过只保存下来最后12家。这12家开始于名字不见于别处的无怀氏，接下来是三皇（伏羲、神农、炎帝），随后是五帝（黄帝、颛顼、帝喾、尧、舜），最后是前三个王朝的代表君主（夏禹、殷汤、周成王）。因此，我们在此所看到的，是整部神秘的中国上古史，它与历朝历代用以确立自身合法地位的封禅仪式相关。这里已经出现了一种值得怀疑的先验理论。从另一方面来说，很明显，之所以将身世成谜的无怀氏加入并置于这份名单的首位，无非是为了支持人们记得起名字的12家君王中的12这一数字。另外，与一年12个月或木星公转周期为12年相应的这个数字，似乎是基于神秘的考量而确定的。同样地，还有60位不为人所知的君王中的数字60，因为这一数字与时间的六十年一轮回相应。最后，同样的情况还有两者的总和72这一数字，因为72在与象征五行的数字5相乘之后积为360，大致与一年的天数相应。因此，我们总结认为，这是一套人为的系统化的理论，并不建立在任何历史基础之上。不仅如此，我们也没有任何理由相信这一理论实际上为管仲所主张，并进而认为封和禅这两种仪式自公元前6世纪已然名著于世。这两种仪式似乎是极为后来之事，直到公元前2世纪末，当人们殚精竭虑去寻找各种理由鼓动汉武帝举行这些仪式时，它们才被构想出来。

为了与更晚近的时代相关联，另一份涉及封仪的文献也同样值得注意。我们在司马迁的著作[24]中读到，公元前219年，著名的秦始皇通过暴力在封建制度的废墟之上建立了中华帝国之后登上了泰山："至巅，立石颂秦始皇帝德，明其得封也。"[25]下山时，他突然遭遇了一场暴风雨，于是便在一棵树下躲避。为示感谢，他授予了这棵树"五大夫"的封号。——这个故事不可能是捏造的：秦始皇帝确实曾登上过泰山，并且关于被晋封为大夫的松树的传闻也有可能是真实的。但是，封仪的出现似乎是之后引入故事的。与司马迁所说的相反，保存至今的泰山碑文并未有只言片语提及此仪式。无论在泰山，还是在峄山、芝罘山以及琅琊和碣石岬角，秦始皇帝所立的石碑，与其所竖立的巨形柱座一样，宣扬着他的辉煌功业，或向无垠的天空，或向广阔的大海。但是，封禅仪式似乎完全不在这个骄横暴君的考虑范围之内。

---

24 参见《史记》法文译本，第3册，第431页。
25 载《史记·封禅书》。——译注

事实上，第一次举行这些仪式的时间是公元前110年。我们本有机会对这一事件有更多的了解，因为《史记》的作者司马迁或其父司马谈本应该因其太史令的资格而实际地参与这些仪式。但是，司马谈恰恰死于其伴随汉武帝前往泰山的途中，而司马迁则在承袭父职之前经历一段远离公共生活的守丧时期。因此，无论是父亲司马谈，还是儿子司马迁，都不可能在公元前100年出现于泰山之上。再者，即使曾在场，他们也极有可能不会知道太多详情。事实上，公元前100年的这次封禅仪式的独特之处在于，它是在极为秘密的情况下进行的。当汉武帝登上泰山顶峰进行祭祀时，他仅仅由一名贴身官员陪伴，并且，这名官员恰巧几天之后突然死去了，这样一来，汉武帝从此就成为唯一知道在这孤立的顶峰之上他和神明之间发生了什么的人。[26] 是什么原因使得这个秘密被保守得如此之好呢？人们对此无计可施，只能猜测。最可信的假设之一是，汉武帝举行此次祭祀的目的是确保他本人获得福祉和长生。为了实现这一点，他必须求助于时人信以为有效的技术手段。这些手段旨在通过巫术将对人产生威胁的恶灵转嫁到他人头上，从而将其移除。[27] 当不幸来临时，人们向其供奉的牺牲品便不再相同了。诚然，这种代换应该在最为隐秘的情况下进行。

汉武帝决定以后每四年便重游一次泰山，因而，他分别又于公元前106年、前102年和前98年举行了封仪。公元前93年，他再一次举行了封仪，不过这次似乎晚了一年。但是，所有这些场合都与第一次一样，历史学家含糊其词，并且，如果仅通过汉武帝的统治时期来认识封仪的话，那么我们所知将极为有限。

到了那些使泰山封禅仪式成为公开盛典的诸位皇帝的时代，文献就变得更加丰富和清晰了。这些皇帝是：公元56年封禅的东汉光武帝、666年的唐高宗、725年的唐玄宗、1008年的宋真宗。我们还应该加上武则天，她于695年在中岳嵩山举行了与泰山封禅类似的封禅仪式。封禅仪式只举行了这五次。在这五次案例当中，人们所施行的仪式几乎完全相同。因此，我们可以将这五个时期涉及封禅仪式的文献综合到一起，并进而对这些仪式做出一般性的描述。

封仪在两个地方举行：首先包括在泰山脚下东4里处的一个坛上举行的祭祀，

26　参见《史记》法文译本，第3册，第501页注释2及第504页注释1。

27　参见《史记》法文译本，第2册，第473页；第3册，第454页；第4册，第245、379页。

这个坛就是人们所称的"封祀坛",其尺寸各不相同,不过一般来说,是按照都城南郊举行祭天仪式的圜丘这一模型建立的;另外,封仪还在山顶的一个坛上举行,这个坛被称为"登封坛",是一个广五丈、高九尺的圆形平台。在这两个坛中,第二个更为重要,人们在第一个坛上举行的祭祀是一种预先的仪式,用以告知神明人们预行的程序以及主要的祭祀仪式会在山顶举行。

在以祭天之名举行封仪的同时,人们还以祭地之名举行禅仪。禅仪行于一个八角形的坛上,在泰山祭祀的案例中,此坛位于一个被称为社首的低矮山丘之上,即人们所称的"降禅坛",是按照都城北郊举行祭地仪式的方丘这一模型建立的。

最后,当封仪和禅仪都举行完毕之后,皇帝登上"朝觐坛",并接受文武百官的朝贺。

这就是唐宋时期与封仪和禅仪相关的文献中涉及的四个坛。

这些仪式究竟包括些什么呢?如果是普通的祭天和祭地仪式,那么,在祭天仪式中,贡品就应该被烧掉,以由青烟带至上天;而在祭地仪式中,贡品就应该被掩埋,以达于地下神明。事实上,举行封仪的两个坛旁边确实各有一个柴堆,而举行禅仪的坛旁边则有一个大坑。但是,这些柴堆和大坑在此仅仅发挥着附属性作用。人们所带来的贡品也是次要的,甚至,依据一些《仪礼》博士的说法,除吸引神明来降之外,这些贡品并无其他意义。那么,主要的仪式是什么呢?

封禅仪式的核心目标在于向天地宣布一个王朝的成功。达到荣耀顶峰之后,皇帝会追忆其先祖的功德,并感谢天地对他们的宗系所给予的支持。这种通告以书写文本的形式出现,并被雕刻于玉简之上。[28] 玉简共有5条,每条长一尺二寸、宽五寸、厚一寸;当相互叠加时,5条玉简共厚五寸,与其宽度相等。5条玉简形成的平行六面体上下两面各由一条厚二寸、长宽与玉简等同的玉带加以保护。在这两条玉带上面,人们制作了一条凹槽,缠以金绳5周,封以盖于长一寸、宽零点二寸的长方凹槽中的印章。这样,在这5条玉简由两条用作护封的玉带妥善无误地捆绑起来之后,人们就将之置于一个正好能够容纳它们的玉盒当中。随后,这个玉盒本身又被放入人们所称的石函当中。

石函由3块叠加的四边形石板构成,每块石板边长五尺、高一尺。中层石板中

---

28 "玉"一词可能不仅适用于狭义的玉,也用来指诸多坚硬的岩石。

央部分的岩石被镂空，以便能够安放装有玉简的玉盒【图4】。把玉盒放入其藏身处后，人们首先要放好充作盖子的上层石板。然后，为了防止这三块石板相互移位，人们又用直立的石带将之固定住，这些石带宽一尺、高三尺、厚七寸，扣在石板侧壁专门为此而制的槽中【图5】。石带共有10条，石函的南北两侧各置3条，东西两侧各2条。为了确保这些石带附着于石壁，人们又缠上3条金线，每条线各绕5周。这些线穿行于石带表面凿出的凹槽中，止于边长五寸的印章处。

这样，石函就形成了一个牢固的整体，为了确保平稳，人们又在其四角安置护墙【图6】。这些护墙由12块长十尺、高一尺、宽二尺的大块岩石组成，每三块交叠之后，这些护墙通过一个双斜面的凹槽嵌套在石函四角上。

汉代时，人们在所有此类建置的周围放置18块竖立的岩石，每块岩石高三尺，建筑在深入土中四尺的基座之上。这一设计在唐朝时被取消了。实际上，石室及其护墙在汉代时仍旧是裸露的，而在唐朝时，人们则覆之以巨大的土丘，将它们完全隐藏起来。从那时起，竖立的岩石圈也就不再有任何存在的理由。正是基于同样的原因，唐朝人取消了汉代人建立起来的用以标明石函四面入口的成对石柱。

我们刚刚描述的设计不仅见于泰山顶峰的登封坛，而且在泰山脚下的封祀坛和降禅坛亦是如此。

如同我们所见，封和禅这两种仪式，一则举行于泰山，一则举行于社首山，一则祭天，一则祭地。如果有人选择在泰山顶峰来安放一条寄送上天的信息，这很可能是希望这条信息能够更加接近它的目的地。如果将对土地的祝祷置于社首山，很明显，这是因为这座小丘形成了周围平原的中心【图7】。然而，这一考察并不足以解释封禅仪式的特征，因为与一般为上天和地下神明举行的仪式不同，封禅仪式既不焚烧也不掩埋寄给神明的祝祷文，而仅仅无比谨慎地将之包裹起来。为了解决这一问题，我提出如下假设：泰山和社首山之所以被选定来举行封仪和禅仪，并不仅仅是因为她们的自然地势，即一则近于天，一则近于地。她们作为神明在人主和天或地之间扮演着中间人的角色。寄于上天的祝祷，人们托之于泰山神，而寄于下地的祝祷，人们托之于社首山神，以便她们能将之送达这些祝祷各自的接收者。从那时起，封禅仪式所具有的形式变得清晰明了。皇家玉简既不被焚烧也不被掩埋，因为这些玉简不会直接送达上天或下地。它们被寄放于负责递送它们的泰山或社首山。这就是为什么人们会仔细地将它们包装起来，如同将一个物品托付于信使时所做的那样。在我看来，这是唯一能够容许我们理解封禅仪式的

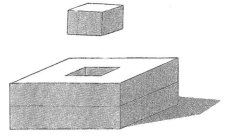

图4 石函的中下层石板及玉盒

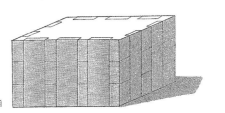

图5 由十条石带固定的石函

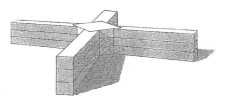

图6 石函及护墙

图7 从社首山远望泰山及泰安府

解释。

如同我们已经看到的，这些仪式极少举行，但每逢举行则盛况空前。公元725年和1008年的两通宏伟的石碑铭文——我们将在后文见到其拓本和翻译——就是确凿的见证，向我们表明人们在这些华丽隆重的仪式上的花费是多么豪奢。然而，或许其所包含的铺张正是这些仪式消失的原因。这种使皇帝与随行的文武百官、外国使节甚至后宫妃嫔前往东岳圣山的宗教热情助长了各种流弊。这是大量消费的时机，一众精明之人赚满了荷包；对于在轻信谗言的皇帝的宠信之下抛头露面的佞臣而言，这也是极为有利的时刻，他们创造出各种奇迹，以哄骗皇帝相信超自然的神灵对他极为珍视；另外，这还是民众苦难的一大渊薮，人们为拥有一个为神明所珍爱的君主的这份荣耀付出了昂贵的代价。诸如此类的弊病，从未像1008年的封禅仪式表现得那么明显。这也有可能正是这些仪式自此以后再也没有重复举行的原因。不过，尽管自九百年前已遭废除，但关于封禅仪式的回忆却仍旧在人们的脑海中难以磨灭，并且，时至今日，每当有游客游览泰山时，映入眼帘的众多石碑仍令人想起如仙境般显现的极其壮观的封禅队伍，往昔之时，这些队伍从泰山山脚一直延伸到其最高峰。

四

到目前为止，我们已然探讨的泰山信仰均为官方信仰。我们用以展现其不同面向的资料也大部分来源于帝国的行政机构。接下来我们还需要说明其在民间实践中变成了什么。

泰山信仰是中国最为流行的信仰形态之一。在所有重要的城市中，我们都能够找到一座与泰山有关的庙宇，或则被称为东岳庙，或则被称为天齐庙，或则被称为泰山行宫。在这些庙宇当中，许多匾额都用四字成语来赞美泰山神。其中一些称引它的名字：

岳宗泰岱

另一些则将其影响或高度提升到与上天等同的程度：

圣德齐天
峻极于天[29]
山岳配天

还有一些则认为，泰山是万物的起源，她通过慈善之举维系生命，因而，她是生死之主：

万物资生
权掌生机
惠及生民
惠溥群生
恩深再造
指掌生死

不过，绝大多数匾额都在暗示泰山的司法职权，即主宰着阴间的奖赏与惩处：

判断无私
普归泰镜
这里难欺
惊远惧迩
神灵赏罚
善善恶恶
福善祸淫
恶者不留
临下有赫
难逃洞览

---

29 此句来源于《诗经·大雅》，第三节，第五篇，第一行。

事实上，在民众的想象当中，恰恰是这种地狱判官的角色才是泰山神的核心角色。沿着东岳庙主院的四墙之上，七十五司展示了专为邪恶之人死后准备的各种恐怖酷刑，之所以如此，就是为了通过一种宗教恐怖来警诫那些曾经犯下某种小过失的不幸之人，促其自省。这也是东岳庙中总是人头攒动的原因，而庙中精明的道士则向之允诺，通过一定的金钱和香火，他们将获得裁决他们死后命运的令人生畏的判官的宽恕。

然而，一个细心的观察者会毫不迟疑地意识到，在某些东岳庙中，泰山神并不是唯一为自身招徕供奉的神明。我还记得在北京参观位于北京两座东门中北边的那座门[30]外的东岳庙时，我的注意力一下子被那些用一种奇特方式前往寺庙的妇女所吸引。堵塞马路的马车、手推车、骡子和驴子乱哄哄一片嘈杂，而妇女们在其行程中还没走上三步就拜倒在满布尘土的小路上。她们重新站立起来走了三步之后又再次拜倒。然而，她们痛苦之路的终点却并非泰山神所端坐的主殿。她们走向的是由女性神明所占据的其他殿宇。因此，我们接下来就将考察作为如此虔诚信仰之对象的这些女神。

这些女神当中的主神即人们所称的碧霞元君。"碧霞"一词是指宣布曙光来临的彩云。至于"元君"一词，则是道士授予女性神明的一个封号。有鉴于此，电母秀文英又被道士称为秀元君。[31] 所以，碧霞元君即为彩云公主：她是曙光女神，人们将之看作东方之神泰山的女儿。这种信仰并非十分久远，似乎起始于1008年在泰山顶峰发现的一尊大型石像。宋真宗于是又立刻复制了一座玉像，并将之立于曾在附近发现第一尊石像的池塘边上。自此以后，这片池塘就被称为"玉女池"。这尊玉像立刻吸引了为数众多的崇拜者。奉祀她的庙宇也不停地修葺、发展，时至今日成为泰山顶峰最为壮丽的寺庙。碧霞元君信仰在明代尤为兴盛。在华北地区，她可以与南方诸省的观音信仰并驾齐驱。人们不再满足于在东岳庙中为其分派一个附属性位置，而是为她建立了专门的宫殿。图8和图9反映了其中一座小

30　应指朝阳门。——译注

31　我在一通1894年由陈震撰写的碑文上发现了这一称呼，此碑位于奉天的娘娘庙。

庙，[32] 1635年时建于山东省境内的一座小山孝堂山[33]脚下；图10展现了这座小庙内部的塑像，[34] 正中端坐的碧霞元君双手交叠，持有象征权威的圭。她唯一的突出特征就是她的发型。在其头顶，我们能看到三只羽翼半开的鸟，一只位于头前，另外两只分别位于女神头部的两侧。在碧霞元君及其两个主要陪祀的大多数造像上，我们都能发现这个细节。[35] 时至今日，我们在华北地区能够遇到数量非常庞大的供奉这一彩云公主的寺庙。人们称之为娘娘庙、碧霞元君行宫，或简称为碧霞宫。

我们今天很少看到如图10所示的只有两位侍者跟随的碧霞元君。通常，她由另外两位女神陪伴：一位在其手中持有一只象征性的眼，她就是预防眼部疾病的眼睛娘娘或眼光奶奶；另一位是送子娘娘或子孙奶奶。图11复制了专门赞颂碧霞元君的一部道经[36]的前两页，在其中，两位女神一左一右坐在碧霞元君的两侧。在我参观过的不同寺庙当中，这两个陪祀女神的塑像前面都满满地堆放着还愿供物、纸制眼睛以及石膏娃娃，它们表明，一大批妇女得到了这两位善良的女神，即儿童眼疾治疗师和受孕延嗣担保人的救助。

不过，这三位女神并非总是单独出现，人们发现，有时还有其他六位充当生育保护仙女的女神陪伴她们[37]：第一位帮助受孕；第二位保证妇女顺利分娩；第三位保证儿童正常降生；第四位防御幼童的天花恶疾；第五位开启新生儿的心智；第

---

32 在入口的上方，人们能读到"清虚阁"三个字，左题年份崇祯八年（1635），右刻"泰山天迁圣母碧霞元君行宫"。这处用上好材料建成的小庙是一座非常有趣的建筑。它是由一间高2.84米、东西距离6.47米、南北两侧距离6.96米的小屋构成。这间小屋带有拱顶，拱顶最初由构成屋顶的大石板所覆盖，这些石板现已滑落，见图9，我们首先在地上看到的只是这些石板中的一块，因此，拱顶是裸露的。图10再现了屋中的碧霞元君塑像和一张香案。围绕着这间小屋的是一条柱廊，四面各由6条高2.36米、厚0.36米的独石圆柱支撑。柱廊的平顶构成一条小路，通过屋内东西两侧的小楼梯，人们可以登上廊顶。我在中国从未遇到过此类建筑的其他样本。

33 孝堂山如此命名，是因为其顶峰建有供奉因孝而著名的郭巨的汉代墓祠。这座小山位于山东省肥城市孝里铺村以东。[关于墓祠的主人，罗哲文陈述旧说之后，并未将之断定为郭巨，而夏超雄则根据石祠的兴建年代、地理位置以及石祠画像车马出行图，推测墓祠主人为东汉济北王刘寿（？—120）。参见罗哲文：《孝堂山郭氏墓石祠》，《文物》1961年第1期，第44—56页；夏超雄：《孝堂山石祠画像、年代及主人试探》，《文物》1984年第8期，第34—39页。——译注]

34 此像塑于1634年，石质，高1.60米，底部宽0.90米。在塑像之前的香案的前部，人们还能够发现一狮位于二麒麟之间的纹饰。

35 参见图11。尽管雕刻粗糙，人们还是能够分辨出这些鸟。

36 这部道经题为《泰山圣母护世弘济妙经》[此经非《道藏》中现存的《碧霞元君护国庇民普济保生妙经》——译注]。在图11中，我们还能读到下列题铭："板存泰安府城西南关粮食市碧霞宫，监修兼募道纳萧松一沐手脱稿。"道纳一词是类比佛教维那（karmadāna）一词而来，意指道观的住持。

37 比如，在大约位于京西八宝山和玉泉山中间位置的西禅寺，人们仍能看到这九位女神塑立于其后殿中。

图8 孝堂山碧霞元君行宫

图9 孝堂山碧霞元君行宫西侧

六位掌管着母乳。我们已从中借取过图11的道经，再次为我们提供了一份人们所祈祝的九位女神的完整名单：

> 天仙圣母青灵普化永佑碧霞元君
> 眼光圣母慧昭显济明目元君
> 子孙圣母育德广胤卫房元君
> 培始娘娘玄毓稳形元君
> 催生娘娘顺度保幼元君
> 送生娘娘锡庆保产元君
> 斑疹娘娘保和慈幼元君
> 引蒙娘娘道引导幼元君
> 乳饮娘娘哺食养幼元君

今天，碧霞元君及其陪祀这一在华北妇女的宗教生活中发挥着重大作用的组合，是泰山信仰的核心吸引力之所在。正是为此，在每年的前四个月，成群结队的崇拜者前后相继前往圣山东岳朝圣进香。所有的宗教都可以通过心理学获得解释，它们都是人类情感的结晶。然而，通常的情况是，男性依其形象造作了神灵之后，妇女又参与进来并创造出更能满足她们心愿的神明。此处便是一个例子，在迎合男性之用的泰山神旁边，这些善良的女神出现了，因为出于自身的母性心愿，满怀虔诚信仰的妇女们非常渴望这些女神。

碧霞元君及其侍从并不是集聚于泰山的唯一神明。如果游览位于泰安府县城内部的大庙岱庙，除泰山神所在殿堂及人们供奉碧霞元君的殿堂外，我们还会发现一座奉祀泰山配偶的宫殿、一座奉祀以茅盈为长的三兄弟的宫殿、一座奉祀泰山第三子炳灵的宫殿、一座供奉某位身具太尉职衔但并不著名的人物的宫殿以及各有主司之神的七十五司。所有这些神明，包括其他一些神明，都在一部题为《元始天尊说东岳解冤谢罪真经》的道经中被列举了出来，[38] 如同形成了一个泰山神的朝廷。这份神明名单如下：

38　原经题为《元始天尊说东岳化身济生度死拔罪解冤保命玄范诰咒妙经》，《道藏》，HY1429。——译注

图10　孝堂山行宫内的碧霞元君像

图11　碧霞元君及两位陪祀女神

东岳大生天齐仁元圣帝[39]

东岳正宫淑明坤德皇后[40]

39　此一封号是元廷于1291年授予泰山的，不过语序有所颠倒。参见第5页本文注释9。尽管1370年遭到官方取消，但对道士和民众来说，圣帝一号仍旧依附于泰山之名。事实上，泰山神正是以圣帝的形式塑立于诸多庙宇当中。在此，我们仍能看到中国思维的一种倾向，即通过赋予其姓、名而将神明完全同化于人。不过，就此而言，我们所见的各家说明不尽相同。据《庄子》（理雅阁 Legge, Sacred Books of the East, vol. XXXIX, p. 244），肩吾因得至道而封于泰山。此外，一部题为《龙鱼河图》（在《岱览》卷六，3 r°以及《泰安县志》，终章，页 24 v°中有引述）的著作提及，泰山神姓圆名常龙。然而，《五岳真形图》则称东岳神姓岁讳崇。最后，南朝梁的一部题为《真灵位业图》的著作声称，五岳之神每五百年而一替，而作者撰此书时，泰山神名荀颛字景倩。

40　"淑明后"是1011年授予泰山之妇的封号。参见《岱览》，第六卷，5 r°。

东岳上卿司命镇国真君[41]

东岳上殿太子炳灵仁惠王尊神

东岳泰山天仙玉女碧霞元君[42]

东岳掌增福略福二位尊神[43]

东岳子孙九天卫房圣母元君[44]

江东忠佑崇惠之神[45]

岳府太尉朱将军都副统兵大元帅

岳庭七十五司冥官[46]

  泰山及集聚于泰山的众神仙和女神并不仅仅救助每年数以千计前来游览圣山的香客。为了确保自己的美好意愿能够实现，甚至不必前往华北每个城市中为她而建的庙宇，借助于浸润了其超自然能量的护身符，人们也可以长久、有效地获得泰山神的帮助。遍历华北的游客经常能够发现或嵌于墙中，或位于小路入口或宅第门口正对面镌刻了铭文的"泰山石敢当"，意思是，泰山石能够抵御企图侵入住宅或过街串巷的恶灵。[47] 不过，这些具有神奇效力的岩石只不过是隐喻性的泰山石，因为依其产地，它们是由不同种类的岩石制成的。尽管如此，它们还是表现出了驱除恶鬼这一人们归之于泰山的能力。另一种持久拥有泰山保护力量的方式，即是依据某些神秘规则来描述泰山的图像，这些规则可使其成为对抗恶趣的无上

---

41 此一神明正是茅盈，因为其所获得的封号正是《真灵位业图》（《岱览》卷六，8 r°中有引述）中授予茅盈的封号："司命东岳上真卿太元真人茅君"。大茅真君名盈，字叔申。据《岱览》（卷六，8 r°），1013年，人们授予该神的封号为"东岳司命上卿佑圣真君"。

42 这是泰山的女儿碧霞元君。

43 我们在泰山上可以看到一座奉祀增福之神的小庙。

44 这是碧霞元君的两个陪祀之一。

45 关于此一神明，我未能找到任何资料。

46 这些神明掌管泰山庙宇主院中沿墙而设的七十五司。

47 成书于1366年的《辍耕录》（卷十七）说："今人家正门适当巷陌桥道之冲，则立一小石将军，或植一小石碑，镌其上曰石敢当，以厌禳之。"《辍耕录》认为，此习俗来源于战国时期的石氏豪族。准此，人们便惯于塑立石氏家族当中一个被认为"敢当"所有邪恶影响的人物。不论此一解释的价值为何，我们从此文献中所知得的是，在《辍耕录》成书的时期，石碑上镌刻的文字是"石敢当"，而非"泰山石敢当"。"泰山"一词只不过是在后来的用法中引进的。因而，此一习俗起初是独立于泰山信仰的。

神符。坦白来说，我从来没有碰到过孤立的泰山曲线图。不过，我们能够经常看到"五岳真形图"被雕刻于岩石上、浇铸于青铜器上或描绘于瓷器上，而"五岳真形图"则向我们展示了包括泰山在内的五座圣山的传统图像。只要随身携带这个神符，人们就能无所畏惧地对抗巨大的危险。

结论

在这篇考察了围绕着泰山而形成、并笼罩在一片宗教氛围中的诸多信仰的论文的末尾，进行事后总结并提示出何种多样而前后相继的因素构成了我们所研究的信仰，并非无益之举。

首先，很明显，与大河波澜壮阔的流水或天空中周期运行的星宿一样，一座高山的广博无垠能够在人们心中产生一种恒常有力的印象。对此，我们在中国人诸多或则仪式性的或则仅仅是日常的用语当中就能够找到证据。西汉时期，即从公元前2世纪起，新爵授封的誓言为："使河如带，泰山若厉。国以永宁，爰及苗裔。"[48] 准此，为了冀求爵府命脉绵长，他们祈愿其可与名山大川相媲美。另外，词语"泰山北斗"，或简称为"山斗"，意指一个杰出人物，因为为了表明其出众，最为恰当的类比用语即是最为著名的山岳和星宿。人们今天仍旧在墓铭上方镌刻的"山斗"二字，并无他意，正是对逝者的至高赞美。最后，我们在当前的新闻界中经常碰到"泰山之安"这一用语，用以表示一种绝对稳定的状态。

这种说话方式向我们表明，泰山、黄河或者北斗等在中国人的精神中所引发的观念是它们的雄伟壮丽和永恒持久。但不仅如此，我们还可以观察到，这种观念还因此拥有一种纯粹宗教的灵魂。实际上，自然力量的展示能够在人心中引发一种情感，这种情感又可以解释某些宗教概念的形成。通过与伴其左右的某种巨大力量的对比，在认识到人自身是多么脆弱不堪和韶华易逝之后，人们会体验到一种被压垮的感觉，他便跪倒在地，倾心崇敬。他所崇拜的对象会因人因时而有所改易。但是，不管是由星空描绘荣耀的独一的超越神，或是我们在"满载耶和华的海

---

48 《史记》卷十八。另可参照《汉书》卷十六。

洋正在咆哮哭泣的高岸"[49]边听到其洪亮声音的至上神（Panthée），还是本身即为神明的更为简单的山岳、大海或星宿，使人联想起这些不同宗教观念的情感都是相同的。在所有这些情形当中，人们所崇敬的正是主宰者。

对我来说，在宗教史的研究当中，发掘这种原始朴素且一贯持久的情感是必要的。实际上，从建立在因果原理基础上的推论演绎出宗教观念，这是在遵循一种非常不准确的方法。人们并非假设出神明以解释自然现象，而是通过神明来解释自然现象，因为人们预先假定了神明的存在，并且，人们预先假定如此，并非基于推理，而是由于感情。当涉及对神圣者进行详细说明以便形成一个特殊存在即神明时，因果原理才会介入其中。事实上，我们所做的关于泰山信仰的研究，使我们看到一个确定的神明概念是如何逐渐地建立起来的。

泰山首先是一个地方神明，仅在有限的领域内发挥其影响，或则因其广博无垠而防御地震，或则在其顶峰产生散播雨水的云彩。就此而言，他在自然界事物秩序中的位置，一如政治秩序中的封建领主。同时，也正是这个领主本人，才能向其供奉祭祀牺牲：公元前500年左右，齐景公认为自己触犯了泰山，因为他经过泰山脚下却未向泰山表示应有的敬重[50]；同一时期，孔子因为鲁国的一位高官向泰山进呈牺牲而对他进行谴责，因为这项特权只适宜于领主本人。[51]

与封建领主听命于身为天子的君主一样，泰山也是至上神明上天的属臣之一。当皇帝向上天祈祝时，他可以求助于因自身高度而在人与至上神明之间被指派为中间人的泰山转致其祝祷文。实际上，这就是人们在泰山顶峰举行封仪时所发生的事。不过，我们要指出的是，当此仪式之时，人们所崇拜的神明是上天；泰山只不过是一个下级的转送者。这就清晰地表明了管理神明世界的等级制度与下界十分相似。

在此一宗教演化阶段中，泰山的品性仍旧非常模糊。没有什么特征能将之与其他山岳神明区别开来，并且，人们用以描述泰山的表达方式也缺乏细节。

新纪元开始之际，泰山获得了新的职权：既然主宰着东方，人们就将之看作众

49　Victor Hugo, Les mages［即《麻葛》，作家雨果的一首抒情诗，麻葛（les mages）原指古代波斯拜火教的祭司，诗中借之比喻指引人民前进的思想家、科学家和艺术家。——编注］。

50　参见注释4。

51　《论语·八佾第三》，第六节。

生之主。赋生定死者无他，正是泰山。但是，为了履行这些功能，她需要详细、准确地记录世间众生在生死簿上的注与销。这样，泰山发生了演变，成为了一个非常复杂的行政机构的主司。原先笼罩在被看作由其产生的云彩中的自然神明，现在向我们展现为一个具有明确特征的高级官员，像一个记录员和警察一样管理着众生。

随后，受佛教观念的影响，一种改变泰山神特征的因素介入进来。此前，这位赋生定死者只负责在一切道德考量之外终结生命。现在，他变成了一位令人生畏的长官，负责惩罚地狱中的罪犯。在无上正义的算盘上记录善恶之行的正是他，地狱之长也正是他。

最后，更为晚近之时，妇女对此信仰的参与导致在泰山神旁边发展出一个新的人物，即他所谓的女儿碧霞元君，所有的母亲都向其致祷以求儿女健康。泰山神因此一女神的加入而进一步充实自身，并因此完成了从一位身份并不明确的自然神明，最终演变成为依其性别而各具道德品性的一位男神和一位女神的过程。

如果说人们依某形象而创造神明，那么还应该补充：这种形象不是一蹴而就的。这在中国尤为明显，一种观念的新的表现形式在继续存在的旧有形式之上层层累积。如同最初阶段，泰山在今天仍旧是模糊阴暗且令人生畏的力量，在有限的区域内主宰着纯粹的自然现象。但同时，在可以明确确定的时期中，他又变成了记录生死的官吏，然后是地狱判官。最后，他又一分为二，因为妇女也将她们的印记赋予其所崇拜的神明。因而，在泰山信仰当中，我们如同拥有了一份人类精神演化的概览，人们通过长期的发展而不断地修饰着他们的神明，以使之越来越与他们自身相像。

秦汉祠畤的再认识
——从考古发现看文献记载的秦汉祠畤*

李 零

1999年，为了纪念王国维说的"五大发现"和迎接新世纪的到来，应《文物》杂志之邀，我曾写过一篇文章，叫《入山与出塞》，[1] 后来扩展为一部书。[2] 我说的"入山"就是指寻找中国古代的祭祀遗址。这是我的一个梦。

中国古代祭祀遗址是个大有前途的研究课题，我对这个问题关注有年，曾经写过一批文章，[3] 并指导王睿写博士论文，[4] 带田天做田野考察，参与指导田天的博士论文。[5] 她们的论文都是围绕这个有趣的话题。

八主祠是山东最有代表性的祭祀遗址群。上世纪末，本世纪初，我曾三赴山东，考察有关地点。记得当年，好像是2004年吧，我在孔望山跟王睿说，要是能对八主祠做点考古调查和考古发掘，那该多好。2007和2009年，我跟栾丰实、王睿再次考察这些地点，让我们对八主祠有了进一步认识。2008年，项目正式启动。到如今，十年的时间转瞬即逝，一部很有分量的考古报告即将出版，想不到梦已

---

* 本文为《八主祭祀研究》（王睿、林仙庭、聂政主编，文物出版社，2020年一书的导论。）
1. 李零：《入山与出塞》，《文物》2000年第2期，第87—95页。
2. 李零：《入山与出塞》，文物出版社，2004年。
3. 如李零《秦汉礼仪中的宗教》《秦汉祠畤通考》《"太一"崇拜的考古研究》《"三一"考》，收入氏著《中国方术续考》，中华书局，2006年，第100—191页。凡旧说与此文矛盾处，请以此文为准。
4. 王睿：《八主祭祀研究》，博士学位论文，北京大学中国语言文学系，2011年。论文经改写，2005年5月由文物出版社出版。
5. 田天：《秦汉国家祭祀史稿》，生活·读书·新知三联书店，2015年。案：此书据博士论文改写。

成真。

现在，借《八主祭祀研究》一书出版，我想就秦汉祠畤讲一点印象，当全书的引子。

一　祠、畤二字的含义

秦汉大一统，疆域辽阔。封禅、郊祀是皇帝巡游天下，在全国范围内定期举行的祭祀活动。《史记·封禅书》以封禅为题，《汉书·郊祀志》以郊祀为题，都是两者并叙。二书提到很多祠畤，《汉书·地理志》记载了它们的地理分布。[6]

祠、畤是郊祀之所。这两个字，古音相近，但用法不同。《史记》《汉书》讲郊祀，祠很多，畤很少。

祠和畤的含义是什么，它们有何不同，我想用最简短的话概括一下。

我们先说祠。这个字，含义比较明确。祠作动词，指郊祀；作名词，指郊祀之所。秦汉时期，祠是郊祀之所的泛称。《封禅书》《郊祀志》偶尔以庙称祠，有时可以互换，含义好像差不多，[7]但汉代的庙，多指宗庙、陵庙。宗庙在宫里，陵庙在陵前，是祭祖的地方，而祠是郊祀之所，祭祀对象是天地五帝、名山大川和各种鬼神，两者又有区别。二书所述，不包括宗庙、陵庙。【图1】

畤，有点不同，概念窄一点。这个字，先秦稀见，[8]主要流行于秦代和西汉。王莽罢汉武大郊祀，改行小郊祀后，这个字很少出现，后人已不太了解它的具体含义。

畤是什么？《说文解字·田部》："畤，天地五帝所基址，祭地也。从田寺声。"小徐本址作止。畤的声旁是从止得声，古人多以止、阯训畤，以畤为神灵之所止，

6　《史记》是从上古到汉武帝时的大历史，《封禅书》从"自古受命帝王，曷尝不封禅"讲起，故以"封禅"为题。《汉书》是西汉史，侧重的是汉代郊祀，故以"郊祀"为题。后者除宣帝以下，几乎全抄《封禅书》。

7　如《史记·封禅书》有渭阳五帝庙（在陕西咸阳）。《汉书·地理志上》有秦山庙（在山东泰安）、太室山庙（在河南登封）、少室山庙（在河南登封）、泲庙（在山东东阿）、淮庙（在河南桐柏）、天子庙（在山西平陆）。

8　段玉裁《说文解字注》说畤字"不见于经"，但先秦古籍还是提到过这个字，如下引《左传》。《韩非子·外储说左上》："庸客致力而疾耘耕者，尽巧而正畦陌畤畦者，非爱主人也，曰：如是，羹且美，钱布且易云也。"孙诒让认为"畦畤"是"畦埒"之误，参看陈奇猷：《韩非子集释》，上海人民出版社，下册，1974年，第638—640页。

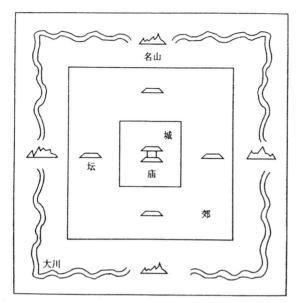

图1：理论上的郊祀、封禅

当作降神的地方。畤的意思是祭天地五帝的基址或场所。

从《史记》《汉书》归纳，畤有以下特点：

（一）畤的最初含义是郊祀上帝之所。[9] 所谓上帝，乃各族的始祖，即各族的族神，如太昊、少昊、黄帝、炎帝、颛顼。五帝配天而祭，至为尊崇，不但规格高于普通的祠，属于屈指可数的祭祀中心，而且有时会聚拢很多祠，带有综合性。

（二）畤分早晚。《史记》《汉书》提到吴阳武畤、雍东好畤、西畤、鄜畤、密畤、吴阳上畤、吴阳下畤、畦畤、北畤、泰畤，凡十畤。武畤和好畤是秦文公立鄜畤以前就有，可能是西周的畤，其他八畤，前六畤是汉代因袭秦代的畤，后二畤是汉代新立的畤。[10]

---

[9] 古书讲祭祖之礼，有禘、祖、郊、宗等不同层次，见《国语·鲁语上》展禽语，《史记》《汉书》统称郊祀。

[10] 《史记·封禅书》："或曰：'自古以雍州积高，神明之隩，故立畤郊上帝，诸神祠皆聚云。盖黄帝时尝用事，虽晚周亦郊焉。'其语不经见，缙绅者不道。"司马迁对黄帝发明说持保留态度。

（三）上述十畤，皆在西土，与周、秦关系更密切。武畤、好畤荒废后，沦为地名。《左传》襄公三十年、昭公二十二年的平畤（在洛阳附近）最初可能是周畤，哀公四年的逆畤（或与河北顺平的曲逆城有关）最初可能是晋畤，则是由畤演化的东土地名。

（四）畤是用于野祭，故字从田。野祭多在郊野，有别于宫中。《史记》《汉书》讲栎阳畦畤，据说形如菜地，有一道道沟垄（估计是成行成列的祭坎）。卫宏《汉官旧仪》说，陇西西县人先山下也有这种畤。[11]秦六畤，畦畤最晚，汉代的畤可能与之相似。

（五）王莽改大郊祀为小郊祀，以兆称畤，以畤称兆，也叫兆畤。如太一兆为泰畤，后土兆为广畤，五帝及从祀诸神的五个畤为未地兆、东郊兆、南郊兆、西郊兆、北郊兆（《汉书·郊祀志下》），可见畤就是郊兆，即用坛壝（环绕坛场的短墙）圈定的范围。

畤字也见于东土的封禅活动。司马迁讲八主祠，说地主"祠泰山梁父。盖天好阴，祠之必于高山之下，小山之上，命曰'畤'；地贵阳，祭之必于泽中圜丘云"（《封禅书》。《郊祀志上》"下"下多"畤"）。[12]学者多把此语当畤的定义，不一定合适。

我理解，这段话是针对禅梁父，并不是给畤下定义。古代封禅，祭天在泰山上，封土为坛，叫封；祭地在泰山下，除地为场，叫禅。[13]这话主要是讲禅礼的选址。所谓"畤"就是司马迁两言"泰山下阯"的"阯"。[14]"天好阴"句，指除地为场，与登封报天相应，应该把行禅礼的地点选在高山之下，小山之上；"地贵阳"句，也是说祭地要与天相应，虽在低地，照样应该选高一点儿的地方，如泽中圜丘就是这样的地方。禅要选在高山之下、小山之上，但畤未必都在高山之下，小山之上，也不仅是禅地之所。

在我看来，畤是一种特殊的考古遗址，既不同于城址或宫庙，也不同于陵墓或窖藏。从物质形态讲，畤是除地为祭的坛场。所谓坛场，往往坛、壝、坎兼具。

11　《封禅书》提到"是故作畦畤栎阳而祀白帝"（《郊祀志上》），《集解》引晋灼说："《汉注》在陇西西县人先山下，形如种韭畦，畦各一土封。"《索隐》引《汉旧仪》："祭人先于陇西西县人先山，山上皆有土人，山下有畤，埒如菜畦，畤中各有一土封，故云畤。"又引《三苍》："畤，埒也。"《汉注》《汉旧仪》即卫宏《汉官旧仪》，也叫《汉仪注》。

12　《集解》引徐广说："一云'之下（上）畤命曰畤。'"《索隐》："此之'一云'，与《汉书·郊祀志》文同也。"

13　汉武帝第一次登泰山，先在泰山下东方，后在山上，两封。

14　一作"禅泰山下阯东北肃然山"，一作"石闾者，在泰山下阯南方"，见《封禅书》。

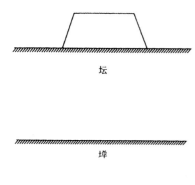

图 2　坛、墠、坎的结构比较

【图2】[15] 墠是芟夷草莱，清理地面，辟出的一块场子，也叫场。坛设其中，用以陈放牌位、祭品，举行仪式，只占一小块，周围是空地。坎是在这块空地上挖的祭祀坑，一排排，一行行，用来埋牲牢、玉帛、车马等祭品。坛也好，坎也好，都是设于场中，关键是要有一块场子。这块场子就叫畤。

二　文献记载和地理分布

秦汉祠畤，数量很大，秦代有二百多所，西汉有683所。《封禅书》《郊祀志》加《地理志》所载，可考者仍有二百多所。[16]【图3】

15　李零：《中国方术续考》，第103—106页。
16　李零：《中国方术续考》，第142页。

图 3　秦帝国祭祀遗址分布示意图（出自田天：《秦汉国家祭祀史稿》，三联书店，2015，60 页）

（一）陕西

祠畤最多，首先是汉三辅之地，即关中地区。三辅即京兆尹、左冯翊、右扶风。《郊祀志》的"郊"就是指汉代的三辅之地。

1. 京兆尹

京兆尹是长安所在，辖境略相当于今西安市和渭南市的渭水以南部分，并延伸到河南灵宝市。周秦故祠有杜陵（在西安市三兆村）的五杜主祠、寿星祠，[17] 沣、镐（在西安市长安区）的昭明祠、滴池君祠，[18] 蓝田（在蓝田）的虎候山祠，[19] 下邽（在渭南）的天神祠，湖县（在灵宝）的周天子祠。西汉新祠，多在长安，有汉高祖的蚩尤祠、灵星祠和七巫祠，[20] 汉文帝的渭阳五帝庙和长门五帝坛，[21] 汉武帝的亳忌太一坛和太一五祠，[22] 以及汉宣帝的白虎、随侯、剑宝、玉宝璧、周康宝鼎五祠（在未央宫）和岁星、辰星、太白、荧惑、南斗五祠（在长安城旁）。[23] 华阴（在华阴）有太华山祠，亦汉宣帝立。

2. 左冯翊

左冯翊是咸阳所在，辖境略相当于今咸阳、铜川二市和渭南市的渭水以北部分。秦人的祠畤有秦献公畦畤（在西安市阎良区）和临晋河水祠（在大荔），而霸（灞）、产（浐）、长（荆谷水）、沣、涝（潦水）、泾、渭七水，近咸阳，秦亦有祠。[24] 西汉新祠，主要有两组，一组是汉武帝太畤，在云阳（在淳化）；一组是汉宣帝谷

17　杜陵有五杜主，而非三杜主，参看田天：《秦汉国家祭祀史稿》，第52—53页。寿星祠，祭南极老人。

18　昭明祠，祭昭明星。滴池君，见《史记·秦始皇本纪》。滴池，《封禅书》作"周天子璧池"，"璧池"是"璧池"之误，即辟雍。

19　虎候山祠，虎候山即今蓝田虎头山。

20　高祖七巫祠，即梁巫、晋巫、秦巫、荆巫、九天巫、河巫、南山巫所祠。前五祠在长安，但河巫祠河在临晋，南山巫祠秦二世在南山、秦中，临晋在大荔，南山指终南山，不在长安。《集解》引应劭说，以晋巫为范会仕晋者，秦巫为范氏留秦者，梁巫出大梁刘氏，荆巫出丰县刘氏，不详何据。刘氏、范氏俱出祁姓。应劭强调，四巫同祖，都是刘氏的远亲。

21　渭阳五帝庙在灞渭之会，长门五帝坛在霸陵，都在长安。

22　亳忌太一坛在长安东南郊。太一五祠是围绕此坛续修。亳忌即谬忌，谬氏即缪氏，其名为忌。亳忌亦作薄忌，不一定是安徽亳县人。薄也可能是博县的博（今泰安）。薄忌可能是齐人。

23　这十祠是两套祭祀，前五祠祠宝物，后五祠祠星象。白虎是白虎皮。《汉书·宣帝纪》云，元康四年"南郡获白虎、威凤为宝"；《郊祀志下》说，"时，南郡获白虎，献其皮、牙、爪，上为立祠"。随侯是随侯之珠，剑宝是高祖斩蛇剑，玉宝璧是和氏璧，周康宝鼎可能是周康公或周康侯鼎。

24　霸水即灞水，产水即浐水，长水即荆谷水，涝水即潦水。

口四祠，[25] 在咸阳到云阳的途中（在三原）。太畤包括宽舒太一坛、太一祠（在甘泉宫）和越巫觟（辜）鄜（禳）祠、通天台（在甘泉宫南）。[26] 后来，汉宣帝在云阳还增修了径路神祠、休屠祠、金人祠。[27] 鄠县（在户县）有劳谷、五床山、日月、五帝、仙人、玉女祠，亦汉宣帝立。

3. 右扶风

右扶风是陈仓、雍城所在，辖境略相当于今宝鸡市。不仅周人的故土在这一带，秦人的祖庭也在这一带。非子邑秦，秦在汧渭之会，即今宝鸡。秦文公自西犬丘重返汧渭之会，先作鄜畤，后作陈宝祠（在陈仓北阪），都在宝鸡。其后，秦宣公作密畤（在渭水南），秦灵公作吴阳上下畤（在吴山），也在宝鸡。汉高祖作北畤，合秦四畤，号称雍五畤。

雍，指凤翔原及其附近。[28] 凤翔原上有雍山、雍水。《封禅书》说，秦时雍地"百有余庙"，[29] 而岐山、吴山、垂山、鸿冢和汧水，亦各有祠。[30]《地理志上》说，"雍，秦惠公都之，有五畤，太昊、黄帝以下祠三百三所"，《郊祀志上》作"本雍旧祠二百三所"。秦汉祠畤，雍地几乎占一半，至少也占三分之一。[31]

三辅以北是上郡，即陕北高原，辖境略相当今延安、榆林二市。上郡治肤施（在横山西境）。肤施有汉宣帝的五龙山仙人祠、黄帝祠、天神祠、帝原水

---

25 谷口四祠是天齐公祠、五床山祠、仙人祠、五帝祠。

26 宽舒是黄锤史，齐人。黄是黄县（今龙口），锤是腄县（今烟台），皆属东莱郡。《封禅书》载，汉武帝灭南越、东越后，"越人勇之乃言'越人俗鬼，而其祠皆见鬼，数有效。昔东瓯王敬鬼，寿百六十岁。后世怠慢，故衰耗'。乃令越巫立越祝祠，安台无坛，亦祠天神上帝百鬼，而以鸡卜。上信之，越祠鸡卜始用。"

27 径路神祠，径路是匈奴宝刀，也叫径路刀，径路神是司匈奴宝刀的神。休屠祠，是祭匈奴休屠王。金人祠，是祭掳自休屠的祭天铜人。

28 广义的雍是九州之一的雍州，狭义的雍是凤翔原，有时也包括凤翔原的周边。《封禅书》："自未作鄜畤也，而雍旁故有吴阳武畤，雍东有好畤，皆废无祀。"注意，宝鸡是"雍旁"，而永寿、乾县一带是"雍东"。

29 《封禅书》："而雍有日、月、参、辰、南北斗、荧惑、太白、岁星、填星、二十八宿、风伯、雨师、四海、九臣、十四臣、诸布、诸严（诸庄）、诸逑（诸遂）之属，百有余庙。"

30 《封禅书》的岳山是垂山之误。垂山是武功山，参看田天：《秦汉国家祭祀丛稿》，第284—285页。案：岐山在周原，吴山在宝鸡，垂山在武功，鸿冢在凤翔，各有祠。汧水下游有汧水祠，在郁夷（宝鸡的汧渭之会），汧水上游（一说源出甘肃张家川，一说源出甘肃华亭市）有汧渊祠。

31 《地理志上》，隃麋（在千阳）有黄帝子祠，陈仓（在宝鸡）有上公、明星、黄帝孙、舜妻育冢，虢（在宝鸡）有黄帝子、周文武祠。

祠。[32] 阳周桥山有黄帝冢（在子长县高柏山），在肤施南。西河郡鸿门县（在横山境内）有天封苑火井祠（当地富产天然气），在肤施东。天封苑火井祠也是汉宣帝立。

三辅以南是汉中郡，即陕南山区，辖境略相当今汉中、安康、商洛三市。西汉南郑县（在汉中市）有沔水祠。汉中以汉水名，沔水即汉水陕南段。

（二）山东

山东的祭祀活动，以封禅泰山和祭祀八主最有名。

1. 封禅泰山

封禅泰山，在西汉的泰山郡，辖境略相当今泰安市，并包括新泰、莱芜与泰安交界的地方。封在泰山上，禅在泰山下的小山上。

西汉泰山庙在博县（在泰安市泰山区旧县村），汉武帝明堂在奉高（在泰安市岱岳区范镇故县村），都在泰安市。

泰山下有很多小山，石闾、社首、高里（蒿里）三山在泰山脚下，属西汉博县；亭亭山在泰安大汶口镇马家大吴村，属西汉钜平县（在泰安西南），在泰安市南。梁父、云云二山在泰山东南、徂徕山下。梁父山（今名映佛山）属西汉梁父县（在新泰天宝镇古城村），云云山属西汉柴县（在新泰楼德镇柴城村），在新泰西境。泰山东北，还有肃然山（今名宿岩山）。肃然山属西汉嬴县（在莱芜莱城区城子县村），在莱芜西境。

上古帝王封泰山，传统的禅地之所是梁父、云云、亭亭、社首，见《管子》佚书《封禅篇》。肃然、高里（蒿里）、石闾是汉武帝所禅。

2. 祭祀八主

据《地理志上》，齐地有八主祠，一曰天主祠，在淄博市临淄古城南的天齐渊，

---

[32]《郊祀志下》作"（宣帝）又立五龙山仙人祠及黄帝、天神、帝原水，凡四祠于肤施"，《地理志下》作"（肤施）有五龙山、帝原水、黄帝祠四所"，脱"天神"。

属西汉临淄县；二曰地主祠，在新泰市天宝镇的映佛山，属西汉梁父县；三曰兵主祠，在汶上南旺镇，属西汉东平陆县；四曰阴主祠，在莱州市三山岛，属西汉掖县；五曰阳主祠，在烟台市芝罘岛，属西汉腄县；六曰月主祠，在龙口市莱山，属西汉黄县；七曰日主祠，在荣成市成山头，属西汉不夜县；八曰四时主祠，在青岛市黄岛区琅琊台，属西汉琅琊县。临淄县属齐郡，梁父县属泰山郡，东平陆县属东平国，掖、腄、黄、不夜四县属东莱郡。

此外，西汉临朐县（在莱州）有海水祠（后世有海神庙），[33] 曲城县（在招远）有万里沙祠和参（三）山八神祠（疑是一种缩微版的八主祠），在阴主祠附近；黄县有莱山松林莱君祠，㡉县（在龙口）有百支莱王祠，在月主祠附近；不其县（在青岛市城阳区）有太一祠、仙人祠和明堂（据说是汉武帝立，可能在崂山），昌县（在诸城）有环山祠，长广县（在莱阳）有莱山莱王祠，在四时主祠附近。这些祠，几乎全在胶东半岛上，不属东莱郡，就属琅琊郡。[34]

（三）陕西以西

1. 甘肃省

商末周初，嬴姓西迁，大骆族居西犬丘（在礼县），周围是西戎所居。周封非子于汧渭之会，号称秦。秦是从大骆族分出。大骆灭于戎，秦襄公伐戎，收复西犬丘，曾作西畤。西犬丘，西汉叫西县，属陇西郡。西县有很多秦祠，《封禅书》说，"西亦有数十祠"。

2. 宁夏回族自治区

西汉朝那县（在彭阳）有端旬祠、湫渊祠，属安定郡。端旬祠是胡巫祠，湫渊即固原东海子。朝那是乌氏戎所居。

33　西汉有两临朐，齐郡临朐和东莱郡临朐，此系东莱临朐。
34　山东境内的西汉旧祠还有：临邑县（在东阿）的济庙，成阳县（在菏泽）的尧冢灵台，蒙阴县（在蒙阴）的蒙山祠，临朐县（在临朐）的蓬山祠（蓬，一作逢），朱虚县（在临朐）的凡山祠（凡山即丸山，今名纪山）、东泰山祠（东泰山即沂山，后世五镇的东镇）、三山祠和五帝祠，即墨县（在平度）的天室山祠，下密县（在昌邑）的三户祠、驺县（在邹城）的驺峄山祠，以及执期（地点不明）的明年祠。蓬山、天室山、三户山三祠是汉宣帝立。

3. 青海省

西汉临羌县（在湟源）有西王母石室、仙海、盐池、弱水、昆仑山等祠，[35] 临羌在青海湖东，属金城郡，从地名就能看出，周围是羌人所居。

（四）陕西以东

1. 山西省

西汉蒲阪县（在永济）有秦首山祠、尧山祠，汾阴县（在万荣）有后土祠，大阳县（在平陆）有天子庙，皆属河东郡。首山，即雷首山，在永济东南。尧山，在永济南，与首山连麓而异名。二山皆属中条山脉，位于汉武帝东巡的路上。

2. 河南省

西汉缑氏县（在偃师）有延寿城仙人祠，属河南郡；嵩高县（在登封）有太室山、少室山、夏后启母石三祠，属颍川郡；平氏（在桐柏）有淮庙，属南阳郡。延寿城仙人祠是公孙卿为汉武帝候神处，即缑氏县治。汉武帝东巡，去嵩山，这里是中转站。

3. 河北省

西汉絫县（在昌黎）有秦碣石祠，属辽西郡；容城（在容城）有秦鸣泽祠，属涿郡；上曲阳（在曲阳）有恒山祠，属常山郡。

（五）南方

1. 江苏省

西汉丰县（在丰县）有枌榆社、蚩尤祠，属沛郡；海陵县（在泰州）有江海会祠，属临淮郡；无锡县（在无锡）有楚春申君历山祠，属会稽郡；江都县（在扬州）有

---

[35] 1975—1982年，青海省天峻县二郎洞附近发现汉代遗址，有人推测即西王母石室，但天峻县在青海湖西北，湟源县在青海湖东，相距甚远。

江水祠，属广陵国。枌榆社是丰县当地的神社，蚩尤祠是汉高祖起兵所祭。

2. 浙江省

西汉山阴县（在绍兴）有秦会稽山祠，山上有禹冢、禹井，属会稽郡。今大禹陵在会稽山下。

3. 安徽省

西汉灊县（在霍山）有天柱山祠，属庐江郡。天柱山是汉武帝立的新南岳。

4. 湖南省

西汉益阳（在益阳）有湘山祠，属长沙国。湘山即湘阴县青草山（也叫黄陵山），而非洞庭君山。[36] 湘山是秦始皇南巡的最南点。

5. 四川省

西汉湔氐道（在松潘）有渎山祠，成都县（在成都）有江水祠，皆属蜀郡。西汉江水祠有二，成都江水祠在上游，江都江水祠在下游。渎山即岷山。

6. 云南省

西汉青蛉县（在大姚）禺同山有金马碧鸡祠，属越巂郡。禺同山，今名紫丘山（在大姚县金碧镇）。金马碧鸡祠是汉宣帝立。西汉滇池县（在晋宁）有黑水祠，属益州郡。昆明北郊有黑龙潭，相传即黑水祠旧址。

三 祭祀系统和祭祀对象

秦汉祠畤分东西二系，主要集中在陕西、山东二省。陕西又以宝鸡地区最集中。

36　参看田天：《秦汉国家祭祀史稿》，第280页。

（一）西系

西土有三大中心：甘泉太畤、汾阴后土祠和雍五畤。甘泉太畤是祭天中心，居中；汾阴后土祠是祭地中心（属河东郡，但挨着左冯翊），在东；雍五畤是祭帝中心，在西。其他祠畤是围绕这三大中心。

1. 甘泉太畤

秦人的祭祀活动是以郊祀为主，所谓郊祀是以帝配天，祭祀各族血缘所出的族神，最最古老的老祖宗。秦六畤，西畤、鄜畤、畦畤祭白帝，密畤祭青帝，吴阳上畤祭黄帝，吴阳下畤祭炎帝。

太畤是汉武帝的发明，它也祭帝，但五帝围绕太一，只是太一的佐神，与所有秦畤都不一样。

汉武帝有两个太一坛：亳忌太一坛先立，在长安；宽舒太一坛后立，在云阳，都是以太一为主，五帝为辅。

亳忌太一坛，祭太一、三一、五帝、冥羊、马行、赤星，以及从祀的群神，如泽山君地长（《郊祀志上》作"皋山山君"）、武夷君和阴阳使者等。坛作八边形，广三十步（直径约合 42 米），估计太一、三一在坛上，居中，五帝环列其外，其他神在更外一圈。它有八个台阶，八条辐射状通道，号称"八通鬼道"。

宽舒太一坛（也叫紫坛），模仿前者，坛亦八边形，也有八通鬼道。【图 4】坛三层，估计最上一层是太一、三一所居；第二层，五帝坛环列，青、赤、白、黑四帝坛分置四方，各如其方色，黄帝坛偏居西南（属十二辰的未位）；第三层是四方地，祭从祀群神，亦各有坛。又有赤日白月，可能也在顶层。

宽舒太一坛后立，比亳忌太一坛更显赫。太畤是从这个坛发展而来，并与汾阴后土祠相配，地位最高。

亳忌所立，宽舒所兴，[37] 太祝亲领，比所有祠畤都重要。

---

[37] 《封禅书》："亳忌太一及三一、冥羊、马行、赤星，五，宽舒之祠官以岁时致礼。凡六祠，皆太祝领之。"这段话怎么理解，历来存有争论。我怀疑，亳忌五祠，不大可能去五帝不数，"五"下可能脱"帝"字，亳忌所立，太一、三一是一祠，冥羊、马行、赤星、五帝各一祠，凡五，而宽舒所兴，包括汾阴后土祠和甘泉太畤，这里是合并言之，如舍其一，当是汾阴后土祠，而不是甘泉太畤。

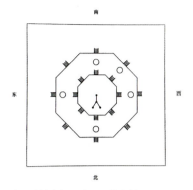

图4.1 甘泉宫太一坛复原图（作者绘）　　　图4.2 淳化甘泉宫遗址：太一坛所在

2. 汾阴后土祠

汉代祭地有后土祠【图5】。立祠与祠河有关，祠河是为了塞河，平水患。

新垣平望气汾阴，预言出鼎，是第一步。汉文帝治庙汾阴南，祠河求鼎，是第二步。汉武帝从宽舒议，正式立汾阴后土祠，是第三步。

宽舒设计的后土祠，是在"泽中圜丘为五坛，坛一黄犊太牢具，已祠尽瘗，而从祠衣上黄"，显然是个坛、墠、坎兼具的坛场，因为土为黄色，牲牢、祠衣皆尚黄。

汾阴后土祠在山陕之间，本来是魏地的一个民祠。汉武帝立汾阴后土祠，把它拔高为最高等级的祭祀，目的是以后土配太一，统领群祀。这也是汉代的发明。

3. 雍五畤

西土十畤，秦居其六。秦人奉少昊为始祖，最尊白帝。他们从西犬丘到陈仓，从陈仓到雍城，从雍城到栎阳，不管把都城迁到哪儿，都要祭白帝。秦襄公作西畤，最早；秦文公作鄜畤，其次；秦献公作畦畤，最晚。这三个畤都祭白帝。

秦文公都陈仓，作鄜畤，鄜畤祭少昊，少昊是秦人始祖，最尊；秦宣公作密畤，密畤祭太昊，太昊与少昊是兄弟氏族，其次；秦灵公作吴阳上下畤，上畤祭黄帝，下畤祭炎帝，是为周遗民而设，又其次。秦人伐戎继周，不仅接收周的地盘，也包

图5　万荣秋风楼：后土祠所在

图6 雍五畤

括留居当地的百姓。黄帝是姬姓始祖，炎帝是姜姓始祖，姬姜联姻，统治雍岐之地二百多年。秦人要想在西土站稳脚跟，离不开周遗民的支持。这四个畤都在宝鸡，是为雍四畤。

汉高祖作北畤，北畤是祭颛顼。秦四畤加汉北畤，即著名的雍五畤。【图6】

汉武帝三年一郊祀，主要就是指这三类祭祀。

（二）东系

东土的祭祀，以封禅泰山最隆重。【图7】封禅是山东地区祭祀天地的形式，与西土看重族神的传统不一样。泰山是五岳之首，统领天下的名山大川，在秦汉祀谱中地位最高，有如西土的太一。

泰山是山东的祭祀中心，有如太一为众星所拱，八主祠是环绕这个中心。【图8】

1. 天主祠，在山东淄博市临淄古城南牛山脚下的天齐渊，旧属齐地。

2. 地主祠，在山东新泰市天宝镇的梁父山。自古禅地，都是在泰山下的小山上。泰山下，小山很多，东南的梁父、云云最有名。地主祠在梁父，位于天主祠的西南，旧属鲁地。

3. 兵主祠，在山东汶上县南旺镇，又位于地主祠的西南，旧属鲁地。

4. 日主祠，在山东荣成市成山头，位于胶东半岛北岸，旧属莱地。

5. 月主祠，在山东龙口市莱山上，位于胶东半岛北岸，旧属莱地。

6. 阳主祠，在山东烟台市芝罘岛上，位于胶东半岛北岸，旧属莱地。

7. 阴主祠，在山东莱州市三山岛上，位于胶东半岛北岸，旧属莱地。

8. 四时主祠，在山东青岛市黄岛区琅琊台上，位于胶东半岛南岸，旧属莒地。

这八个祠，前三祠在西，后五祠在东。西三祠，东北至西南，略呈一线。《鹖冠子·近迭》："人道先兵"，兵是代表人。西三祠代表三才（天、地、人）或三一（天一、地一、太一）。东五祠，日主、阳主祠在东，月主、阴主祠在西，迎日拜月，东西相对。这四个祠在胶东半岛北岸。四时主祠在胶东半岛南岸，象征四时的起点。

山东半岛四分，齐居西北，莱居东北，鲁居西南，莒居东南。正如王睿指出的，这四个地区各有各的祭祀传统，它们最终被整合成一个模仿宇宙模式的大系统，恐怕是战国晚期齐人统一山东半岛后的杰作。齐人航海，最具海阔天空的想象力，这片三面环海的土地，充满寻仙访药的神秘传说，对秦人有巨大吸引力。

秦始皇东巡，沿海北上，先后登会稽山、峄山、泰山、芝罘山、碣石山，刻石铭功，就是被这片沿海地区所吸引。

此外，汉代修明堂，也与山东地区有关。汉武帝初立，曾打算在长安南郊建明堂，但没见过真正的明堂，后来封泰山，有人说"泰山东北阯古时有明堂处"，地势险要不宽敞，所以按公玉带（《封禅书》作"公玉带"，《郊祀志下》作"公玉带"）的明堂图，令奉高县作明堂于汶上。这种明堂，"祠太一、五帝于明堂上坐，令高皇帝祠坐对之。祠后土于下房"（《封禅书》），既有点像渭阳五帝庙、长门五帝坛，也有点像亳忌太一坛、宽舒太一坛，特点是"麻雀虽小，五脏俱全"。

汉武帝五年一封禅，主要就是指以泰山为中心，围绕山东半岛和北中国海沿岸的祭祀活动。

上述祠畤，从祭祀对象看，可以分为四类。

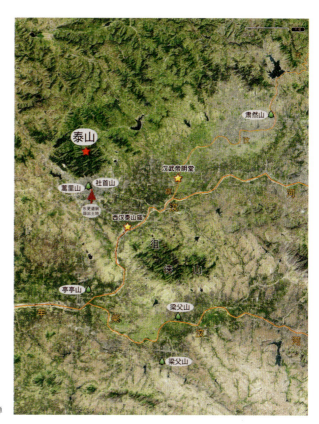

图7 泰山封禅

图8 八主祠

第一类是祭天地。

上古天官,见《史记·天官书》,是以日月五星绕斗极旋转,巡行二十八宿为特点。《封禅书》说,雍地"百有余庙",其中祭"日、月、参、辰、南北斗、荧惑、太白、岁星、填星、〔辰星〕、二十八宿"就属这一类,[38] 各地差不多。

秦俗祭星,有一大特色,是祭陈宝。秦文公在陈仓北阪(宝鸡贾村塬)作陈宝祠,"其光景动人民唯陈宝"(《封禅书》)。陈宝是流星坠地的陨石,号称若石。今地宝鸡就是得名于此。

汉兴,高祖起事,在丰县祷枌榆社,祠蚩尤,入关后,除令丰县觐治枌榆社,在长安立蚩尤祠,所兴唯二事,一是立北畤,祭黑帝,与雍四畤相配;二是令郡国县立灵星祠,祭后稷。所谓灵星,指龙星左角,即天田星,所以兴农。

汉武帝立甘泉泰畤和汾阴后土祠,以太一为祭天中心,后土为祭地中心,凌驾于雍五畤之上,这是汉代祭祀的最大发明。

第二类是祭五帝。

五帝是先秦固有。一种是黄帝、颛顼、帝喾、尧、舜,见《大戴礼·帝系》《国语·鲁语上》,一种是青帝(太昊)、赤帝(炎帝)、黄帝、白帝(少昊)、黑帝(颛顼),见《吕氏春秋·十二纪》《礼记·月令》(《左传》昭公二十七年郯子语已具雏形)。前者是周帝系,后者是秦帝系。[39] 汉代的雍五畤是继承秦四畤,显然属于后一种。

司马迁说,高祖二年,"东击项籍而还入关,问'故秦时上帝祠何帝也?对曰:"四帝,有白、青、黄、赤四帝之祠。"高祖曰:"吾闻天有五帝,而有四,何也?"莫知其说。于是高祖曰:"吾知之矣,乃待我而具五也。"乃立黑帝祠,命曰北畤"(《封禅书》)。或说五色帝是汉高祖立北畤后才有,显然不对。高祖说"吾闻天有五帝",显然早就知道,天下有这种五帝,对话者"莫知其说",只是不明白秦人为什么没有为黑帝立畤。[40]

---

38 "填星"下,《封禅书》无"辰星",中华书局点校本据《郊祀志下》补"辰星"。

39 李零:《帝系、族姓的历史还原——读徐旭生〈中国古史的传说时代〉》,《文史》2017年第3辑,第5—33页。

40 凤翔南指挥秦公一号大墓出土石磬,铭文提到"高阳有灵",高阳即颛顼。或说铭文证明,秦人出自颛顼,不对。女脩出颛顼,生子大业,她只是秦人的女祖先。秦出少昊,并不属于颛顼系统。秦人不为颛顼立畤,恐怕是因为颛顼之后多在东方,当地很少。当地不祭这个帝,也就没必要立畤。

汉文帝重五帝。他祭五帝，分两种，一种是去雍地祭五帝，一种是在长安祭五帝。他立渭阳五帝庙、长门五帝坛是从赵人新垣平说。渭阳五帝庙不是五帝各居一庙，如雍五畤，而是"（五帝）同宇，帝一殿，面各五门，各如其帝色"（《封禅书》），等于五畤的缩微版，有点像后起的明堂。及诛新垣平，交祠官致祭，不再去。

汉武帝祭五帝，也分两种，一种是亲往雍地祭五帝，一种是在太一坛上或明堂类的建筑内，与太一相配祭五帝。

第三类是祭山川。

司马迁讲巡狩封禅，有所谓五岳四渎。五岳是东岳泰山、南岳衡山、西岳华山、北岳恒山、中岳嵩山，四渎是江、河、淮、济，历代祭祀不绝。这是秦系的五岳。

秦合天下为一，东土（殽山以东）以嵩山、恒山、泰山、会稽山、湘山（青草山）为名山，济水、淮水为名川；西土（华山以西）以华山、薄山（即蒲山，雷首山的异名，也叫襄山）、岳山（岳是垂之误，垂山即武功山）、岐山、吴岳（吴山）、鸿冢、渎山（岷山）为名山，河水、沔水（汉水）、湫渊、江水为名川（湫渊是湖，不是河），皆有祠。[41]

此外，陕西关中的灞、浐、泾、渭诸水，因为地近咸阳，亦有祠，很多小山小水也有祠。

汉武帝时期的五岳是以天柱山为南岳，与秦代不同。

天下名山，汉武帝时方士有不同说法。

公孙卿说，"天下名山八，而三在蛮夷，五在中国。中国华山、首山（雷首山）、太室（嵩山太室山）、泰山、东莱（莱山），此五山，黄帝之所常游，与神会"。所谓"三在蛮夷"，疑指衡山、湘山、渎山；所谓"五在中国"，没有恒山和衡山，加了东莱山。

公玉带说，"黄帝时虽封泰山，然风后、封巨、岐伯令黄帝封东泰山（沂山），禅凡山（丸山），合符，然后不死焉"（《封禅书》）。这是他另立的封禅说，汉武帝并未采纳。

---

41 这一名单中的会稽山是后世的南镇，吴山是后世的西镇。其中没有后世的医巫闾山（北镇）、霍山（中镇）和沂山（东镇）。但沂山也叫东泰山，见于《封禅书》讲汉武帝的部分。

秦始皇巡游天下，除封泰山、禅梁父，还祠祭会稽山、峄山、芝罘山、碣石山。

汉武帝巡游天下，除登封泰山，在梁父祠地主，在肃然、高里（蒿里）、石闾禅地，还祠祭太室山、天柱山、恒山，东登东莱山，北登碣石山，西登崆峒山。封泰山"如郊祠太一之礼"，禅肃然"如祭后土礼"（《封禅书》）。

第四类是祭鬼神。

秦汉祠畤，鬼神很多，如秦时雍地祭风伯、雨师、四海、九臣、十四臣、诸布、诸严（诸庄）、诸述（诸遂）之属，汉高祖七巫祠有东君、云中、司命、九天诸神，汉武帝亳忌太一坛有泽山君地长、武夷君。

秦鬼，名气最大，当属杜主。杜伯被周宣王冤杀，化为厉鬼，本来是周人畏忌的鬼，周人走了，照样流行于秦地，如杜陵有五杜主祠，雍营庙和秦中也有杜主祠。司马迁说，"杜主，故周之右将军，其在秦中，最小鬼之神者"（《封禅书》）。意思是秦中小鬼，属杜伯最灵验。此外，汉高祖七巫祠有"南山巫祠南山、秦中，秦中者，二世皇帝"（《封禅书》），南山是秦岭，秦中是关中平原。[42] 秦二世自杀，也是秦中著名的凶鬼。

汉鬼，则有汉武帝神君祠（在上林苑蹏氏观）的长陵女子。

物怪，秦文公"伐南山大梓、丰大特"，见《史记·秦本纪》。《水经注·渭水》引魏文帝《列异传》，说秦于故道县立怒特祠，就是祭这种牛怪。西汉故道县在陕西凤县，位于宝鸡西南。

此外，秦皇汉武迷求仙访药。汉武帝冀遇神仙，从公孙卿言，立缑氏延寿城仙人祠、长安蜚廉桂观和甘泉益延寿观、通天台，作为候神之所，也是祭祀活动的一部分。

四 考古发现和有待探索的地点

上述祠畤，很多仍有古代遗迹、自古沿用的地名，甚至香火不断，保持着带有复

---

42 "南山秦中"，南山是秦岭，秦中是关中平原，应该用顿号点开。秦中，本义是秦的核心地区，秦的核心地区是关中平原。秦人占领鄂尔多斯地区后，把该地称为新秦中。

古性质的现代祭祀，值得深入调查，综合研究。下面，我举一些例子，供大家参考。

(一) 好畤河遗址

西土十畤，武畤和好畤年代最早。武畤可能在吴山遗址附近，现在没有任何线索。好畤在雍地以东，是个从秦代到现在一直使用的地名。【图9】《汉书·地理志上》右扶风有好畤县，班固注："垝山在东，有梁山宫，秦始皇起。"唐以前的好畤县在陕西乾县东好畤村，梁山宫遗址在乾县西北梁山镇三合村的瓦子岗上。唐以来的好畤县，则在乾县西部永寿县的飞地，店头镇的好畤河村一带。

宋真宗咸平三年（1000年），好畤令黄郓获方甗以献，宋代著录称"中信父甗"或"史信父甗"，[43] 铭文摹写有误。1962年，永寿县好畤河村出土过一件仲枏父匕、九件仲枏父鬲和两件仲枏父簋。[44] 与出土铭文对照，宋人所说的"中信父甗"或"史信父甗"，其实是仲枏父甗。[45]【图10】好畤河村位于羊毛湾水库北的台塬上，地势较高。该地频繁发现西周铜器，或与好畤有关。

2018年，曹玮陪我去过永寿好畤河一带。

(二) 鸾亭山遗址

遗址位于甘肃礼县西北（城关镇后牌村北）。2004年，早期秦文化联合考古队发掘。据简报介绍，此山山顶有圆坛，圆坛上有夯土围墙1段（西南留缺口，与上山的路相接），房址4处，灰坑19个，灰沟4条，祭祀坑1个，柱洞22个，西南山腰有东西相对的两个夯土台，其中1号房址不晚于西周，4号房址可能属于东周，2、3号房址和围墙、祭祀坑属于汉代。出土遗物：玉器，以圭、璧组合和男女玉偶人为主，共十组，五组出于3号房址，五组出于4号灰沟【图11】；砖瓦，3号房址出土

43　吕大临：《考古图》卷二，第22页；薛尚功：《历代钟鼎彝器款识法帖》卷十六，第156页。见《宋人著录金文丛刊初编》，中华书局，2005年，第38、400页。
44　张天恩主编：《陕西金文集成》咸阳卷，三秦出版社，2016年，第157—184页。
45　李零：《铄古铸今——考古发现和复古艺术》，香港中文大学出版社，2005年，第52页；生活·读书·新知三联书店，2007年，78—80页。案：近检陈梦家书，发现陈氏已有此说，见陈梦家：《西周铜器断代》，中华书局，2004年，上册，第208—210页。

图9　好畤

图10　好畤河村出土的仲柟父甗及铭文

"长乐未央"瓦当九件；钱币，3号房址、4号灰沟和3号灰坑各出汉武帝后期五铢钱一枚，7号灰坑出王莽"货布"币一枚；1号祭祀坑内，堆积兽骨，牛、羊、猪、鹿、狗和禽类都有。[46] 发掘者判断，遗址较早的西周灰坑与祭祀无关，与祭祀有关的遗址主体和出土物属于西汉时期。遗址废弃于王莽时期。

秦時，西時最古老，年代可以早到春秋初年，但鸾亭山遗址却缺少春秋战国时期的祭祀遗物。梁云认为，它是汉代西時的一部分。[47] 我想，这里是不是还有一种可能，鸾亭山遗址即卫宏《汉官旧仪》提到的人先祠。这个祠未必与西時是一回事。

简报所说坛，与封土为坛的坛似乎不同，应属除地为场的墠，围墙即古人所谓埏壝，瘗埋牲牢等物的祭祀坑，古人叫坎。

秦公簋，旧传1917年礼县红河乡出土，现藏中国国家博物馆。[48] 此器有汉代加刻的铭文，器铭作"西元器，一斗七升拳（登）簋"，[49] 盖铭作"西，一斗七升大半升，盖"，郭沫若认为，此器是汉代"西县宗庙之祭器"。[50]

1997年，礼县石桥镇瑶峪村出土一件铜豆，铭文作"西祠器鬵十，重一斤三两"，铭文字体近于秦代或汉初，也是祠祭用品。[51]

红河乡在礼县东北与天水市交界处，离鸾亭山和西山坪较远，瑶峪村在礼县西南，离鸾亭山和西山坪较近。它们和西時是什么关系，值得注意。

2005年，我和李水城、罗泰、傅罗文去过鸾亭山。

（三）西山坪遗址

遗址在礼县西，与鸾亭山南北相望。2005年，甘肃省文物考古研究所等单位组成

46　早期秦文化联合考古队：《2004年甘肃礼县鸾亭山遗址发掘主要收获》，《中国国家博物馆馆刊》第2005年第5期，第14页。
47　梁云：《对鸾亭山祭祀遗址的初步认识》，《中国国家博物馆馆刊》2005年第5期，第15—31页。
48　中国社会科学院考古研究所编：《殷周金文集成》（修订增补本），第四册，第2682—2685页：04315.1—3。
49　铭文拳字，声旁与朕字同，相当拯字，并非今拳字。
50　郭沫若：《两周金文辞大系图录考释》下册，上海书店出版社，1999年，第249页。
51　马建营：《"西祠器"铭铜豆考释》，《陇右文博》2013年第2期，第43—45转39页。

图 11.1　鸾亭山遗址出土玉圭、玉璧组合

图 11.2　鸾亭山遗址出土男、女玉偶人

早期秦文化调查、发掘和研究课题组，对遗址东北部发掘，发现春秋城址和祭祀遗址。

祭祀遗址包括马坑 7 座、牛坑 1 座、狗及其他动物坑 3 座。其中 K404～K407 位于遗址东部的一处夯土平台上。夯土台南北长约 17.5 米，东西宽约 18 米。台近南沿处有四个长方形浅坑，每坑各埋一马。该组马坑旁有一直径 1.6 米的圆坑，编号为 K408，坑中埋羊头、马肢骨与牛肢骨。K403 是个大坑，坑底有两个小坑，各埋一马。经鉴定，这些马都是接近成年的马驹。[52]

有学者推测，城址即西犬丘，祭祀遗址即秦西畤。换言之，西畤是一畤两址，秦西畤在西山坪，汉西畤在鸾亭山。[53] 问题存在争论。

（四）血池遗址

遗址在陕西凤翔柳林镇血池村东。2016 年，陕西考古研究院雍城队对血池遗

52　赵丛苍、王志友、侯红伟：《甘肃礼县西山遗址发掘取得重要收获》，《中国文物报》2008 年 4 月 4 日第 002 版。

53　王志友、刘春华：《秦、汉西畤对比研究》，收入《秦文化探研——甘肃省秦文化研究会第二次学术研讨会论文集》，甘肃人民出版社，2015 年，第 285—300 页。

址进行发掘，此次考古发现被评为2016年度全国十大考古发现之一。[54]

遗址包括"夯土台"和"祭祀坑"。发掘者认为，此即汉高祖北畤。

"夯土台"建在一个小山头上，台下土坡，呈梯田状，发掘者比为宽舒太一坛的"台三垓"，但已经发掘的工作面只是"夯土台"所在的地面，下面的土坡是否属于坛台类建筑的台阶，还有待证实。其北侧还有一个比它高一点的小山头。发掘者认为，这正符合"高山之下，小山之上"的定义，以此定其为"畤"。这个定义，我们在前面讨论过。

"祭祀坑"分三类，A类为车马祭祀坑，大坑埋真车、真马，小坑埋偶车、偶马；B类埋牲，包括马、牛、羊三种；C类是空坑。出土物，包括璧、琮、圭、璋、珩、玉偶人，以及青铜车马器、铜铃、弩机、铜镞等，很多都是小型明器。

这个遗址，我去过两次，一次是2015年，一次是2016年。

（五）吴山遗址

遗址在宝鸡陈仓区新街庙镇，可能与吴阳上下畤有关。中国国家博物馆和陕西考古研究院等单位组成联合考古队，2016年调查，2018年发掘。目前清理祭祀坑八座，每坑瘗埋一车四马，出土玉琮、玉偶人、箭镞和铁锸。[55]

吴山遗址与血池遗址隔河相望，形制规格、遗址内涵，彼此接近，年代也相近，都属于西汉时期，更早的遗址尚未发现。

比较鸾亭山、血池和吴山的发现，我有一个想法，秦汉祠畤，往往是在有关地点，除地为场，圈定兆域，掘地为坎，瘗埋祭品，祭品一如《封禅书》《郊祀志》所述。[56] 这类祭祀活动往往定期举行，历年开掘的祭坎成行成列，有如田畴，一片占满，再开辟另一片，若今墓地。因此，早期的祠畤恐怕还在上述发现之外。

雍五畤，鄜畤、密畤尚未发现，据说正在调查。或说鄜畤在凤翔长青镇马道口

54　国家文物局主编：《中国重大考古发现2016》，文物出版社，2016年，第88—89页。

55　《陕西考古发现战国时期大型祭祀遗址》，《文物鉴定与鉴赏》2018年第11期（上），第21页。

56　秦人用牲，主要是马、牛、羊，而不是牛、羊、豕，特别是驹。《封禅书》："春夏用骍，秋冬用騩。畤驹四匹，木禺（偶）龙栾（鸾）车一驷，木禺（偶）车马一驷，各如其帝色。""乃令祠官进畤犊牢具，色食所胜，而以木禺（偶）马代驹焉。独五月尝驹，行亲郊用驹。及诸名山川用驹者，悉以木禺（偶）马代。行过，乃用驹。"《郊祀志上》"禺"作"寓"。鸾车，或称鸾路，是送葬的车。

村，主要是因为该处宫观密集。但祠畤和宫观是两个概念，多半不在人口密集区。文公都陈仓，我怀疑，他立的鄜畤可能在宝鸡西山一带。

吴山，我去过两次，一次是2010年，一次是2016年。

（六）甘泉宫遗址

遗址在陕西淳化铁王乡凉武帝村，面积很大，陕西考古研究院对遗址进行勘探，有很多重要发现。【图12】2014年，厘清甘泉宫外墙的范围。2015年，完成航拍、航测，确定通天台和秦汉云阳城的位置。[57]

云阳是秦直道的起点，汉胡来往都走这条道，战略位置十分重要。汉武帝选择此地作汉代最高的祭祀中心，大有深意。秦杀义渠王，夺甘泉，作林光宫。汉甘泉宫是在秦林光宫的基础上修建，汉武帝在此朝会诸侯和匈奴使者，有如清代热河的避暑山庄和外八庙，[58] 祠寿宫神君，寿宫也在甘泉宫。

2012年，曹玮陪我和唐晓峰、赵丽雅去过这个遗址。

（七）天井岸遗址

遗址在三原县嵯峨乡天井岸村。【图13】1993年陕西省文物保护技术中心文物调查研究室对该遗址进行调查，指出遗址即《汉书·地理志上》谷口四祠。天齐公祠的天齐，是个南北315米、东西260米、深32米，北边带豁口的大坑，当地叫天井壕。五床山即该村西北的嵯峨山。[59] 五床山祠和仙人祠可能在嵯峨山附近。五帝坛即天井壕东面的五个夯土台。[60] 四祠皆在西汉谷口县境内。

2015年，西北大学文化遗产学院、咸阳文物考古研究所对这一遗址进行考古调

57　肖健一等：《陕西咸阳秦汉甘泉宫遗址调查获重要发现》，《中国文物报》2015年12月18日第008版。

58　李零：《避暑山庄和甘泉宫》，收入氏著《我们的中国》第四编：《思想地图——中国地理的大视野》，生活·读书·新知三联书店，2016年，第159—175页。

59　此山五峰并峙，盖即所谓"五床"。汉宣帝在鄠县也立过五床山祠。

60　秦建明等：《陕西发现以汉长安城为中心的西汉南北向超长建筑基线》，《文物》1995年第3期，第4—15页。

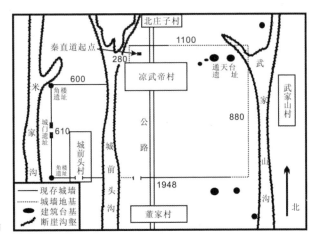

图12　甘泉宫遗址地图

查和局部钻探,证明遗址年代属西汉晚期。[61] 谷口四祠见《汉书·宣帝纪》,乃汉宣帝所立,年代吻合。

2012年,曹玮陪我和唐晓峰、赵丽雅去甘泉宫遗址,先到这个遗址。

(八)联志村遗址

1971年,西安北郊大明公社联志村出土玉器85件,包括璧、琮、圭、璋、虎、璜和男女玉偶人【图14】等,玉质和制作工艺与鸾亭山、血池、吴山等遗址所出相似,出土玉器的土坑,坑底距地表约80厘米。[62] 梁云推测,这个祭祀坑属于长安

61　西北大学文化遗产学院、咸阳文物考古研究所:《陕西三原县天井岸村汉代礼制建筑遗址调查简报》,《考古与文物》2017年第1期,第45—51页。
62　西安市文物考古研究所:《西安市文物精华——玉器》,世界图书出版公司,2004年,第11、14—16、26、45页;刘云辉:《陕西出土东周玉器》,文物出版社,2006年,第195页:GW1;第196页:GW3;第197页:GW5;第199页:GW10;第200页:GW11—12;第201页:GW14;第203页:GW17;第204页:GW19;第205页:GW22。案:刘云辉把这批玉器定为战国晚期物,现在看来,似乎过早。

图13.1 天井岸遗址

图13.2 天井岸遗址：天齐坑

图13.3 天井岸遗址：五帝坛

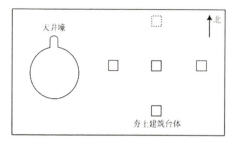

图13.4 天井岸遗址位置示意图

图14　联志村遗址出土玉偶人　　　　　　　　　　　图15　灵寿古城出土玉偶人

东南的亳忌太一坛。[63]

(九) 芦家口村遗址

1980年，西安西北郊芦家口村出土100件玉器，玉器种类与联志村相近，但多出一件用玉璧改制的玉猪。[64] 出土玉器的土坑，坑底距地表约1米。梁云推测，这个祭祀坑在未央宫遗址的范围内。[65]

汉代礼玉，与墓葬不同，多用玉璧改制，往往草率急就，有如冥币，推其原因，

63　梁云:《对鸾亭山祭祀遗址的初步认识》，第24—27页。
64　刘云辉:《陕西出土东周玉器》，第195页:GW2；第196页:GW4；197页:GW6；第198页:GW7—8；第199页:GW9；200页:GW11—12；201页:GW13；第202页:GW15—16；第203页:GW18；第204页:GW20；第205页:GW21。案:刘云辉把这批玉器定为战国晚期物，现在看来，似乎过早。
65　梁云:《对鸾亭山祭祀遗址的初步认识》，第27—28页。

盖祭祀繁而用量大，不得不耳。

祭祀用玉，玉偶人是特色。年代较早的类似偶人，灵寿古城已有发现【图15】。

（十）黄甫峪遗址

1995年，在华山脚下，黄甫峪口西侧，华山索道进口处附近，曾经出土过两件刻有战国秦文字的玉版，【图16】铭文长达298字，内容是讲一个叫秦骃的人到华山祷病，同出的文物被村民瓜分。秦骃祷病玉版，曾在私人手里，现藏上海博物馆。我曾写文章介绍这一发现并考释其铭文。[66] 同出玉璧，现藏西岳庙文物管理处。[67]【图17】陕西省考古所对出土地点做过调查，发现建筑遗址，出土"与华无极"瓦当，是为黄甫峪遗址。[68]

秦德公始都雍，秦以雍城为都城，长达294年，直到秦惠文王才打到华山脚下。华阴古称阴晋，秦惠王君六年（前332）占领华阴，改名宁秦。黄甫峪遗址可能即太华山祠所在。[69]

2010年，我带田天去过这个遗址。村民说，出土玉版的土坑在停车场的一棵树旁。

（十一）肤施四祠和桥山黄帝冢

肤施有五龙山仙人祠、黄帝祠、天神祠和帝原水祠。五龙山【图18】在陕西横山县殿市镇五龙山村东北，山上有五龙山庙（前身是唐法云寺），山下有黑木头川。黑木头川自西南向东北流，注入无定河，是无定河南岸的支流，五龙山在其中游。郦道元说帝原水"西北出龟兹县，东南流，县因处龟兹降胡著称，又东南，注奢延水。奢延水又东，径肤施县南"（《水经注》卷三），学者多以今榆西河为帝原水，

66　参看李零：《秦骃祷病玉版的研究》，收入氏著《中国方术续考》，第343—361页。
67　刘云辉：《陕西出土汉代玉器》，北京：文物出版社，2009年，第94页：图版59、60。
68　陕西省考古研究院、西岳庙文物管理处：《西岳庙》，三秦出版社，2007年。
69　参看李零：《西岳庙和西岳石人》，收入氏著《万变》，生活·读书·新知三联书店，2016年，第175—201页。

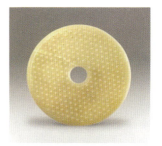

图17 华山黄甫峪遗址出土玉璧

图16.1 秦骃玉版，上海博物馆藏

图16.2 秦骃玉版摹本

把肤施定在今无定河北。我也曾经认为帝原水和肤施在无定河北，[70] 现在考虑，恐怕有问题。既然班固以五龙山为肤施地标，而五龙山在无定河南，若把帝原水和肤施定在无定河南，显然不合理。我很怀疑，"五龙山"三字既然冠在四祠之前，最好的解释就是，它们是表示这四祠的地点，四祠都在五龙山或其附近，帝原水即黑木头川，所谓"帝原"可能就是黄帝祠所在的某个塬。汉武帝北巡朔方，"还祭黄帝冢桥山"（《封禅书》）。西汉桥山黄帝冢在子长县高柏山，正好位于五龙山正南略向西偏，亦与黄帝祠有关。这五个地点很重要，值得今后探索。它说明，汉代的肤施应在横山西境，而非榆林南境。

2018年，我专门到横山跑过，去过五龙山。

（十二）朝那湫

宁夏固原市有两个海子，西海子在固原西南，原州区红庄乡；东海子在固原东南，原州区开城镇东马场村。东海子即古代的湫渊，因为地近西汉的朝那县（在彭阳县西古城镇古城村），也叫朝那湫。【图19】这个海子，四面环山，很小，但《封禅书》以湫渊为华山以西的四大名川之一，与江、河、汉水并列，唐宋年间出土的秦《诅楚文》，其中的《湫渊文》就是祠告湫渊之神，可见很重要。海子东岸凉马台有宋元以来的庙址，2007年出土过一块残碑，铭文提到"〔朝〕那之湫"，[71] 元李政《重修朝那湫龙神庙记》说湫东有祠，祭"盖国大王"，即凉马台之庙。所谓"盖国大王"，即"齐天圣烈显应盖国大帝黑池龙王"。[72] 早期的湫渊祠在哪里，仍值得探讨。

2009年，罗丰陪我、信立祥、王睿去过朝那古城和东海子、西海子。

---

[70] 李零：《陕北笔记（上）——读〈汉书·地理志〉上郡》，收入氏著《我们的中国》第三编：《大地文章——行走与阅读》，生活·读书·新知三联书店，2016年，第200—203页。

[71] 高万伟：《朝那湫考》，《宁夏社会科学》2005年第4期，第99—102页；张有堂、杨宁国：《湫渊探究》，《宁夏师范学院学报》第31卷第4期（2010年8月），第23—26页；胡承祥、杨芳：《朝那湫和东海子遗址》，同前，第27—28页。

[72] 盖国大王，即民间祈雨供奉的"齐天圣烈显应盖国大帝黑池龙王"，俗称雷王保。西北地区，干旱少雨，类似湫池，也见于宁夏隆德、甘肃会宁、庄浪、平凉、华亭、镇原、泾川等地，有些也叫朝那湫。

图18　五龙山

图19.1　固原湫渊遗址

图19.2 《湫渊文》

图20 《亚驼文》

（十三）要册湫

亚驼祠，《封禅书》未见，但《诅楚文》有《亚驼文》。【图20】亚驼即滹沱（疑指庆阳地区的大河，泾河或泾河的某个支流），乃要册湫之神。[73] 要册湫在甘肃正宁县东南湫头乡，位于四郎河和支党河之间。正宁县博物馆藏宋宣和三年《重修孚泽庙碑》即出土于要册湫。碑文云："县之部有镇，曰要册，镇有庙，曰孚泽，为昭祐显圣王之祠。"所谓"昭祐显圣王"，亦"齐天圣烈显应盖国大帝黑池龙王"。这个地点也值得注意。

2016年，王辉陪我和李水城在庆阳、平凉地区考察，顺便去过要册湫。[74]

（十四）嵩山三阙和中岳庙

秦汉封禅，主要是祭泰山。华山、雷首山、嵩山在东巡的路上。嵩山在河南登封东。登封有中岳庙。庙前有一对石翁仲，翁仲南有太室阙，太室阙西北有启母阙，启母阙西有少室阙，即太室山祠、少室山祠和夏后启母石祠的东汉遗迹。[75]

2004年，我去登封，专门跑过这三个地点。

---

[73] 裘锡圭：《诅楚文"亚驼"考》，收入《裘锡圭学术文集》，复旦大学出版社，2012年，第320—325页。

[74] 正宁县博物馆赐赠《重修孚泽庙碑》拓片和出土现场的照片给我，谨致谢忱。

[75] 吕品：《中岳汉三阙》，文物出版社，1990年。

图21　中岳庙石翁仲

（十五）汾阴后土祠（魏脽遗址）和阎子疙瘩遗址

汾阴后土祠是汉武帝郊祀的三大中心之一，至今香火不断。巫锦发现的鼎是从旧庙附近出土。旧庙位于汾水入河处【图22】，乃魏国墓地，河水冲刷，历代常有铜器发现。

2004年，我和唐晓峰、赵丽雅、马保春对庙址和1930年卫聚贤等人发掘的阎子疙瘩遗址【图23】进行考察，回来写过一份调查报告。[76] 报告确认，孤山东侧的阎子疙瘩遗址是一座汉代行宫遗址，很可能就是《三辅黄图》卷三、《水经注·河水四》提到的汾阴万岁宫。2016年，故地重游，我还对汾阴渡口和周边的地理形势做过考察，上过孤山。

76　参看李零：《汾阴后土祠的调查研究》，收入氏著《我们的中国》第二编：《周行天下——从孔子到秦皇汉武》，第177—265页。

图22　汾阳后土祠旧庙位于汾水入河处

图23　阎子疙瘩遗址

（十六）东更道遗址

秦汉封禅泰山，禅地之所七，石闾、蒿里、社首在泰山南，最近。石闾在山脚下，蒿里在泰安火车站，社首在蒿里东。蒿里山出土过唐玄宗、宋真宗禅地玉册，现藏台北故宫博物院。社首山已不存在，1951年，因修铁路被炸毁。

1954年，泰安东更道村出土过六件盨缶【图24】和一件铁盘，现分藏中国国家

图24　东更道七器之五

博物馆和山东博物馆。东更道在社首山以东,灵应宫南,今九州家园附近。当年,这七件器物出土于七个3.9米深的土坑,东西一横排,上面盖石板。

东更道七器是现已发现祭祀泰山的最早实物,但当年只有非常简短的报道,没有留下什么记录。很多年前,我去过出土地点,眼前是一片楼群。最近,我对这批铜器和它们的出土地点做过详细调查。[77]

(十七)八主祠遗址群:请看考古报告,作者有详细介绍。

(十八)秦皇岛—绥中遗址群和碣石山

秦始皇五次巡游,四次巡海。沿海巡行,路线分三段,绍兴到连云港是南段,八主祠一带是中段,碣石以北是北段,沿海有许多行宫遗址。秦刻石多沿途所立。

77　参看李零:《东更道七器的再认识》,《中国国家博物馆馆刊》2017年第10期,第117—129页。

今秦皇岛—绥中遗址群属于北段。

苏秉琦说，绥中遗址是碣石宫、秦东门，恐怕值得商榷。绥中岸边的海中礁石，沿海多有，恐怕不能指为碣石宫。文献记载，碣石山在河北昌黎，碣石宫在河北蓟县，秦东门在江苏连云港附近的赣榆县。我想，碣石祠还是应该在河北昌黎的碣石山附近。[78]

2009年，我和叶南、颜涿、马保春专门跑过昌黎、秦皇岛和绥中，上过碣石山。

五　总结

综上讨论，我的总体印象是，秦汉祠畤分东西二系，《史记》《汉书》说的封禅主要指山东境内封禅泰山、祭祀八主和巡行海上的活动，郊祀主要指陕西境内围绕甘泉太畤、汾阴后土祠和雍五畤的祭祀（汾阴后土祠已出三辅，但与陕西邻近）。

雍五畤是在西土故畤的基础上发展而来，它是以雍四畤加汉高祖的北畤而形成，以帝为主，配天而祭，代表的是秦地的祭祀传统。汉武帝对这一传统的改造分两步走：第一，立汾阴后土祠，以地配天；第二，立泰畤，把天地、五帝和周秦故地的山川鬼神，围绕太一、三一，整合成一个大系统，这是受齐地儒生和燕齐方士的影响。[79]

同样，受齐地儒生和燕齐方士影响，秦汉两代封禅泰山和祭祀八主的活动是继承齐地的祭祀传统。这个传统是战国晚期，齐人统一山东半岛后，整合齐、鲁、莱、莒四大传统而形成，特点是模仿宇宙模式，以三才配日月、阴阳、四时。明堂也是配合儒籍礼书的设计，发轫于齐地，后来移植到秦地。这种微缩式的设计，最终成为王莽郊祀改革之源头。

这两大系统的结合，便是《封禅书》《郊祀志》的主要内容。秦皇汉武候神西土，求仙海上，追求不死，也是这类祭祀活动的一部分。他们追求的不仅仅是个人的不死，也是秦汉帝业的垂之久远。

---

[78] 参看李零：《从船想到的历史——以东周、秦汉时期的考古发现为例》，收入氏著《我们的中国》第二编：《周行天下》，第267—301页。

[79] 李少君、谬忌、宽舒、少翁、栾大、公孙卿、丁公、公玉带，几乎全是齐人。

秦汉之天下，既是南北整合的结果，也是东西整合的结果，但宗教大一统主要是东西整合的结果。

2019年2月4日写于北京蓝旗营寓所

补　记

古人用什么传递历史记忆？主要靠祭祀活动。祠畤与城址、宫庙、墓葬把人与神、活人与死人组合成一个大系统，分别代表它的四个不同侧面。

最近，北京大学人文社会科学研究院举办的研讨会：《考古发现与历史记忆——秦汉祠畤的再认识》（菊生论坛第13期，2019年3月23—24日）就是邀请来自各地的考古学家讨论这类问题。参加此会，听学者发言，有几点印象，可以补充。

1. 鸾亭山遗址的主体建筑是四座房址和一道带檐瓦的围墙，只有祭祀坑，没有坛，似是山顶小祠，我怀疑是人先祠，并非西畤。
2. 西山坪遗址是否为祭祀遗址，学者有争论，也不能肯定是西畤。
3. 血池遗址的夯土台，所谓坛壝，乃是围沟。这种土台在雍山附近不止一处，学者怀疑是"通权火"的遗迹，并非祭坛。"权火"即"燋火"。
4. 血池遗址的祭祀坑，车马坑为方形或长方形，类似汉阳陵外藏坑；马坑作平行的长条形坑，瘗埋后在地面上留下痕迹，最像《汉官旧仪》描述畤时所说形如韭畦、菜畦的沟垄。
5. 血池遗址出土"上畤""下祠"陶文。古代岳庙、镇庙倚山势而建，多有上、中、下庙之分，吴阳之畤固分上下畤，北畤也可以有类似划分，不一定指吴阳上下畤。
6. 继血池遗址和吴山遗址发现后，宝鸡渭水南发现的下店遗址，可能与密畤有关。
7. 礼县四角坪遗址和天水西南的平南遗址，是继鸾亭山遗址发现后的另外两处祭祀遗址。
8. 东海子遗址发现汉代砖瓦。

山与社会*

王铭铭

I

社会科学研究的观念局限中,问题最严重的,是用人间主义视角来定义"社会"。何为"人间主义"?就是国外所谓"anthropo-centrism",即"人类中心主义",指的是将人之外的事物看成与人无关——或者至少是无关宏旨——的那些看法。这些看法在社会科学里造成的后果是:社会科学家对社会研究得越多,作为社会构成因素的"非人存在体"或广义的"他者"(如,社会学家笔下的神圣之物,及由非人物种和无生物构成的"自然世界",或者,二者的复合体)却越来越少;最后,如在过去一个世纪里发生的那样,在通常的研究中,所谓"社会",便只是指人间关系及其构成的"集体"了。

在一篇短文中[1],我玩了一个"拆字游戏",将我们用以翻译"society"的"社会"两字重新分解,说"社"本来是指经由对"非人存在体"的认同而生成的"人间共同体",而"会"则是指这些共同体在特定时间和空间的隆重出场("赛会")。

---

* 本文据笔者在2018年12月16日于上海大学召开的"山与社会"学术工作坊上所做的主旨说明整理而成。该学术工作坊由笔者召集、肖瑛教授主持,报告人有罗杨、卞思梅、张帆,评议人有萧梅、张江华、肖瑛、黄剑波、张亦农诸教授。感谢《社会》杂志的大力支持。

[1] 王铭铭:《反思"社会"的人间主义定义》,《西北民族研究》2015年第2期,第109—112页。

这个"拆字游戏"必定粗陋,但我相信,它有助于我们展开一种广义社会学理解:如果我没有读错,那么,涂尔干在其《宗教生活的基本形式》中耗费大量篇幅论证的道理便是,"社会"凭靠"圣化"成其自身,而使圣化成为可能的"圣者"总是源自"社会之外",比如,源自成为图腾、佛、神的"他物"[2]。

2

"山与社会"这个主题,是基于这一广义社会学的理解提出的。我在本文中尝试把通常被社会研究者——无论是社会学研究者还是社会人类学研究者——排除在外的山,当作入手点进入社会世界,致力于复原其超人间面目。

我不是第一次谈"山"。[3] 2014年,我还曾在四川安仁古镇召集过一次"山——人类学的视野"国际学术工作坊。作为社会人类学研究者,我将大部分精力投入被人们与客体截然分开的主体之研究中,对于亲属制度、交换、支配等关系类型倍加关注。这些年我之所以"分心"关注山这类事物,有理论上的考虑[4],但这一考虑来自经验之所见。

在田野工作中,我曾遭遇一种"民间看法",这种看法将这类被我们"科学地"排除在研究领域之外的事物与人间之事紧密关联起来。

在东南沿海一个村社,我听说,作为传统"基层社会"核心公共象征之一的村神,是在一座山上成神的。为这个村神建立的神堂,大抵可谓古代的"社"。如顾颉刚先生早就观察到的,古人之社颇朴实,本为土地的圣化形式,而在闽南民间(特别是顾先生生于1920年代造访的福建南部民间),人们广泛用大帝、圣贤、元帅、夫人、圣君等神明的传奇来渲染社的灵力。[5]我研究的那个村社的村神,也是这样。顾先生描绘的现象,可以被理解为古代之社的神化。大而化之,可以说,所

---

2 涂尔干:《宗教生活的基本形式》,渠东、汲喆译,上海人民出版社,2006年。

3 之前论述,见王铭铭:《东亚文明中的山:对中国之山的几个印象》,《西北民族研究》2013年第2期,第69—72页;王铭铭:《山川意境及其人类学相关性》,《民族学刊》2013年第3期,第42—43页。

4 特别是,对于近代认识方法所造成的对本来广泛存在于各文明中的"天人合一"世界智慧的破坏之反思性考虑,参见王铭铭:《环境问题与社会问题》,《没有后门的教室》,中国人民大学出版社,2006年,第78—103页;《心与物游》,广西师范大学出版社,2006年;Philippe Descola, *Beyond Nature and Culture*, Chicago: University of Chicago Press, 2013。

5 顾颉刚:《史迹俗辨》,上海文艺出版社,1997年,第169—176页。

谓"社",本是土地生命力的崇拜。古人有时用树有时用石来代表这种生命力或永恒结晶,他们不仅没有把自己创造的人文世界与当下所谓的"自然""环境"这些系统分离出来,而且还将被我们理解为"外在"的自然之物视作人文关系系统的秩序构成因素,因而他们祭祀的社,在被人格化的土地神或顾先生提到的那些"杂乱"的祀神替代之前,可以说是生活世界内外上下关系的中间环节,若是脱离了这类中间环节,所谓"生活世界"便没有力量和秩序之源了。历史上,儒士和朝廷,都曾推动过社的去神化运动,旨在恢复社的古代面目。然而,其依据的理由并不充分,神化并没有改变社的本质。以我研究过的那个村庄为例,作为村社之主的村神,可谓是神化的。每年正月,村民们依旧要做一个隆重的仪式,人们用神轿将村神送回他成神的山巅之上,让这个神通过回到其成神的"祖殿",恢复元气。山上的"祖殿"有村神的"真身"偶像,据说它是其所有"分身"所由来的实体,村神一年一度从山下到山上,回到其"本尊"身边,虽还算是神化了的信仰的一种表现,但实是旨在使社神回到滋养他的自然世界的仪式,这一仪式的过程性内容是通过让"社神"返回作为神性之源的山(所谓"自然界"),重新获得其灵力。因而,有乡民解释说,只有经过这一回归程序,再将村神迎回他所"镇守"之处(村社)时,他才可能有灵力、神性和权威去"为人民服务"。与此同时,在那个山区村社,山上"朝圣"也是取火仪式,聚落各家各户上元燃灯、生火做饭,火种都必须跟随村神从山上取下来。这个仪式表明,村神与大自然的关联并没有断裂。

田野工作中的这一见闻,使我对曾景仰的"燕京学派"生发了某种质疑。[6]这个学派在塑造其"社区研究法"时,关注到了社区与更大的区域构成的关系,但这一学派的成员在阐述这一关联性时,或局限于"形而下"的经济方面(如市镇网络),或反复论证人间社会组织的形态(如宗族),对于自然-人文关系的形质,不加追究。从我自己的经验看,这方面却是我们研究的地方之所以成其为社区的首要理由之一。

---

6 王铭铭:《局部作为整体——从一个案例看社区研究的视野拓展》,《社会学研究》2016年第4期,第98—120页。

3

从平面或横向看，每个社区都置身于一个由聚落-田园/牧场-山水三个圈层共同构成的生活世界里，每个聚落中的人要获得生活，除了相互之间形成关系，也要为维系人自身的生命而与他们的"异类"形成关系。

就农牧社区而论，为了维系自身的生命，人借助其创造在聚落与山水之间的田园/牧场上劳作，是其条件。劳作既牵涉主体的活动和关系（如合作关系），又牵涉人与物的关系。这种与主客体双关的活动，不能简单用现代的"生产"来形容，因为，它至少有一大半是非人为的。田园/牧场之丰饶，大大依赖于外在领域，这个领域，首先是人之外并与人相关的水和山。我认为，正是人与其广义"他者"的交换转化，而非纯人为生产创造，构成了劳作的核心内涵。

水的重要性，比较容易理解。试想，若是没有水，是否可以想象"生物"的"生"？由于水有此重要性，因而古人触及它时便说，"天地以成，群物以生……品物以正"（《韩诗外传》卷三）。

山的重要性，时常是与水联系在一起的，比如，不少地方的人相信，"山有多高，水有多高"，意思是说，水是从山上来的。我曾在法国阿尔卑斯山地区、中国西南山区穿行，这些地方给我留下的印象是，东西方两地的山区村社，从山上留下的山泉，都是生命之源，因而，取水之处，往往也成为村社的"公共空间"。而与水相比，山还有其特殊形态。作为意象，一座山是一个不可分的存在体，这并不妨碍山与山逶迤绵延成"山脉"。汉字的"山"字，便以形容"众山"，即由多个不可分的高耸存在体构成的山的"集体"。然而，作为一个不可分的存在体的山，自身却是由难以计数的其他存在体构成的。也就是说，山又是内在极其多元的。无论山涵括的存在体是有机还是无机的，在人们的意念上，它们都充满生机，与田园/牧场和人间世界之生机相映成趣，其相异无非是后者相对更为"人为"。

平面或横向分布的这些充满生机的存在体，既能为人所知，也有着它们的神秘性。这些生机盎然的存在体，常常引发各种"遐想"，被看成与人一样，有心灵、情感和模样，有相通的灵性，成为图腾、万物有灵思想的源泉，也常常引发着诗性的比拟。

这一"地理学"意义上的山，与聚落构成的平面或横向关系，可谓"内外关系"，其中广度不一的过渡地段，恰是田园/牧场这一聚落与山水之间的领域。

与此同时，聚落与山也是垂直或纵向地关联着，它们之间，形成一种上下关系。宗教史家伊利亚德告诉我们，山是生活世界得以化成人文、获得秩序的原初条件，正是这种高于平地、位在天地之间的存在体，是最古老的"世界中心"，它构成一条贯通上下的纽带，如"天梯"般，使"下"通过它得以与"上"联结，由此获得对生活而言至为关键的秩序和活力。也因此，如伊利亚德所言，所有建筑——尤其是神堂和宫殿——的原型，都模仿山，通过"假扮"成山而成为"世界之轴"，扮演着联结上、中、下三界的角色。[7]

伊利亚德冲破了自然与文明的二元对立论，表明自然是人文世界的源泉，并不是像近期某些表面先进的理论告诉我们的那样，是"不文明的"。在我看来，伊氏对山的叙述有这样的含义，不存在今日学界所谓"文明缘何不上山"之类问题[8]，而只存在"文明如何下山"的问题——如我在那个山区村庄看到的那样，每年正月村民到远山"朝圣进香"的活动，便旨在为新一个年度周期世界秩序（无论是人伦的、物伦的或神伦的）的"复原"或"再造"，从山上将村神的灵力和节日燃灯与日常享食的火种引到山下，这一灵力和火种被认为是文明之源，又必须源于自然。

4

《说文解字》（九／山部）解释说，山，"宣也。宣气，生万物，有石而高"。这段话除了解释山在形态上的高耸状态之外，重点表明，高出平地的山，是气宣发至四方、产生万物的区位。

这种将山与万物的生命力（气与生）联系在一起的看法，在古书上相当常见。如在《韩诗外传》这部解释《诗经》的文献中，有一段对"仁者何以乐于山"加以阐发的文字，它认为，古人的山，为"万民之所瞻仰"，在山上，"草木生焉，万物植焉，飞鸟集焉，走兽休焉，四方益取与焉"，因为产生万物，而亦有"产"的含

7　Mircea Eliade, *Cosmos and History: The Myth of the Eternal Return*, New York: Harper & Row, 1959, p.12.

8　James Scott, *The Art of Not Being Governed: An Anarchist History of Upland Southeast Asia*, New Haven: Yale University Press, 2009.

义,被看作"四方益取"之物的所在地。

将山与"产"字意味的力量联系起来的看法,在国内各民族中,也广泛存在。例如西南各地的羌藏民族,不少村社年复一年地举行祭山仪式,这些仪式展开的地点多在特定的神山(神山的确认,恐与其在形态或生态面貌上与生命力的突出关联有关),具体时间虽有区域差异,但共同依照各地的春秋两季之分确定,与万物的生命周期节奏(如春耕与秋收)对应,其旨趣在于祈求丰年。人们相信,聚落和田园/牧场的丰产(丰产是人/物不分的,也涵括了人自身的丰产),与山上万物的繁盛是相互关联的,甚至可以说,山上万物是否繁盛"决定了"山下种植/养育之物是否会有丰厚的产出。因而,祭山年度周期的前段,内容往往与祈求丰年有关,后段则往往与"还愿"有关,而春秋祭山仪式的时间点之间相对漫长得多的动植物成长阶段,则往往有禁止在神山上割草、砍伐、放牧的规定(兴许是因为有这一传统规定,羌藏民族之神山,生物多样性往往比周边的非神山好得多)。

《韩诗外传》还解释说,"仁者乐山"除了因为山有"产"("山者产也")之形质之外,还因为山是个贯通上下的轴,它"出云道风,嵷乎天地之间",以这个轴为条件,"天地以成,国家以宁"。

"宁"这个字的含义,大抵与伊利亚德所谓"秩序"一致,意味着高于聚落和田园/牧场的山,有着通过贯通上下,使下获得自上而下传递的道德生境。可以说,西南羌藏民族之所以有神山,与其含有的这种能够保障人间之"宁"的高高在上之力也有关。

就《韩诗外传》的解释看,山作为生命的汇集处,与作为上下贯通的轴,的确一个以"多"为气质,另一个以"一"为特征。然而实际上,这"多"与"一",往往相互杂糅,产生众多身心结合体。这些身心结合体,既与人有别,又与人相通,许多是人辞世之后变化而来的,与人在世时的身份之别对应,因而,也有王侯将相、巫师士人与一般人民之别。古人相信,山上的不同的身心结合体,是人间"财用",有益于四方百姓的生命延续,它们又因被相信是奇形怪状,身处云、风、雨所由来之处(山),所以也有灵力,构成人间聚落(包括《韩诗外传》中的"国家")得以"宁"的秩序之源。这些身心结合体因是"财用"和秩序之源,作为与人有关的"异类",它们深受敬畏,持续接受着礼赞。

《山海经》记载了分布于众山中的众多身心结合体,这些身心结合体没有用近代有机与无机、动物与植物、人与自然、神与非神之类二分系统来分类,而具有物、人、神杂糅的特征；也记载了人们向众山献祭的仪式，这些仪式被称为"貍"或"瘞"，指的是在山上或山边掩埋动物血祭牺牲或献祭吉玉的活动，这些活动总的旨趣在于，向生机盎然且高高在上的山示敬。[9]

而兴许正是为了防范"天地不交而万物不通"，"上下不交而天下无邦"（《易经》十二）局面的出现，据《尚书·舜典》，在舜的时代，贯通天地上下的朝山巡守制度得以确立。舜于正月一个吉日继尧之位，"在璿玑玉衡，以齐七政"，随后，"肆类于上帝，禋于六宗，望于山川，遍于群神"。当年二月，舜到泰山"巡守"，在那里举行焚柴燎火仪式，按一定顺序祭祀诸山川。在泰山，舜会见了东方诸侯，还"协时月正日，同律度量衡"，举办了隆重的祭祀典礼。之后，舜于五月、八月、十一月朝拜南岳衡山、西岳华山、北岳恒山，在那些山岳举办了与他在岱宗泰山举办的相同的礼仪。此后，舜"五载一巡守"。

以舜为名得以确立的五岳系统，可谓正统化的神山系统，又可谓聚落-田园/牧场-山水三圈层与土地-山水-天三层级结合体的"升级版"。这种立体的世界图式，中空外盈、内低外高。它的分布广泛，但并不涵括所有模式。可以想见，与五岳代表的五方系统不同，欧亚另一些区域广泛分布的曼陀罗系统，大致可以说是一种对反的中盈外空、内高外低形式。而在华夏，五岳系统确立之后，正统"神山系统"，在各地均由教化或模仿而出现微缩版，但这些微缩版的广泛存在并没有消灭既有的民间系统，后者（如我在东南沿海那个村社看到的）有的通过攀附正统得以延续，有的借助其在"化外"之地的便利而得以系统保留。这些得以系统保留的"神山"，更为普遍存在的形式恐怕是平地-山区的二元对立，这本是先于五岳、曼陀罗之类四方环绕中心模式存在的"底版"（以四方为外、中心为内的图式，可谓二元对立的繁复化），之后作为"小传统"广泛分布着。

无论采取哪种形式，如果说不同形式的"神山系统"都构成古老的宇宙观，那么也可以说，这些宇宙观有一个共同特点，即它们都没有将"人间"与"非人间"割裂开来。

9　森鹿三：《中国古代的山岳信仰》，游琪、刘锡诚主编：《山岳与象征》，商务印书馆，2004年，第1—11页。

5

"人间"与"非人间"的叠合,构成一个立体的生活世界,这一立体的生活世界,被视为"栖居"于其中的人获得其生活的"条件"。

海德格尔在《"……人诗意地栖居……"》中说的如下一段话,堪称对这个"条件"的妥帖形容:

> 惟在一味劳累的区域里,人才力求"劳绩"。人在那里为自己争取到丰富的"劳绩"。但同时,人也得以在此区域内,从此区域而来,通过此区域,去仰望天空。这种仰望向上直抵天空,而根基还留在大地上。这种仰望贯通天空与大地之间。这一"之间"(das Zwischen)被分配给人,构成人的栖居之所。我们现在把这种被分配的,也即被端呈的贯通——天空与大地"之间"由此贯通而敞开——称为维度(die Dimension)。此维度的出现并非由于天空与大地的相互转向。而毋宁说,转向本身居于维度之中。维度亦非通常所见的空间的延展;因为一切空间因素作为被设置了空间的东西,本身就需要维度,也即需要它得以进入(eingelassen)其中的那个东西。[10]

海德格尔将"维度"定义为"本质乃是那个'之间'——即直抵天空的向上与归于大地的向下——的被照亮、从而可贯通的分配"。这个"维度"是空间意义上的,也是符号意义上的,实指心物之间的汇合处,接近王国维《人间词话》中所说的"境界",王氏所言,在文学中,"有造境,有写境……然二者颇难分别"[11],"境界"位居主客之间,同时可以被制造和被反映,在生活中,情况也相似。

哲学家海德格尔致力于贯通主客,他以自己的方式告诉人们,完整的人,总是由"劳绩"和"仰望"合成的,缺一不可。这一点对于我们纠正一般社会科学缺乏"仰望"的错误特别重要。然而,海德格尔认为,在"劳绩"与"仰望"之间的那个层次,是作为"维度"的"之间",这个"之间",似乎必须是诗人或思想者的"境

---

10 海德格尔:《演讲与论文集》,孙周兴译,生活·读书·新知三联书店,2005年,第204页。
11 王国维:《人间词话》,中国人民大学出版社,2004年,第1页。

界",也就是说,其本质总是与"思"有关。这点似乎与我看到的情况有些不同。

如果说人的"劳绩"总是与其所居住的聚落、其所在其上劳作的田园/牧场相关联,那么,也可以说,其劳作之外的"仰望",则往往目标朝天,而对其"之间"属性最有意味的引申,毋宁说是同时作为实在和意象的山。也就是说,倘若我们一定要将这与"维度"相联系,那么,这个"维度"便不仅是在符号化的意义领域发挥作用,它与之关系密切,却也是实实在在的"物",这一物位于天地上下之间。"天地交而万物通也;上下交而其志同也",这一物是万物流通生长、上下协和的纽带。

6

"山与社会"这个主题,易于让人联想到客体与主体、物质与精神、事实与价值、必然与自发、超越性与内在性、身体与心灵、物与人、普遍与特殊等一系列二元对立"词形",这些"词形",都来自近世得以确立并流传的自然/文化二元对立宇宙论。然而,我们的旨趣并不在用新的方式来延伸这一现代宇宙论;恰恰相反,我们要做的工作,旨在通过破除在这些二元对立"词形"浸染下形成的二元对立认识惯性,形成某种以关系为主轴,超越人间社会的社会认识。作为社会研究者,对"山与社会",我们侧重考察和叙述的还是"社会"。不过,我们意义上的"社会",并不是狭义的,它实为聚落-田园/牧场-山水三圈层与土地-山水-天三层次的实在结合体,它贯穿于那些二元对立"词形"所形容的分化领域之间,既是"人间社会",又是"非人间社会",既是文化的,又是自然的。在这个广义"社会"概念要求下展开"山与社会"的研究,一样也是展开人-人、人-物、人-神诸"广义人文关系"的研究[12],而要展开这一研究,有一个事实—思想条件:由于人的形成离不开所谓"外在于人"的物和神(二者在许多场合难以分割,相互表达),甚至可以说是由物和神(必须说明,众多宗教人类学研究表明,此处所谓"神"也是实在的,不仅作为意象存在于社会,而且由于其存在形式为将人、物、神融于一炉的仪

---

12 王铭铭:《民族志:一种广义人文关系学的界定》,《学术月刊》2015年第3期,第129—140页。

式,因而,也是作为社会实在存在着的)合成的,因而,理解人-人关系,离不开理解人-物、人-神关系。倘若狭义的"社会"可以理解为"大我"意义上的人,那么,"山"所意味的,正是构成这个"大我"的那些关系的实在与意象,其存在既不仅仅是物质性意义上的,又不仅仅是"维度"意义上的,而是二者的杂糅或关联,即作为以上谈到的同时作为万物汇集处和作为内外上下贯通之轴的"山"。

这个意义上的"山",与20世纪90年代以来本体论人类学家所述的"有我的自然"——富有主体性的客体——视角相通,[13]但其与"人间"的关系,超出本体主义所限定范围(主体化的客体),除了表现为其所重视的"有我之境"("以我观物,故物著我之色彩"),时常也以"无我之境"("以物观物,故不知何者为我")或其他方式存在,以不同形式会通"我"与"非我",使"物我一理,才明彼,即晓此"(程颢语)的"合内外之道"成为可能。

简而言之,社会研究有待将那些看似"与我无关"的存在体——如,山上实在的生物和非生物,或各种"生灵"——纳入视野,也有待从那些古老的"无我之境"中汲取思想的养分,对生命力超出"我"的世界之物质性和非物质性存在体,及遁入这个世界的"我"——如仙道、佛圣、遁世修行者、山民及他们的不为与有为之事,给予充分关注。

13　Eduardo Viveiros de Castro, *Cosmological Perspectivism in Amazonia and Elsewhere*, Manchester: Hau Masterclass Series, 2012.

桃花源的隐逸世界

张祥龙

人类生存本身总含有一个隐蔽的向度，不然不会繁盛和持久。通过现象学的视野，可以看出人的意识总带着半隐蔽的边缘，乃至一条几乎是完全藏匿着的内时间意识流，由此造就了人类意识的种种特性，而它们势必会塑造那些活在意识之中的人类的社团生存方式，以及人与自然的关系。由于这个向度的影响，人们总不会满足于显露在外的生活，于是现实中的社会，就总让人觉得还不够正当、不够美好和不够让人尽性尽命。总还有许多没有被实现出来的善美。这些隐身的善良和美好，则往往要以"乌托邦"的方式来显身，将本来是，甚至本该是隐藏着的生存方式，以理想化的方式虚拟出来，于是有理想国，有桃花源，有"美丽的新世界"，等等。在华夏文明的氛围中，就会出现《庄子》这样的奇书、隐士一类的高人，还有隐逸于渔樵山水之中的朦胧生活样式。以下就想以陶渊明关于桃花源的诗文为支点，来尝试着展露一下这种显隐之间甚至是有无之间的生存形态及其意义发生的结构。但首先还是要简略地交代一下现象学的意识观，以便我们更能心领神会人生的大写意境界。

一

胡塞尔将威廉·詹姆士发现的"思想流"改造成了"内时间意识流"，让它具有了更根本的功能，也就是在人的显意识之前摄藏和构造潜伏的意义和存在的功能，大致可比拟于唯识学讲的阿赖耶识。这个重大的进展改变了20世纪欧洲大陆哲学的图景，使广义的现象学运动和相关的潮流获得了一股思想元气和方法新境。柏格森在胡塞尔之前已经在时间的绵延中找到了意识和存在的源头，很了不起，但没有赋予它以思想方法上的具体进路和透彻分析，因而虽产生过广泛影响，包括对中国哲学家们的影响，但在20世纪的西方哲学特别是现象学运动中未成大气候。由于胡塞尔提出的现象学还原和意向性分析的方法，意识流的哲理含义得到了多重的展现，并在其后的舍勒、海德格尔、萨特、梅洛-庞蒂、列维纳斯等人那里得到了更有深度和广度的揭示。

如果我们的意识根底是意识流，不是洛克讲的一块白板，也不是柏拉图讲的先天理式，或笛卡尔说的反思之我，那么全部意识活动就都是源自和浸泡在这种意识流的"水域"中进行，也就势必牵带着、搅动出此域的水流、泡沫和雾气，因此我们的意识活动和它构造出的意识对象就总是多于其自身，或者说总是冗余的、溢出的、有毛边的，带着伸向过去将来、前后左右的晕圈和背景。比如，任何意向活动在专注于眼前的意向对象的同时，总会附带着一层前反思的"自身意识"，也就是对当下进行的活动的随附意识晕圈，[1] 经由此晕圈而与前反思的知觉场、习性场和可权变的能动场息息相通，并最终与内时间意识流相通。这样，每一个意识活动就与其他活动有着或近或远的隐蔽联系，因而在斗室中的宁静沉思，在山水中的逍遥忘机，才可能与人生和天下的兴衰相关。

意识活动构造出的意向对象也是如此。我们当下直接看到的，不会是一张实体的书桌，但也绝不止于这张书桌对着我的二维显现面，而是一张包含着在过去未来可能被观察的书桌，也就是一张可能从上下左右、整残新旧的角度对我显现的多维书桌。因此每个意向对象都不是完全特殊的、孤立的、实心的，而是一个实显与虚显交缠，且虚显远多于实显的缘起性空的意构之对象。我们听到的声音，绝不只是当下的声音印象，而是以它为突显面的声音晕圈乃至隐伏着的声流。所以，我们可以听出旋律、听到语音，而听不到瞬点上的单音，或纯物理的音素。通过它

---

[1] 即不是将这活动当作对象来打量，而是随附着它而行，多出它、意识到它而又不把捉它，由此而使这个意识活动与下一个、再下一个意识活动有隐蔽的联系。

的那些隐蔽的可能面向，每个意向对象与其他意向对象都有着或近或远的潜在关联，所以一只蝴蝶扇翅引发一场大洋风暴才从哲理上是可能的，从一块红布的红直观到红本身——本质直观——也才是可能的。

  基于这样一个缘发生的视角，海德格尔才会说，对于现象学而言，可能性要高于现实性，才会主张境域（时-空-间性的境域）化的存在本身（有时显身为"无"或"Nichts"）要先行于诸存在者，人与世界还未分的生存视域场要先于这个世界中对人显现的诸对象（反过来也对，即从对象的晕域或可能），情绪也要先于反思的理智，那从隐藏中闪现出来的真理之光也就总要比那与对象相符合的认知更原本，也更可能带有美感的意味。于是他引用了《庄子·逍遥游》中讲"无用之大树"的那一大段之后，接着写道："以有用性的标准来衡量无用者是错误的。此无用者正是通过不让自己依从于人［的标准］而获得了它的自身之大和决定性的力量。"[2] 还在引用《老子》第11章时，将"有之以为利，无之以为用"在德文中翻译为"存在者给出了可用性，非存在者则提供了存在"[3]。他之所以要将中文里的"用"表达为"存在"，就是因为他明了老子这里讲的用乃"无用之大用"，正是我们要通过纯缘起的时间性——胡塞尔的内时间意识流的生存论表达——才能看到的存在本身。

  总之，人的意识和存在以非对象性、非实利性的潜伏境域——既可以是源时间，也可以是源空间，合称为"时-间"——为根本，它是一切意义、价值、材料和存在者的发生源，但其自身是隐藏着的，不可以示人的。这个意识结构必会反映到人的生存倾向上来，所以人就总有要隐藏自己或从世间退隐的那一面，也就总有寄情山水和性爱天然的倾向，就像梭罗（Henry D. Thoreau）所说的："荒野保存着世界。"（The wildness is the preservation of the world.）人的存在方式的核心处一定是阴阳互补或潜显交缠的，隐逸、虚构和乌托邦永远是人生的一维，因为其生活世界就保存、护持于意识流和生命时间性的荒野之中。

---

2 海德格尔：《流传的语言和技术的语言》，引自张祥龙《海德格尔思想与中国天道》，中国人民大学出版社，2010年，附录一.4。

3 海德格尔：《诗人的独特性》，引自《海德格尔思想与中国天道》，附录一.5。

二

陶渊明"虚构"的桃花源之所以能那么吸引人，产生巨大长远的思想影响，就是因为它是人的非对象化的意向本性的美好表达。陶渊明的才情在于，他将这桃花源说得那么自然、真实，好像只与我们隔着一条桃花溪水和一孔数十步的山洞而已；同时，又将它放置得那么遥远，可遇而不可寻，所以那些想要通过留下的标志找到它的企图，总会迷不得路。面对搜寻，它永远是"旋复还幽蔽"（陶渊明《桃花源诗》），以至于"世中遥望空云山"（王维《桃源行》）。它既不是上帝之天国，又不是理性设计的理想国，而是人的实际生活本身的"虚显"向度所投影出来的一个内时间晕圈中的国度，这就使它特别投契于人的"白日梦"，也就是虚实之间，"不可即"却真切"可望"的原梦。

"晋太元中"[4]，《桃花源记》明明是在虚拟，却开篇就如史书般地交代事情发生的时间，因为它自信自己是有生命时间的。这时间不仅是从"秦时乱"到晋太元年间（东晋孝武帝年号，376—396年）的五百九十年，还可暗指桃花源社团人生本身的"太元"年岁，因为他们"不知有汉，无论魏晋"，是依自身的"斑白""童孺"，"春蚕""秋熟"和"草荣识节和，木衰知风厉"来感受时间的发生鼓荡和流逝节奏，记住岁月本身的元亨利贞、天干地支。此乃太元之时也。

"缘溪行，忘路之远近。"此"溪"可视为生命时间之暗喻，缘它而行，当然就会忘掉外在空间之远近利害了。"忽逢桃花林，夹岸数百步。"于内在时间流中凝神划行，其绵延上溯本身就是原意义的生成和再生成，也就会忽逢夹岸数百步的桃花林，即一扇开启美好世界的奇异之门。"中无杂树，芳草鲜美，落英缤纷。"无尽的桃花（过去、上方）落在鲜绿的芳草（未来、下方）上，乃时-间之意象。"林尽水源，便得一山。山有小口，仿佛若有光。"此"水源"乃时间之源，也是桃花源之源；那里必有山的遮挡，而山下也必有小口，仿佛有光，给那寻找者以提示。

"便舍船，从口入。"【图1】舍船就是舍弃掉——哪怕暂时——工具和机心，从隐蔽忽现之洞口入源。但此洞不是柏拉图于《理想国》中描写的那个越入越黑的死洞，而是可穿透的活洞。"初极狭，才通人。"当然狭窄，以阻世人，可通人就是万

---

[4] 以下引自《桃花源记》和《桃花源诗》的文字，一般不再标注出处。

图1 明 仇英 桃源图卷 局部

桃花源的隐逸世界

幸。"复行数十步。"每步都是修证。终于，"豁然开朗"。脱开俗世而进入神游之境，却并非神仙的太虚幻境，而是"土地平旷，屋舍俨然，有良田、美池、桑竹之属。阡陌交通，鸡犬相闻"。此源境是人类的生活之境，不是炼丹之境和玉帝的威权之境，所以要有土地、居舍、桑竹、田路和鸡犬。此虚处写得愈实际，则实处愈显得虚灵，因如上所述，人的经验总是意向性的，也就是实显与虚显交织而多维并作的，关键在于有时-空晕的托浮和灌注，使之交融为一体。陶渊明对世俗生活的不适应，对桃花源的热烈憧憬，特别有利于形成这种晕圈。"少无适俗韵，性本爱丘山。误落尘网中，一去三十年。羁鸟恋旧林，池鱼思故渊。开荒南野际，守拙归田园。方宅十余亩，草屋八九间。榆柳荫后檐，桃李罗堂前。暧暧远人村，依依墟里烟。狗吠深巷中，鸡鸣桑树颠。户庭无尘杂，虚室有余闲。久在樊笼里，复得返自然。"（陶渊明《归田园居》）对比此诗与《桃花源记》，可看出大致格局与意思是相近的，只是如下所及，桃花田园中的世界更完美，去除了事实中的或对象化的陶氏田园里的不如意之处。

"其中往来种作，男女衣着，悉如外人。"有良田，自然有种作，以便自足自乐。有屋舍就有男女夫妇，有家人。而他们的衣着，都像"外人"一样。一般的注释将这外人训为"外边的人"，也就是桃花源外边的人，或渔人所属的那个东晋社会中的人。这么解释也符合下文中两次出现的"外人"，但于情理有不合处。按《桃花源诗》所述，此中家族为避秦朝酷政而至此，已有近六百年之遥。这个社团因人数不多，所以一切礼制和衣服皆保持原样，"俎豆犹古法，衣裳无新制"（陶渊明《桃花源诗》）。而外边的大社会，改朝换代，时髦流荡，六百年里的衣着没有多少改变，是不可设想的。因此，此"外人"或可理解为渔夫眼中的外人。陶氏笔法虚虚实实，不可求甚解也。

"黄发垂髫，并怡然自乐。"一个社团的生活美好程度，主要看孩子和老人这样的边缘人群，尤其是似乎已经无用了的老人，因为他们标志着生命时间的长度和深度。老人正在过去，孩子们正在到来，但这里的时间并不像海德格尔所说的，是朝向或重在将来的。它的重心是过去与将来的对称交织，因为有多深远的过去，才会有多长久的未来。"童孺纵行歌，斑白欢游诣。"他们的歌声就是内时间的歌唱，他们的欢乐就是整个社团的欢乐，他们的怡然就是桃花源的祥和，因为他们是社团的可能性，而现象学提示着，可能性重于现实性。

"见渔人，乃大惊。"可见此社团不很大，皆熟人，于是一见渔人就知其为外人,加上衣着迥异,便有此惊。鲁滨逊在荒岛上见到一个陌生人的脚印,惊恐万状,感到生命受到威胁,整个生活被惧怕笼罩。这里的人直面此陌生的闯入者,虽惊异,却有非常不同的反应,想来是因为鲁滨逊是一个入侵"蛮族世界"的个人,而这里是有根基的社团。

"问所从来,具答之。便要还家,设酒杀鸡作食。村中闻有此人,咸来问讯。"【图2】之所以会在与陌生人的问答之后,为他设酒杀鸡作食,乃至接下来每户都"出酒食"款待,就是因为这里有"家"。这些"邀请"所返还的目的地也是家,于是称作"还家",还有"各复延至其家"。要知道,有家才有真正的设酒,才有作食。陶渊明一生好酒,其诗号称"篇篇有酒"(萧统《陶渊明集序》),但因家贫而不总能得到酒。桃花源中对陌生人的邀请和款待,首先就是酒,所谓"设酒杀鸡作食"。此意境可比拟于陶渊明自己被人用酒招待:"亲旧知其如此,或置酒而招之。造饮辄尽,期在必醉,既醉而退,曾不吝情去留。"(陶渊明《五柳先生传》)醉酒达到的是忘怀得失、以乐其志的生存状态,所以《饮酒》二十首乃至整本陶集,皆颂此"不觉知有我,安知物为贵"的"酒中深味"(陶渊明《饮酒》)。醉意是过去未来共酿出的人生时间化原态,"人生如梦,一樽还酹江月。"(苏东坡《大江东去》)但此醉梦的源头还是田园悠然之家,"此中有真意,欲辩已忘言"(陶渊明《饮酒》)。

"自云先世避秦时乱,率妻子邑人,来此绝境,不复出焉,遂与外人间隔。"秦政用法家,"惨礉少恩"(司马迁《史记·老子韩非列传》),以法术势来克制家庭和亲爱,所以早就造成了"乱"象,不必到陈胜、吴广造反,天下沸腾之时。因此《桃花源诗》开篇即曰:"嬴氏乱天纪,贤者避其世。"而此社团的先人,要避此乱,就首先要拯救家庭,于是一定要"率妻子邑人"逃离秦政。丈夫率妻室与子女,当然还有老人,避秦入山,还要有"邑人",也就是没有血缘关系的同乡人,即其他的数个家族,不然世代与外人间隔,家族内部通婚,如何能够长久延续?而避难的第二个因素,就是要找到与外人隔离的绝境。当代人多看到交流的促生作用,而忽视隔离、隐藏造就的异质性乃真实交流之前提。但此地为何能够成为隔离掉体制的绝境呢?《记》的末尾有模糊交代,而《诗》中则写道:"往迹浸复湮,来径遂芜废。"想来此地山势奇特,委曲迷离,很难寻到入口。此群避难者们或因幸运,或因某种机缘,得以进入其中,而其足迹所留之向来路径,被草莽和时间遮盖,不复可识了。

"问今是何世,乃不知有汉,无论魏晋。此人一一为具言所闻,皆叹惋。"不知外边的文明时代的时间,是何其美好的一件事呵!"无怀氏之民欤?葛天氏之民

图2 明 仇英 桃源图卷 局部

欤？"（陶渊明《五柳先生传》）如前所及，这源中有自己的时间，"虽无纪历志，四时自成岁"。所以听到渔人所述的两汉和魏晋，人们毫无羡慕，觉得自己失去了与文明共进的机会，反倒是"叹惋"，为世人的谋虚逐妄和受苦受难而感叹惋惜。

"停数日，辞去。此中人语云：'不足为外人道也。'"笛福笔下的鲁滨逊，是不会允许闯入者就这么"辞去"的，除非将他驯化成了"星期五"。但这里的人们，不仅在这数日中对这外来者敞开家门，打开酒坛，陶然忘机，而且当他告辞归家时，毫无阻意，只是叮咛一句："（这里的事情）不必说给外人听吧。"从头到尾，全是善意，告别时也毫无强迫性的约束（不像金庸小说中常讲的，逼对方"发下毒誓"）。六百年淳良生活养成的习性，让"此中人"为了自保也只憋出这一句嘱语而已。

"既出，得其船，便扶向路。"渔夫故态复萌，又循其功利之路。"处处志之。"要抵御时间流的冲刷，是何居心？"及郡下，诣太守，说如此。"其行可鄙，其意可诛！"太守即遣人随其往，寻向所志，遂迷，不复得路。"由此可知，桃花源乃真源，以至于要凭借"寻向所志"或靠现成的标志来找到它，必"迷不复得路"。为什么呢？是源中有人跟踪这渔人，移动了他的标记，还是这渔人一旦朝向桃花源而行，就有潜在良知发现而不自觉地迷路？此亦不复可求其甚解也。"……后遂无问津者。"没有世人再信这渔夫的话了，只有"南阳刘子骥"和陶渊明这样的"高尚士"，才会被这传说流言打动，不管它现实不现实，却总坚信它的真实。"愿言蹑轻风，高举寻吾契。"他们珍爱它，宝贵它，绝不会按迹寻踪地去发现它，传诉它；而只愿在轻风中，在高举的兴发酣酊中，与它相投相契。

三

《桃花源记并诗》告诉我们，人的生活是可以长久美好的。其实，从陶渊明的其他诗文中，已经可以看出这种可能性的端倪。"归去来兮，田园将芜胡不归？"（陶渊明《归去来兮辞》）他辞官回归的田园，就是一个现世版的或残缺版的桃花源，里边有家有酒，有耕有书，有怡颜，有寄傲，有园趣，有山川，有抚琴吟诗之涓涓流泉，有尽性立命之乘化归尽。实际上，他义熙元年（405）弃彭泽令而归家，就是一次发现桃花源之旅："舟遥遥以轻扬，风飘飘而吹衣。问征夫以前路，恨晨光之熹微。乃瞻衡宇，载欣载奔。僮仆欢迎，稚子候门。三径就荒，松菊犹存。携幼入室，有酒盈樽。"它还缺了什么？缺了体制的消泯和家族联合的社团。体制让他乃至家人和百姓贫穷和流离，而人在体制外的长久生存只有靠家族联合体。

　　陶渊明的隐居生活有"安贫守贱"的一面。"倾壶绝余沥，窥灶不见烟。"（陶渊明《咏贫士·其二》）"量力守故辙，岂不寒与饥？"（陶渊明《咏贫士·其一》）其《乞食》诗，更令人叹息。而此贫贱，正是那样一个体制造成的。战争、赋税和社会分层，让很多人贫困和屈辱，隐逸也逃不掉它，特别是当涉及家人时。"年饥感仁妻，泣涕向我流。丈夫虽有志，固为儿女忧。"（陶渊明《咏贫士·其七》）桃花源中人之所以避秦之后永不归世，就是感到没有体制的生活更好得多，去掉了一个矮化、异化人生的苦源。但有多少中外思想者们断言，自然状态下的人类生活，会更差得多，因为那里没有高于个体的仲裁者和秩序维护者，因而一定会陷于混乱、争夺和变相的全面战争，"人对人像狼"。的确，如果连基本的安全都没有，那么还远不如东晋和刘宋。

　　陶渊明的桃花源以隐蔽的方式回应了这个问题，解决方案就是以家族联合体顶替体制。"俎豆犹古法"，而战国末年的"古法"就是周礼之法，它以家庭、家族及其联合体为根基。桃花源的创造或复原，就是因为能够看到，这家体如果得其所哉，也就是如果不受重大干扰地实现其天性，那么对于群体的世代传承和美好构造已经足够，"于何劳智慧！"无须再有更高的体制来规范或造恶。人的生存时间之流，在此得其意向性绽放之极致，既不是实体化的，又只是二维虚飘的，而是构造那具有多维结构的幸福感的。亚里士多德断言"人从根本上讲是一种要生活在城邦里的动物"（《政治学》1253a），看来只是希腊人的偏见。家体（及其本身就含有的教化可能）自有秩序，自有良性人际关系、道德关系和自由空间的构成，绝非霍布斯笔下的自然状态。那些按观念（它们其实也属于体制）来设计的乌托邦，因为没有家体之根，所以或自行消亡，或变态为更可怕的体制。陶渊明将儒家和道家的精华结合，认为亲亲之家可构成仁义之社团，它无为而治，与世无争或与世隔离，结合显隐两个向度，乃庄子讲的"至德之世"（《庄子·马蹄》《庄子·胠箧》）。"彼民有常性，织而衣，耕而食，是谓同德；一而不党，命曰天放。故至德之世，其行填填，其视颠颠。当是时也，山无蹊隧，泽无舟梁。万物群生，连属其乡；禽兽成群，草木遂长。……素朴，而民性得矣。"（《庄子·马蹄》）所以苏东坡说"庄子盖助孔子者"[5]，可谓睿见，因为这种至德之世正是亲亲仁民之家体的充分实现，是"平天下"的真义所在。

要让家体的天性得以舒放（引文中之"天放"），就必须使它在内外两重含义上脱开体制。不去在家体之上去建构重器，"以匡天下之形"（《庄子·马蹄》），是其内义；而避开体制的牢笼，"来此绝境，不复出焉，遂与外人间隔"，则是其外义。保持人口的基本稳定，起码是生态容忍度内的适中家体社团的规模和数目，以长久地保持这种间隔，则是这种外义的又一层意思。所以庄子所言至德之世，除了农耕和同德之外，一定要提及生态的繁盛，社团的自足自制，如《老子》八十章所言。外乃机缘，内乃主意，桃源人内外兼得，故终得返自然，也就是返回以家体为生命之源的人文自然。"往迹浸复湮，来径遂芜废。相命肆农耕，日入从所憩。……春蚕收长丝，秋熟靡王税。……俎豆犹古法，衣裳无新制。童孺纵行歌，斑白欢游诣。……怡然有余乐，于何劳智慧！"当现代智人走出非洲，进入欧亚时，或当印第安人的祖先初次到达美洲的时候，他们有多少建立桃源的机会呀！在几万年中，想必有过许多的桃源，不然《老子》《庄子》何以反复追忆之？但没有多少桃源进入人类的历史记录，或者说，它们躲避着这些以文明为骄傲的历史。它们是列维纳斯所说的"他者"，或一种儒道合体的"面容"，在一切暴力的存在性之外，向我们凝视，当然是从我们觉得是漆黑一片的暗夜中向我们凝视。

初撰于戊戌（2018）年初冬

修订于己亥（2019）年冬至后

---

[5] 引自钟泰《庄子发微》（上海古籍出版社，2012年）的"序"。钟泰先生明确主张："庄子之学，盖实渊源自孔子，而尤于孔子之门颜子之学为独契。"

谢灵运、王维和文人山水画的"居游"理念

刘 宁

北宋画论《林泉高致》，曾以"望、行、游、居"论山水之妙品："山水有可行者，有可望者，有可游者，有可居者。画凡至此，皆入妙品。但可行、可望，不如可游、可居之为得。"[1] 这种以"可游可居"。为林泉佳胜的理念，深得文人山水画之精髓。然而何谓"可游可居"？对此的理解，不能止于一般的游览居住之义，也不宜拘守山水画，而要从六朝以来山水艺术的整体演变来观察。其中山水文学典范作者谢灵运和王维，对此理念之形成，影响尤著。梳理这一影响的复杂脉络，不仅可以体味"居游"之深义，而且可以从一个独特的角度理解中国山水诗和山水画演变轨迹的差异，理解为什么文人山水画的光彩，并未出现于山水诗盛行的南朝与隋唐，而是绽放于北宋。

一 谢灵运《山居赋》的山"居"世界

对于"可游可居"的含义，《林泉高致》有如下阐发："观今山川，地占数百里，可游、可居之处，十无三四，而必取可居、可游之品。君子之所以渴慕林泉

---

[1] （宋）郭思编，杨伯编著：《林泉高致》，中华书局，2010年，第19页。

者,正谓此佳处故也。故画者当以此意造,而鉴者又当以此意穷之,此之谓不失其本意。""可游可居"所以为山水之妙品,是因为幅员辽阔的自然山川,唯有可游可居者,最能寄托林泉之思。可见,"游"与"居"的含义,需是要联系林泉之思的精神和艺术传统来理解,对此,谢灵运的贡献极其值得关注。

谢灵运是山水诗的开创者,对其山水诗的成就,学界论之已详。然而谢灵运的山水文学创作并不局限于诗。他作于隐居始宁期间的《山居赋》,赋写"山居"之意,亦颇具特色。[2] 此文所写,既非京城都邑的园林苑囿之赏、亦非行旅之间的游览观光,也迥异于陶渊明归隐后的田园吟咏。在中国文学史上,它以对山"居"之态的独特赋写,开拓了全新的艺术体验。与山"居"之趣不同的是,谢灵运的山水诗,着力刻画山水行游之间的光景触动与独特发现,构造了幽独的行"游"之境。作为山水文学大家,谢灵运对"居"与"游"的书写,形塑了山水艺术两种最重要的表现传统。《林泉高致》所讨论的"居"与"游",亦应溯源于此。

《山居赋》创作于谢灵运隐居故乡始宁期间。文中所描绘的是谢氏家族在此地的庄园。《宋书·谢灵运传》记载:"灵运父祖并葬始宁县,并有故宅及墅,遂移籍会稽,修营别业,傍山带江,尽幽居之美。"[3] 这处庄园由其祖上创始开拓,到谢灵运时,已连山叠谷、规模壮盛。民国丁谦《山居赋补注》言其东部在始宁县东界,南部达剡江和小江汇合处,西部抵浦阳江和白石山,北部在上虞县南。按照现代行政区划,谢氏庄园辖治着诸暨市以东,东阳市以北,嵊州市以西,绍兴市以南的广大地区,[4] 是六朝士族庄园的一个典型代表。

谢灵运《山居赋》围绕独特的庄园空间来书写"山居"体验。在赋序中,他着力辨析山居与岩栖、丘园、城傍的不同:"古巢居穴处曰岩栖,栋宇居山曰山居,在林野曰丘园,在郊郭曰城傍,四者不同,可以理推。"[5] 在谢灵运看来,"山居"高

---

[2] 关于谢灵运《山居赋》,学界多有关注,然有关讨论,尚缺少对山"居"之"居"的独特审美体验的集中分析,本文期望对此做集中的多层次的观察。学界的相关讨论,参见《论谢灵运和山水游览赋的关系——以〈山居赋〉为中心》,《文史哲》2000年第2期;郑毓瑜:《身体行动与地理种类——谢灵运〈山居赋〉与晋宋时期的"山川""山水"论述》,《淡江中文学报》2008年(第18期);《谢灵运〈山居赋〉的审美转型——关于六朝文学新变的一个样本考察》,《文学评论》2019年第5期等。

[3] (南朝梁)沈约:《宋书》,中华书局,卷67,第1754页。

[4] (清)牛荫麐等修,丁谦等纂:《嵊县志》,民国二十三年(1934)铅印本,卷24;参见章义和:《从谢灵运〈山居赋〉论六朝庄园的经营形式》,《许昌师专学报》1993年第1期。

[5] (南朝宋)谢灵运著,顾绍柏校注:《谢灵运集校注》,中州古籍出版社,1987年,第318页。

蹈尘外，较之城郭都邑附近的林野丘园、城郊之地，都更加远离尘世；但山居有宜居的屋宇，既脱去尘累，又无巢居穴处般的风霜暴露之患："若夫巢穴以风露贻患，则《大壮》以栋祛弊；宫室以瑶璇致美，则'白贲'以丘园殊世。惟上托于岩壑，幸兼善而罔滞。虽非市朝而寒暑均也，虽是筑构而饰朴两逝。"[6]

当然，山居之宜居，并非有屋宇以蔽风雨那样简单。首先，山居中的耕植活动，提供了丰饶的养生之具。园中播莳五谷、春耕秋实："阡陌纵横，塍埒交经。导渠引流，脉散沟并。蔚蔚丰秋，苾苾香秔。送夏蚤秀，迎秋晚成。兼有陵陆，麻麦粟菽。候时觇节，递艺递熟。"[7]《山居赋》这一段字句之间，似乎可以读出五谷秋熟的欣喜与满足。园中山林连绵，花蜜山果采拾之富，亦令人惊叹："六月采蜜，八月朴〔扑〕栗。备物为繁，略载靡悉。"[8] 园中南北二山的果园，也是枝繁果硕："北山二园，南山三苑。百果备列，乍近乍远。罗行布株，迎早候晚。猗蔚溪涧，森疏崖巘。杏坛、柰园、橘林、栗圃。桃李多品，梨枣殊所。枇杷林檎，带谷映渚。椹梅流芬于回峦，楟柿被实于长浦。"[9] 果园之外，还有种植各种蔬菜的菜圃："畦町所艺，含蕊藉芳，蓼蕺葳荠，葑菲苏姜。绿葵眷节以怀露，白薤感时而负霜。寒葱摽倩以陵阴，春藿吐苕以近阳。"[10] 园中连香醇的美酒也是自己酿造："亦酝山清，介尔景福"[11]；还可造纸："慕楮高林，剥芨岩椒。掘蕣阳崖，擿撋阴摽。"[12]

然而，谢灵运对山居耕植收获之丰饶的铺陈，仍然时时表达出物取止足，达生适性的追求。一切耕织匠作，其目的是满足最必要的生活之需，而非生财渔利，田间的收获，也是"满腹"即可，所谓"供粒食与浆饮，谢工商与衡牧。生何待于多资，理取足于满腹。"此句自注云："若少私寡欲，充命则足，但非田无以立耳"。[13]

6　《谢灵运集校注》，第319页。

7　同上书，第324页。

8　同上书，第329页。

9　同上书，第331页。

10　同上书，第332页。

11　同上书，第329页。

12　同上书，第329页。

13　同上书，第324页。

庄园中有数不尽的游鱼飞禽、虎豹熊罴,《山居赋》对此有浓墨铺陈:"鱼则鲵鳢鲋鮡,鳟鲩鲢鳊,魴鮪魦鳜,鳘鲤鲻鳣";"鸟则鹍鸿鸦鹄,鹜鹭鸧鹅";"山上则猿狖狸獾,犴獌猰貐。山下则熊罴豺虎,豻鹿麝麇"。对此,庄园中人,非但不纵情渔猎,反而是搁置了一切渔猎的工具:"缗纶不投,置〔罝〕罗不披。磻弋靡用,蹄筌谁施。鉴虎狼之有仁,伤遂欲之无崖。"¹⁴ 山居生活绝无杀伐纵欲之贪得。就其耕织匠作之丰富、采拾收获之丰饶,迥异巢居穴处之寒俭,而其不务贪求、仅取果腹之需,又体现了脱去尘累、达生适性的高蹈意趣。

山居世界既饶养生之具,更富有浓厚的艺术情趣。谢灵运对庄园的经营布置,倾注了极大的心血,不仅要有利于园中的耕作,更重要的是让自然的丘壑回溪,变成流连观赏的乐地。六朝时期的庄园主,很多人都对庄园山水有修饬规划,如阮佃夫的"宅舍园池,诸王邸第莫及。……于宅内开渎,东出十许里,塘岸整洁,泛轻舟,奏女乐"¹⁵。谢灵运在《山居赋》中,写自己仗策孤征、对园中山水苦心经营:"入涧水涉,登岭山行。陵顶不息,穷泉不停。栉风沐雨,犯露乘星。"他踏勘山水,"非龟非筮,择良选奇。翦榛开径,寻石觅崖"。在园中建造经台禅室:"面南岭,建经台;倚北阜,筑讲堂。傍危峰,立禅室;临浚流,列僧房。对百年之高木,纳万代之芬芳。抱终古之泉源,美膏液之清长。"¹⁶

谢灵运对庄园的经营,不是一般的环境整饬,而是有着浓厚的造园意识。《山居赋》所谓"选自然之神丽,尽高栖之意得",不仅仅是在自然中挑选神丽之地,更是将自然山水营造为"神丽之景"。当然,谢氏庄园范围广大,谢灵运的经营布置,是作少量的疏浚开辟,其所建造的建筑也是很少量的,与后世人工园林的营造,有明显差别。但是,谢灵运化自然山水而为"神丽之景"的独特眼光,仍然体现出强烈的园林营造意识。

《山居赋》刻画庄园的湖山溪田,看似纪实的笔法,其实是通过独特的视角勾勒景色之大体,使之呈现为意蕴丰富的风景景观,这其中最典型的,就是对山居近东、近南、近西、近北、远东、远南、远西、远北之景的赋写。其叙近处的四方

---

14 《谢灵运集校注》,第326—327页。
15 《宋书》卷94《阮佃夫传》,第2314页。
16 《谢灵运集校注》,第328页。

之景:

> 近东则上田、下湖、西溪、南谷,石埭、石滂,闵硎、黄竹。决飞泉于百仞,森高薄于千麓。写长源于远江,派深毖于近渎。
> 近南则会以双流,萦以三洲。表里回游,离合山川。崿崩飞于东峭,槃傍薄于西阡。拂青林而激波,挥白沙而生涯。
> 近西则杨、宾接峰,唐皇连纵。室、壁带溪,曾、孤临江。竹缘浦以被绿,石照涧而映红。月隐山而成阴,木鸣柯以起风。
> 近北则二巫结湖,两𪩘通沼。横、石判尽,休、周分表。引修堤之逶迤,吐泉流之浩漾。山巁下而回泽,濑石上而开道。[17]

上述铺写都提到了具体的地形地貌,以及地名,但记叙相当简约,很难据此对应现实地理。铺写的重心,尤在四方之景的特出之处,如近东"决飞泉于百仞,森高薄于千麓。写长源于远江,派深毖于近渎",着力勾画近东之景的峰势峻峭、山谷幽深;近南"崿崩飞于东峭,槃傍薄于西阡。拂青林而激波,挥白沙而生涯",写江中洲渚石如崩落,波澜激荡;近西与近北亦以概括和提炼的视角,揭示景色的独特风貌。

这样的写景之笔,在以往的赋作中,是极为罕见的。西汉兴盛的大赋,其中描绘天子苑囿的司马相如《上林赋》,描绘上林苑景色,极尽铺陈赋写:

> 左苍梧,右西极。丹水更其南,紫渊径其北。终始灞、浐,出入泾、渭。酆、镐、潦、潏,纡馀委蛇,经营乎其内。荡荡乎八川,分流相背而异态。东西南北,驰骛往来。出乎椒丘之阙,行乎洲淤之浦。经乎桂林之中,过乎泱漭之野。汩乎混流,顺阿而下。赴隘狭之口,触穹石,激堆埼。沸乎暴怒,汹涌澎湃。滭弗宓汩,逼侧泌瀄。横流逆折,转腾潎洌。滂濞沆溉,穹隆云桡,宛潬胶盩。逾波趋浥,莅莅下濑。批岩冲拥,奔扬滞沛。临坻注壑,瀺灂霣坠。沉沉隐隐,砰磅訇磕。潏潏淈淈,湁潗鼎沸。驰波跳沫,汩濦漂疾。悠

---

17 《谢灵运集校注》,第321—322页。

远长怀,寂漻无声,肆乎永归。然后灝溔潢漾,安翔徐回,翯乎滈滈,东注太湖,衍溢陂池。[18]

又如左思《蜀都赋》,刻画蜀都四方之景,视角与《山居赋》颇为类似,例如对东、西方之景的铺叙:

> 于东则左绵巴中,百濮所充。外负铜梁于宕渠,内函要害于膏腴。其中则有巴菽巴戟,灵寿桃枝,樊以蒩圃,滨以盐池。螭蚓山栖,鼋龟水处。潜龙蟠于沮泽,应鸣鼓而兴雨。丹沙赩炽出其坂,蜜房郁毓被其阜。山图采而得道,赤斧服而不朽。若乃刚悍生其方,风谣尚其武。奋之则賨旅,玩之则渝舞。锐气剽于中叶,蹻容世于乐府。[19]
> 于西则右挟岷山,涌渎发川,陪以白狼,夷歌成章。坰野草昧,林麓黝儵。交让所植,蹲鸱所伏。百药灌丛,寒卉冬馥。异类众夥,于何不育?其中则有青珠黄环,碧砮芒消。或丰绿萼,或蕃丹椒。麋芜布濩于中阿,风连延蔓于兰皋。红葩紫饰,柯叶渐苞。敷蕊葳蕤,落英飘摇。神农是尝,卢跗是料。芳追气邪,味蠲疠痟。[20]

无论是《上林赋》还是《蜀都赋》,对景物的铺叙摹写,都有穷形尽相的追求,显示出作者巨细靡遗、充分占有的笔触。《山居赋》的笔法,则体现出节制和提炼,前述对山居耕植渔猎、百物丰饶的刻画,即被达生知止的意趣所节制,而对四方之景的描绘,也着意品题其最具神采的风貌,例如近东之飞泉深林,近南之奔湍激浪,近西之竹绿涧红,近北之蜿蜒透迤。运笔轻灵简约、勾画传神。

《山居赋》与东晋以后产生的《水经注》一类的地理书籍的写法,也很有不同。郦道元在《水经注》中记录了谢氏庄园中的地理特点:

---

18 高步瀛著,曹道衡、沈玉成点校:《文选李注义疏》,中华书局,1985年,第1719—1739页。
19 同上书,第924—933页。
20 同上书,第935—943页。

浦阳江自山东北，径太康湖，车骑将军谢玄田居所在。右滨长江，左傍连山，平陵修通，澄湖远镜。于江曲起楼，楼侧悉是桐梓，森耸可爱，居民号为桐亭楼，楼两面临江，尽升眺之趣。芦人渔子，泛滥满焉。湖中筑路，东出趋山，路甚平直。山中有三精舍，高薨凌虚、垂檐带空，俯眺平林，烟沓在下，水陆宁晏，足为避地之乡矣。江有琵琶圻，圻有古冢堕水，甓有隐起字云：筮吉龟凶，八百年，落江中。谢灵运取甓诣京，咸传观焉。乃如龟繇，故知冢已八百年矣。[21]

这样的记载，虽然很有文采，但侧重沿地理线路逐节描绘，与《山居赋》凝练传神的景物品题，颇为不同。

《山居赋》状四方之景，带有鲜明的景观书写特点，"近东""近南""近西""近北"，作为四个各具特色的景观，结合在一起，即十分类似后世园林中的"组景"。组景的建构，是造园艺术的精髓所在，后世西湖十景、燕京八景著名组景，其每一处景观，都有诗意的品题与命名。《山居赋》状四方之景的妙笔，未尝不可以视为后世组景艺术的鼻祖。

《山居赋》不仅有近处四景，还有远方四景，分别为"远东""远南""远西""远北"。这四景，远西下的文字已佚，其他三景都和具体地理有了更大的距离，只是把大致这一方向上的景物牵合在一起，再给予诗意的概括和品题：

远东则天台、桐柏，方石、太平，二韭、四明，五奥、三菁。表神异于牒，验感应于庆灵。凌石桥之莓苔，越楂溪之纤磻。

远南则松薂、栖鸡，唐嵫、漫石。崒、嵊对岭，虺、孟分隔。入极浦而邅回，迷不知其所适。上欹崎而蒙笼，下深沉而浇激。

远北则长江永归，巨海延纳。崑涨缅旷，岛屿绸沓。山纵横以布护，水回沉而萦洇。信荒极之绵眇，究风波之睽合。

丁谦作《山居赋补注》特别感慨这些记述，和实际地理很难对应："此节多杂

21　（北魏）郦道元：《水经注》卷40。

凑成文，初无伦叙，不特天台、桐柏等方位不符，如二韭乃海中小岛，四明并非方石；石窗亦不过四明一小景。余曾游之，乃冈阜之上露石骨数丈，有裂缝如四字形，故名为窗。中间空处仅类土屋半槛，了无奇特，乃或云高于五岳，或云直上万丈，荒诞甚矣。至于天台、四明不相接，石桥、楢溪不相通，犹其小疵而已。"[22] 远方四景，融合了更多想象内容，扩展了山居的艺术空间。

远近八景，既各有特点，又彼此呼应，共同塑造了山居的"周员"之美。《山居赋》特别在开篇感叹，山居之境所以佳胜，就在于它实现了前人的园林所难以实现的"周员"之致："昔仲长愿言，流水高山；应璩作书，邙阜洛川。势有偏侧，地阙周员。"此句自注云："仲长子云：'欲使居有良田广宅，在高山流川之畔。沟池自环，竹木周布，场圃在前，果园在后。'应璩与程文信书云：'故求道田，在关之西，南临洛水，北据邙山，托崇岫以为宅，因茂林以为荫。'谓二家山居，不得周员之美。"意思是仲长统、应璩在高山流川之畔的山居，其实都是偏居山水之一隅，不能延展开阔，未能拥有周员之美。

谢灵运所理解的"周员"，从他对自己山居的自得可见一斑。"其居也，左湖右江，往渚还汀。面山背阜，东阻西倾。抱含吸吐，款跨纡萦。绵联邪亘，侧直齐平。"山水变换的谢氏庄园，左湖右江，面山背阜，不仅山环水绕，而且邪亘齐平，极尽变化。可见"周员"是指山水开阔而又形态多样。这与其说是庄园山水的本来面目，不如说是谢灵运对山水的独特观照。

山居的远近八景，近则以山水特色的多样变化，渲染"周员"之纡萦多变；远则以想象空间，烘托"周员"之广大。如此创造景观，连缀组景以形塑丰富变换的山居空间，这在《山居赋》创作的时代，是一种极其新颖的山水艺术经验。景观的远近，是围绕山居之人的视野展开，一些巧妙的"借景"之笔，则渲染了目中之景的层次与纵深，如刻画江楼窗含山色、门对湖田："敞南户以对远岭，辟东窗以瞩近田"；"抗北顶以葺馆，瞰南峰以启轩。罗曾崖于户里，列镜澜于窗前。"

山居世界，既有丰饶自足的养生之具，又有各具神采的自然景观，使人栖清旷于山川，寄高情于尘外。这样的山居体验，表达了对山水整体性的观照和沉潜，在空间上综览山川之委曲，在时间上则兼取四时晨昏之变化，例如近西之景"月隐山

22　《嵊县志》卷24，第9页。

而成阴,木鸣柯以起风",综览月隐、风起之时不同的景象;又如写临江旧宅外的江景:"于岁春秋,在月朔望,汤汤惊波,滔滔骇浪",也是纵观春秋朔望不同时间的意趣;又如刻画庄园之耕田"送夏蚤秀,迎秋晚成";写湖上之景"毖温泉于春流,驰寒波而秋徂",皆括尽四时之景。这些独特的艺术追求,都构成了谢灵运对以"居"为核心的山水审美经验的全新开拓。理解谢灵运的山水成就,如果忽略了《山居赋》的贡献,无疑是极大的缺憾。

谢灵运的山居世界,和东晋隐逸诗人陶渊明的田园世界,也有着明显的差异。从现实的角度看,陶渊明所归隐的田园,不过是普通的村庄,与连山叠谷的谢氏庄园,不可同日而语;所居不过是"草屋八九间",草木也绝无大谢山居那般丰富,不过是"榆柳荫后檐,桃李罗堂前"。资生之具也并不富足,需要诗人躬耕陇亩。这个田园世界,是诗人素性自然的寄托,是"真意"的象征,因此诗人的吟咏,也重在书写怀抱,而非经营物象,没有像谢灵运的山居世界那样,着力开拓山水之审美。这种差异也反衬出谢灵运开拓山居艺术体验的独特创造。

二 谢灵运山水诗对"游"的表现

领略了《山居赋》对山居审美的开拓,再来看谢灵运的山水诗,就会发现,两者存在着相当明显的差异。如果说以"居"为核心的审美,注重对山水的整体观照和沉潜体味,那么以"游"为核心的谢灵运山水诗,则恰恰淡化了这种整体性的视角,而偏重山水游历中的即目所见和片刻所感,例如《登上戍石鼓山》:

> 旅人心长久,忧忧自相接。故乡路遥远,川陆不可涉。汩汩莫与娱,发春托登蹑。欢愿既无并,戚虑庶有协。极目睐左阔,回顾眺右狭。日末[没]涧增波,云生岭逾叠。白芷竞新苕,绿苹齐初叶。摘芳芳靡谖,愉乐乐不燮。佳期缅无像,骋望谁云惬。[23]

---

23 《谢灵运集校注》,第68页。

此诗作于谪守永嘉期间，诗人初春时节登石鼓山以遣忧，诗中"日末〔没〕涧增波，云生岭逾叠。白芷竞新苕，绿苹齐初叶"的景象，是登山过程中的即目所见，"白芷""绿苹"两句，更是初春时节所独有的景物。

又如《登江中孤屿》

> 江南倦历览，江北旷周旋。怀杂〔新〕道转迥，寻异景不延。乱流趋正绝，孤屿媚中川。云日相辉映，空水共澄鲜。表灵物莫赏，蕴真谁为传。想象昆山姿，缅邈区中缘。始信安期术，得尽养生年。[24]

此诗亦作于永嘉，大意是江南江北都已游览过，但还是想去寻求新鲜的景致，突然发现了江水中央的孤屿，景色如此美好。"云日相辉映，空水共澄鲜"是在发现孤屿并登上孤屿的过程中，即目所见的景象。

这些景象既是行游过程中片刻间的光景，因此往往显得十分触目甚至突兀，给人以强烈的触动。即使是在谢氏庄园中，谢灵运创作的游览诗作，也着眼于即目之景的书写，与其《山居赋》囊括四时、沉潜"周员"之境的命笔方式，形成明显的差异，例如《于南山往北山经湖中瞻眺》：

> 朝旦发阳崖，景落憩阴峰。舍舟眺迥渚，停策倚茂松。侧径既窈窕，环洲亦玲珑。俛视乔木杪，仰聆大壑灇。石横水分流，林密蹊绝踪。解作竟何感，升长皆丰容。初篁苞绿箨，新蒲含紫茸。海鸥戏春岸，天鸡弄和风。抚化心无厌，览物眷弥重。不惜去人远，但恨莫与同。孤游非情叹，赏废理谁通？[25]

诗句循游踪而展开，"初篁苞绿箨，新蒲含紫茸。海鸥戏春岸，天鸡弄和风"，寥寥数语，呈现出舍舟眺望，猝然与景相遇的新鲜与生动。

永初三年（422），谢灵运从建康赴任永嘉，中间枉道回故乡始宁一游，创作了

24　《谢灵运集校注》，第83—84页。
25　同上书，第118页。

谢灵运、王维和文人山水画的"居游"理念　　099

《过始宁墅》。虽然创作的地点仍在谢氏庄园内,但诗作却是用行旅游览的笔法,其中细致地描写在故乡山水间沿途所见的美景:"山行穷登顿,水涉尽洄沿。岩峭岭稠叠,洲萦渚连绵。白云抱幽石,绿筱媚清涟。"诗人不断跋涉,眼前的岩岭洲渚也逶迤变换,正是在时时变换的视线中,突然见到"白云抱幽石,绿筱媚清涟"。环抱幽石的白云不会长久停留,这转瞬逝的美景,有着无限的新鲜与生动,写尽了行旅片刻间的发现与感动。

游览中美景的发现,往往因路途的曲折不便而更显触目与珍贵。谢灵运的诗作中,屡屡感叹山水旅途上,时光流逝之迅速。在人工照明设备极不发达的古代,日光对欣赏山水无疑是极其重要的,古代舟车远不如今日便捷,山水跋涉远较今日艰难,能趁着日色观赏美景就更为难得,例如《石壁精舍还湖中作》:

> 昏旦变气候,山水含清晖。清晖能娱人,游子憺忘归。出谷日尚早,入舟阳已微。林壑敛暝色,云霞收夕霏。芰荷迭映蔚,蒲稗相因依。披拂趋南径,愉悦偃东扉。虑澹物自轻,意惬理无违。寄言摄生客,试用此道推。[26]

诗作开篇就点出晨昏气候不同,山水间清澈的阳光最让人流连忘返,然而"出谷日尚早,入舟阳已微",日色的流逝是如此迅速,很快夕阳西斜,眼中所见皆是黄昏时分的景色:"林壑敛暝色,云霞收夕霏。芰荷迭映蔚,蒲稗相因依。"全诗写清晖易逝、满目夕阳,一个"敛"字、一个"收"字,更写出暮色一点点笼罩山谷林壑的变化,在时光的流逝和刹那生灭中,刻画山水间即目所见的夕阳晚景。

谢灵运自己因屡弱多病、遭际坎坷而带来的敏感性情,也强化了他对时光易逝、山水景象变化难驻的感受。[27] 其名作《登池上楼》即是很典型的例子:

> 潜虬媚幽姿,飞鸿响远音。薄霄愧云浮,栖川怍渊沈。进德智所拙,退耕力不任。徇禄反穷海,卧疴对空林。衾枕昧节候,褰开暂窥临。倾耳聆波澜,举目眺岖嵚。初景革绪风,新阳改故阴。池塘生春草,园柳变鸣禽。祁

---

26 《谢灵运集校注》,第112页。

27 关于病患意识对谢灵运创作的影响,参见陈桥生:《病患意识和谢灵运的山水诗》,《文学遗产》1997年第3期。

祁伤豳歌,萋萋感楚吟。索居易永久,离群难处心。持操岂独古,无闷征在今。[28]

诗中的"池塘生春草,园柳变鸣禽"作为传诵千古的佳句,表达了诗人登楼乍见园中春色的内心触动。诗句并不着意于春色如何之鲜艳,而是以一个"生"、一个"变",写出春色在小园中,从无到有,一个原先寒冷萧疏的园林于不经意间草长莺飞的节物之变。这变化是生命的充盈,也是时光的流动。诗人久病初起,而他的"卧疴对空林"不仅是身体的孱弱,更是来自精神的失意彷徨,他既叹自己的无能,"进德智所拙,退耕力不任",又伤感离群的孤独"索居易永久,离群难处心"。无论是身体的多病,还是人生在进退之间的无解,这一切都强化了诗人的敏感,让他有了褰帷暂窥之际的深刻触动。

又如《游南亭》:

时竟夕澄霁,云归日西驰。密林含余清,远峰隐半规。久痗昏垫苦,旅馆眺郊歧。泽兰渐被径,芙蓉始发池。未厌青春好,已睹朱明移。戚戚感物叹,星星白发垂。药饵情所止,衰疾忽在斯。逝将候秋水,息景偃旧崖。我志谁与亮,赏心惟良知。[29]

诗人久在病榻,黄昏时分眺望郊野,看到"泽兰渐被径,芙蓉始发池",虽是满目生意,却无奈青春易逝,光景须臾:"未厌青春好,已睹朱明移。"其命笔立意,与《登池上楼》极为接近;而"密林含余清,远峰隐半规"中清气犹自萦绕的茂密树林、远山畔的半轮夕阳,则是稍纵即逝的黄昏远眺之景。

游览中的即目所见,对于行游者本人是须臾易逝的,而对于未曾同游的人,也是难以描述的,这正是陶弘景所慨叹的"山中何所有,岭上多白云。只可自怡悦,不堪持赠君"。在山水路途上,那些令谢灵运触目惊叹的美景,都是幽独地存在于不为人知的地方,在其跋涉的某个时刻,乍现于目前又匆匆逝去。无论是

---

28 《谢灵运集校注》,第63—64页。
29 同上书,第82页。

"白云抱幽石,绿筱媚清涟",还是"云日相辉映,空水共澄鲜",这些在山水探幽中,集合着无限光影生动,从未被领略,又转瞬而逝的美景,无一不萦绕着幽独之至的气息。

谢灵运山水诗与《山居赋》对山水整体性的沉潜观照,有着明显的差异。谢灵运之所以对山水审美艺术贡献甚巨,就在于他对"居"与"游"两种不同类型的山水体验,都有深入的开拓。他并没有努力去弥合这两者的差异,他的山水诗始终在着力表现"游"的即目与即兴。作为山水诗的开创者,他的这一追求,在后世的山水诗创作中得到继承。

南朝齐梁时期的诗人谢朓,将山水之景的发现融会在行役的题材中,如《晚登三山还望京邑》:

> 灞涘望长安,河阳视京县。白日丽飞甍,参差皆可见。余霞散成绮,澄江静如练。喧鸟覆春洲,杂英满芳甸。去矣方滞淫,怀哉罢欢宴。佳期怅何许,泪下如流霰。有情知望乡,谁能鬒不变?[30]

又如《之宣城郡出新林浦向板桥》:

> 江路西南永,归流东北骛。天际识归舟,云中辨江树。旅思倦摇摇,孤游昔已屡。既欢怀禄情,复协沧州趣。嚣尘自兹隔,赏心于此遇。虽无玄豹姿,终隐南山雾。[31]

前者绮丽静谧的澄江晚景,是诗人出为宣城太守的路途上,登山眺望的所见。后者则是江行之上的写照,"天际识归舟,云中辨江树",诗人在行舟之上辨识着远方的一切,一个"识"字、一个"辨"字,仿佛可以让人在字句间看到诗人不断眺望的视线。这虽非谢灵运山水游览的探幽寻胜,但在行路之上发现山水景色的意趣,却是十分接近。

---

30 (南朝齐)谢朓著,曹融南校注集说:《谢宣城集校注》,上海古籍出版社,1991年,第278页。
31 同上书,第219页。

以"游"为核心、注重即目与即兴的山水体验,一直是山水诗的重心,谢灵运之所以被视为山水诗的开创者,即在于他是这种艺术经验的开创者。那么,该如何理解其《山居赋》与山水诗在"居"与"游"两种体验上的差异?

东晋山水审美意识的萌生,与玄学的影响有密切关系,支遁对《庄子·逍遥游》的新阐发,则体现了玄学与般若学的融合,这是山水审美意识萌生的重要背景:

> 夫逍遥者,明至人之心也。庄生建言人道,而寄指鹏、鷃。鹏以营生之路旷,故失适于体外;鷃以在近而笑远,有矜伐于心内。至人乘天正而高兴,游无穷于放浪,物物而不物于物,则遥然不我得,玄感不为,不疾而速,则逍然靡不适,此所以为逍遥也。若夫有欲,当其所足,足于所足,快然有似天真,犹饥者一饱,渴者一盈,岂忘烝尝于糗粮,绝觞爵于醪醴哉!苟非至足,岂所以逍遥乎?(《世说新语·文学》注引)[32]

支遁这里所说的"物物而不物于物",与谢灵运《山居赋》中的山居体验,在精神上显然颇多接近。支遁强调"当其所足,足于所足",谢灵运在富足丰饶而又山水怡情的庄园中,同样感受到这样的逍遥。山居世界远离尘世纷扰,但又不似巢居穴栖那样艰苦,生活富足而超然,正是"物物而不物于物"。谢灵运在这个世界中,逍遥体道,会性通神;山居的山水世界,是道的体现,而体道则以整体性的沉潜观照为旨归。同样受到玄学影响,追求在山水中俯仰大化的王羲之,其《兰亭诗》也有类似的视角:"三春启群品,寄畅在所因。仰望碧天际,俯磐绿水滨。寥朗无厓观,寓目理自陈。大矣造化功,万殊莫不均。群籁虽参差,适我无非新。"[33] 这种周流万物、俯仰天地的视野,和《山居赋》所追求的"周员"之境,十分接近。只是,在王羲之的诗中,俯仰天地大化的诗境,还表现得比较简单,谢灵运《山居赋》则在"周员"之美的塑造中,体现了更丰富的审美建构。

谢灵运的山水诗,与《山居赋》的玄远意趣不同,更多地呈现出佛教涅槃学的深刻影响。谢灵运所生活的晋宋之际,佛教理论的重心逐渐从魏晋时期兴盛的般

---

32 余嘉锡撰,周祖谟、余淑宜整理:《世说新语笺疏》,中华书局,1983年,第220页。

33 逯钦立辑校:《先秦汉魏晋南北朝诗》,中华书局,1983年,第895页。

若学转向涅槃学。谢灵运与慧严、慧观等,译有《南本涅槃经》36卷,这个译本是在东晋义熙十四年(418)法显所译《佛说大般泥洹经》6卷,以及北凉玄始十年(421)天竺三藏昙无谶所译《大般涅槃经》40卷的基础上改译和新编,文风更加畅达,其对涅槃学浸润甚深。谢灵运《辨宗论》对顿悟成佛之说,做了深刻的阐发。"涅槃"是摆脱生死轮回的觉悟解脱之境。《大般涅槃经》对此有丰富的论述:"诸行无常,是生灭法,生灭灭已,寂灭为乐","是身无常,念念不住,犹如电光、暴水、幻炎"。谢灵运山水诗对山水行游即目与即兴体验的表达,呈现出浓厚的空寂意趣,对山水光景转瞬即逝的敏感,亦让诗意萦绕幽独的气息,这些都与佛教涅槃学摆脱生死轮回、顿悟成佛的旨趣,颇多联系。谢灵运因身多病患、世路失意而形成的敏感心灵,使他更容易被山水光景的短暂易逝而触动,这也呼应了他"诸行无常""是身无常"的顿悟。

谢灵运的精神世界是丰富的,玄学与佛理都对他有深刻的影响,而他所身处的晋宋之际,又是般若学向涅槃学转折的重要时期,这种独特的时代思想环境,也强化了其思想的多样性。他对山水"居""游"之美的丰富探索,正是其丰富思想世界的折射。

三 王维山水诗:"居"与"游"的融合

王维的山水诗代表了古代山水诗艺的高峰,仔细观察其与前代山水诗艺的联系,会发现王维的山水吟咏,在很大程度上融合了"居"与"游"两种传统。他在隐居终南山和辋川别业期间的创作,正是这种融合的典范。

王维一生创作了大量的山水作品,其早期的作品,有不少行旅之作,例如开元九年(721)被贬谪济州司仓参军,赴济州途中创作的《被出济州》《登河北城楼作》《宿郑州》《早入荥阳界》《千塔主人》《至滑州隔河望黎阳忆丁三㝢》,济州期间创作的《渡河到清河作》等,最有名的则是出使塞外途中创作的《使至塞上》。这些作品描绘行役途中的所见,往往随行旅足迹的变化而展开笔意,例如在济州期间创作的《渡河到清河作》:

> 泛舟大河里,积水穷天涯。天波忽开拆,郡邑千万家。行复见城市,宛

然有桑麻。回瞻旧乡国,淼漫连云霞。[34]

诗作描绘了泛舟大河之上,眺望对岸千家郡邑,舟行起伏之间,眼前景象依稀可见,而回望来处又云霞淼漫的独特感受。

《使至塞上》创作于出使安西都护府途中:

> 单车欲问边,属国过居延。征蓬出汉塞,归雁入胡天。大漠孤烟直,长河落日圆。萧关逢候骑,都护在燕然。

诗中大漠风光的壮丽景象,绝不是出自静态的视野,"征蓬出汉塞,归雁入胡天",是单车出使的诗人,正在远离故土,进入塞外的动态写照。从未见过大漠风光的诗人,猝然被眼前的瀚海所震撼,唯有"大漠孤烟直,长河落日圆"可以描绘这种强烈的感受。

可见,王维很善于继承山水诗于行游之间领略山水景象的表现传统。他在开元年间,曾到蜀中游历,这一路创作的山水诗,有着更浓厚的大谢风神,例如《自大散以往深林密竹蹬道盘曲四五十里至黄牛岭见黄花川》:

> 危径几万转,数里将三休。回环见徒侣,隐映隔林丘。飒飒松上雨,潺潺石中流。静言深溪里,长啸高山头。望见南山阳,白露霭悠悠。青皋丽已净,绿树郁如浮。曾是厌蒙密,旷然销人忧。

又如《青溪》:

> 言入黄花川,每逐清溪水。随山将万转,趣途无百里。声喧乱石中,色静深松里。漾漾泛菱荇,澄澄映葭苇。我心素已闲,清川澹如此。请留盘石上,垂钓将已矣。[35]

34　(唐)王维撰,陈铁民校注:《王维集校注》,中华书局,1997年,第51页。

35　《王维集校注》,第90页。

又如《晓行巴峡》：

> 际晓投巴峡，余春忆帝京。晴江一女浣，朝日众鸡鸣。水国舟中市，山桥树杪行。登高万井出，眺迥二流明。人作殊方语，莺为故国声。赖多山水趣，稍解别离情。[36]

这些作品，皆是从山水跋涉着笔，逐步展开游览途中触目难忘的景色，如青溪之"声喧乱石中，色静深松里"，如巴峡的"晴江一女浣，朝日众鸡鸣"，"登高万井出，眺迥二流明"，仿佛都可以读出诗人在行游之间，乍见奇景的感动。

但王维最精妙的山水创作并非这些，而是其隐居终南山和辋川别业期间的一些创作。在这里，他首先是一位山居者，当然，无论是终南别业，还是辋川别业，其所在的山林世界广大丰富，王维徜徉其间，其行止亦颇似山林之游，但与一般意义上的游览，又有明显的不同，其林壑盘桓，并不是单纯的寻幽探奇，而是对自己所处的山居世界的沉潜与体味；因此，王维在终南和辋川别业的创作中，融合了"居"与"游"两种山水传统，让行游体验中触目灵动的发现和感受，与对山水世界浑涵完整的体悟融为一体。

王维在辋川别业创作的《山居秋暝》，其书写"山居"所感，正可与谢灵运《山居赋》对读：

> 空山新雨后，天气晚来秋。明月松间照，清泉石上流。竹喧归浣女，莲动下渔舟。随意春芳歇，王孙自可留。[37]

这个山居世界，一如谢氏庄园，也有浣纱女和打鱼人，但是这些生产劳作，也如《山居赋》中的经营匠作一样，只是知足自给，没有一丝贪欲，因此劳作者同样恬淡和乐。作为诗歌，此诗不似《山居赋》那样取整体性铺写，而是从秋日傍晚的

---

36 《王维集校注》，第93页。

37 同上书，第451页。

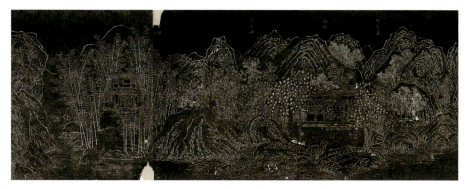

王维　辋川图

山林景色落笔,以这个独特时刻的即目所见与即兴所感,来写山居世界的高雅闲淡。

又如《终南山》:

> 太乙近天都,连山接海隅。白云回望合,青霭入看无。分野中峰变,阴晴众壑殊。欲投人处宿,隔水问樵夫。[38]

诗作极写终南山的高峻、深广与辽远,而结尾处,却写了一个山间游人在向樵夫问路,让一幅广大的画卷和一个隔水问路的独特瞬间相映衬,"游"的灵动与变换,与作为山居世界的终南山的广大,形成强烈的对照和张力。

又如同是创作于终南隐居的《终南别业》:

> 中岁颇好道,晚家南山陲。兴来每独往,胜事空自知。行到水穷处,坐

38　《王维集校注》,第193页。

看云起时。偶然值林叟，谈笑无还期。[39]

诗作刻画终南山居世界，超然物外，幽深广大，令人可以逍遥自在于其间，而全诗落笔处却是诗人徜徉山水之间时，那些别具意味的瞬间，是"行到水穷处"的暂坐小憩，也是与林叟不期而遇的相逢，这些属于"游"的瞬间，带来的不是单纯的新异感触，而是对自己所栖息的山居世界的更深体悟。

把"居"的整体沉潜与"游"的瞬间触发，融合得最为精妙的，当然是王维的辋川绝句。这一组作品，题咏了辋川别业附近的二十处景致，其中许多回味无穷的篇章，都能于片刻中见永恒，幽独中见广大，例如《鹿柴》：

空山不见人，但闻人语响。返景入深林，复照青苔上。[40]

诗作着笔于黄昏夕阳反照青苔这一独特的瞬间，片刻的光影，折射出终日不见阳光的幽暗，山谷间断续回响的人语，反衬广大空山的幽静。

又如《华子冈》：

飞鸟去不穷，连山复秋色。上下华子冈，惆怅情何极。[41]

这首诗刻画绵延无尽的秋色，张谦宜云："根在上截。"（《茧斋诗谈》卷五）的确，前两句直写秋色满山，但三、四句同样值得品味。诗人选取了一个游者山行登顶的视角，在其变动的视野中，展开秋色的广大。同样是描写秋色，王勃有诗"长江悲已滞，万里念将归。况属高风晚，山山黄叶飞。"诗意着意吟咏秋色无际，但只是正面描摹，不似王维引入一个"上下华子冈"的游者的视野，极写秋意无际、惆怅无涯。

辋川绝句中不少作品，写景而极有幽独之意，例如《竹里馆》：

39　《王维集校注》，第191页。
40　同上书，第417页。
41　同上书，第415页。

独坐幽篁里，弹琴复长啸。深林人不知，明月来相照。[42]

又如《辛夷坞》：

木末芙蓉花，山中发红萼。涧户寂无人，纷纷开且落。[43]

幽篁里唯有明月相伴的弹琴之人，山坞里寂寞开落的辛夷花，无一不幽独到神骨俱清的境地。沈德潜称《辛夷坞》为"幽极"之作。[44] 从山水诗的演变来看，王维将大谢山水诗中的幽独之意，表达到无以复加之地。

综观辋川绝句二十首，每一首所写，都是辋川的一处景观，它们连缀而成这个幽独空寂的山居世界。与谢灵运《山居赋》赋写四方景观不同的是，每一首诗都不是静态的、概括性的描写，而是以独特的瞬间和特有的视角，折射和反衬山居世界的广大幽深。这是将"游"的灵动和"居"的整体性体验融为一体的努力。在谢灵运笔下，"居"与"游"是分裂的，前者更注重静态的空间之美，后者更侧重动态的时间感受，非有独特的匠心，不足以弥合其间的分歧。王维之前的山水诗人，基本沿袭谢灵运以"游"为核心的写法，直到王维的终南、辋川之作，"居"与"游"的分歧才获得了巧妙的弥合。

值得进一步注意的是，王维对"居"与"游"的融合，其中"居"的意义更为主导，无论是终南别业诸作，还是辋川绝句，都首先不是一般意义的游览之作，而是对山居生活的吟咏，是以渗透了"游"趣的笔法来写山居体验。以变换不居的"游"趣，体味山"居"之大观，这正是山水"居游"体验的独特意趣。

42　《王维集校注》，第424页。

43　同上书，第425页。

44　（清）沈德潜选注：《唐诗别裁集》卷19，上海古籍出版社，1979年，第611页。

四 "居游"塑造了王维的山水典范地位：
兼论"居游"与"卧游"之别

王维山水诗所创造的"居游"意趣，是中国山水艺术的重大创新。王维之所以受到后世山水作者的高度推重，与"居游"理念在山水诗和山水画创作中趋于流行有密切的关系。

郭熙《林泉高致》所推重的"可游可居"，与王维山水诗的"居游"之美，十分一致。虽然在《林泉高致》的行文中，"游"在"居"之先，但从郭熙的阐释来看，"可游可居"之所以可贵，就在于它体现了人和山水的紧密关系，根据这一标准，"居"所体现的人与山水的相互关系，显然较"游"更为紧密，所以"可居可游"，正是王维山水诗的"居游"之境。从这个意义上讲，王维的辋川诸作，亦深合北宋文人山水画的画理。苏轼曾高度评价王维"诗中有画，画中有诗"。王维本人也是高妙的画家，遗憾其绘画作品未有真迹传世，不过苏轼对王维"诗中有画，画中有诗"的赞誉，从一个独特的角度，正反映了王维诗作与北宋文人山水画画理的相通，而这种相通的基础，在很大程度上，就是"居游"之美在诗与画中的渗透。

王维山水诗的"居游"意趣，对中唐到北宋诗歌的山水描写，产生了巨大的影响。如前所述，山"居"之美，重在对山居世界的沉潜品味；而山水之"游"则重在即兴的发现，因此谢灵运、谢朓等人山水诗的写景，多出之以天真自然、富于兴会的笔法。王维诗作的"居游"之境，将"居"的沉潜意趣提升得更为重要，但仍然保留了"游"的天真自然的笔意。中唐以下，诗歌更加注重推敲锻炼以创造深长之回味，山水之"游"的天然意趣、兴会笔法都更趋弱化，山水书写越来越远离大谢山水诗的"游"趣，而接近王维的"居游"之境，甚至比王维更少天真与灵动，更多刻意的锻炼。中唐代表诗人姚合，就体现出这样的趋向，他有许多吟咏山居生活的作品，如《忆山》：

> 闲处无人到，乖疏称野情。日高搔首起，林下散衣行。泉引窗前过，云看石罅生。别来愁欲老，虚负出山名。[45]

---

45 （唐）姚合著，吴河清整理：《姚合诗集校注》，上海古籍出版社，2012年，第296页。

又如《过李处士山居》：

闲居昼掩扉，门柳荫蔬畦。因病方收药，寻僧始度溪。少逢人到户，时有燕衔泥。萧洒身无事，名高与岳齐。[46]

这些作品写景工致而有韵味，其命笔的视角，偏于对山居生活做整体的品味，接近王维《山居秋暝》《终南山》这些刻画山居世界的作品，但更少即兴与片刻的感发，两相比较，更能见出王诗的精妙。

姚合一些山水游历之作，也多着笔于对景物的综览与眺望，弱化了即目所见的自然视角，例如《游河桥晓望》：

闲上津桥立，天涯一望间。秋风波上岸，旭日气连山。偶圣今方变，朝宗岂复还。昆仑在蕃界，作将亦何颜。[47]

又如《过天津桥晴望》：

闲立津桥上，寒光动远林。皇宫对嵩顶，清洛贯城心。雪路初晴处，人家向晚深。自从王在镐，天宝至如今。[48]

又如《夏日登楼晚望》：

避暑高楼上，平芜望不穷。鸟穿山色去，人歇树阴中。数带长河水，千条弱柳风。暗思多少事，懒话与芝翁。[49]

46　《姚合诗集校注》，第395页。
47　同上书，第413页。
48　同上书，第406页。
49　同上书，第418页。

这些作品已经和大谢山水有了明显的差别。

这种山水书写的变化,经晚唐五代延续,在北宋诗坛所盛行的状物写意之风的影响下,更趋深化。欧阳修在《六一诗话》对状物写意诗学的核心追求做了深入的阐发:

> 圣俞尝语予曰:"诗家虽率意,而造语亦难,若意新语工,得前人所未道者,斯为善也。必能状难写之景如在目前,含不尽之意见于言外,然后为至矣。贾岛云'竹笼拾山果,瓦瓶担石泉';姚合云'马随山鹿放,鸡杂野禽栖'等是山邑荒僻,官况萧条,不如'县古槐根出,官清马骨高'为工也。"余曰:"语之工者固如是,状难写之景,含不尽之意,何诗为然?"圣俞曰:"作者得于心,览者会以意,殆难指陈以言也。虽然,亦可略道其仿佛,若严维'柳塘春水漫,花坞夕阳迟'则天容时态,融合骀荡,岂不如在目前乎?又若温庭筠'鸡声茅店月,人迹板桥霜';贾岛'怪禽啼旷野,落日恐行人',则道路辛苦,羁愁旅思,岂不见于言外乎?"

这段诗论中所举的诗句,多为山水景物的刻画,其状物之精功,回味之深长,无一不体现出对山水风物的沉思与品味。北宋状物写意的山水诗笔,继承了王维山水诗的"居游"意趣而更趋内敛。

可见,王维所开创的山水"居游"之美,在其身后,深入地浸润于诗歌的山水吟咏和文人山水绘画的创作之中,正是在这个意义上,中晚唐到北宋的诗歌与绘画,在山水表现上,拥有了更为近似的艺术理念。北宋苏轼有诗云:"诗画本一律,天工与清新"(《书鄢陵王主簿所画折枝二首其一》),这种"诗画一律"观念的提出,绝非偶然,它和唐宋之际山水诗画理念的趋同,有着密切的关系。

"居游"理念在山水诗画创作中日趋深入的影响,是王维成为山水艺术典范的重要基础。站在山水诗谢灵运范式的立场上看,王维是旧范式的变革者;站在山水"居游"这个新范式来看,王维则是开创者,"居游"理念在中唐北宋以下的深入人心,塑造了王维登峰造极的山水艺术典范地位。

这里,还需要辨析一下,"居游"和"卧游"的差异,及其对理解山水艺术的不同意义。与谢灵运差不多同时代的宗炳,《宋书》本传言其"好山水,爱远游,西陟荆、巫,南登衡、岳,因而结宇衡山,欲怀尚平之志。有疾还江陵,叹曰:'老疾俱至，名山恐难遍睹，唯当澄怀观道，卧以游之。'凡所游履，皆图之于室，谓人曰：'抚琴动操，欲令众山皆响。'"[50]

宗炳晚年因年老体衰，不能再跋山涉水，只能将山水画挂在室中，"澄怀观道，卧以游之"。他所说的"卧游"，从字面上来讲，是与"行游"相对，指与亲历山水不同的，通过观画的方式来实现精神上的山水之游。有的学者认为"卧游"包含来自道教的影响。[51] 卧游既是精神之游，那么这种影响就不是没有存在的可能，但对此的论证似乎还需要更充实的证据。从现存的文献来看，最有助于理解"卧游"之含义的，还是宗炳本人的《画山水序》：

圣人含道应物，贤者澄怀味象。至于山水，质有而趣灵。是以轩辕、尧、孔、广成、大隗、许由、孤竹之流，必有崆峒、具茨、藐姑、箕、首、大蒙之游焉。又称仁智之乐焉。夫圣人以神法道，而贤者通；山水以形媚道，而仁者乐。不亦几乎？

余眷恋庐、衡，契阔荆、巫，不知老之将至。愧不能凝气怡身，伤跕石门之流，于是画象布色，构兹云岭。

夫理绝于中古之上者，可意求于千载之下；旨微于言象之外者，可心取于书策之内。况乎身所盘桓，目所绸缪。以形写形，以色貌色也。且夫昆仑山之大，瞳子之小，迫目以寸，则其形莫睹，迥以数里，则可围于寸眸。诚由去之稍阔，则其见弥小。今张绢素以远暎，则昆、阆之形，可围于方寸之内。竖划三寸，当千仞之高；横墨数尺，体百里之迥。是以观画图者，徒患类之不巧，不以制小而累其似，此自然之势。如是，则嵩、华之秀，玄牝之灵，皆可得之于一图矣。

夫以应目会心为理者，类之成巧，则目亦同应，心亦俱会。应会感神，神超理得。虽复虚求幽岩，何以加焉？又，神本亡端，栖形感类，理入影迹。诚能妙写，亦诚尽矣。

于是闲居理气，拂觞鸣琴，披图幽对，坐究四荒，不违天励之藂，独应无

50　《宋书》卷93，第2279页。

51　陈铮：《身份的认定——六朝画家与道教》，南京大学博士论文，第109—119页。

人之野。峰岫峣嶷，云林森眇。圣贤暎于绝代，万趣融其神思。余复何为哉，畅神而已。神之所畅，孰有先焉。[52]

宗炳在这里谈到山水画的创作之理，其核心即认为"山水以形媚道"，因此图画山水之形色，不是表面的"以形写形，以色貌色"，而是要能得山水物象之理，而山水物象之理是道的体现。宗炳特别提到画山水画，是以笔墨之小，见山水之大，"竖划三寸，当千仞之高；横墨数尺，体百里之迥"，这些小笔墨，何以能见大道？原因即在于绘画者能"应目会心为理"，能抓住山水物象之理，因此其小笔墨，能"类之成巧"，以小见大；而由此创作出的山水画，使人能"目亦同应，心亦俱会。应会感神，神超理得"，达到观画体道的境界。宗炳晚年的"卧游"，正是通过观画而实现的澄怀观道的精神之旅。

可见，宗炳对山水画的理解，带有山水观道的鲜明特色，山水物象之理，都是道的体现。从这一理念出发，宗炳其实认为通过山水画"卧游"观道，是一个相比于亲身游历山水、在山水中修炼求道，等而下之的方式，所谓"余眷恋庐、衡，契阔荆、巫，不知老之将至。愧不能凝气怡身，伤跕石门之流，于是画象布色，构兹云岭"。因此，宗炳对于山水画创作中艺术创造和审美意义的强调并不突出。他注重对山水千仞之高、百里之迥的整体性观照，追求对山水之理的把握；这和谢灵运山水诗注重山水行游的即兴体验，深受佛教涅槃学影响所形成的幽独空寂的山水意趣，颇为不同。至少从宗炳所论和大谢山水诗来看，南朝时期的山水画和山水诗，在艺术理念上，有明显的不同。

谢灵运通过《山居赋》和山水诗所创造的山水"居""游"之美，积极开拓了山水的审美空间；王维融合两者而形成的"居游"之境，塑造了深邃的山水审美空间，对山水诗与画都产生重要影响。"居游"较之宗炳所谓"卧游"，对山水画的审美艺术有了更深入的认识。从谢灵运到王维，中国的山水诗景象灿烂，但山水画的创作并无多少光彩；随着"居游"理念在王维的创作中成熟，并产生重要影响，文人山水画逐步兴盛，并与诗歌中的山水吟咏，拥有了更多近似的艺术品格，从而使"诗画一律"的观念趋于流行。"居游"艺术理念的生成与影响，对于理解中国山水诗画艺术演变的复杂脉络，显然有重要的启发意义。

52　（南朝宋）宗炳原著，陈传席译解：《画山水序》，人民美术出版社，1985年，第1—9页。

清 王原祁 辋川图卷 局部

山水天地间
——郭熙《早春图》中的世界观（上）*

渠敬东

一　引子　庙堂与林泉

元祐二年（1087），步苏轼七古《郭熙画〈秋山平远〉（潞公为跋尾）》之韵，黄庭坚和诗一首，题为《次韵子瞻题郭熙画〈秋山〉》：

  黄州逐客未赐环，江南江北饱看山。
  玉堂卧对郭熙画，发兴已在青林间。
  郭熙官画但荒远，短纸曲折开秋晚。
  江村烟外雨脚明，归雁行边余叠巘。
  坐思黄柑洞庭霜，恨身不如雁随阳。
  熙今头白有眼力，尚能弄笔映窗光。
  画取江南好风日，慰此将老镜中发。
  但熙肯画宽作程，十日五日一水石。（《豫章黄先生文集》卷二）

---

* 本文的写作得益于与覃方明先生多年的学术探讨，某些论述可以说是两人长期交流所得，特此表示感谢！文章中的史实考证部分，多处得到邓小南教授的悉心指点，感激不尽。

此时，哲宗即位不久，朝野依然在"元祐更化"的气氛中，新党休黜，新法弛废。苏轼于前一年平反昭雪，重入京师，距他被贬黄州书就《寒食帖》仅三载。而黄庭坚则也有着相似的经历，被贬宜州，仕途艰险。苏黄二人心心相印，于此"拨乱反正"之际，正是共筑大业的好时机。不过，翰林学士苏轼以郭熙的平远山水抒怀，却袒露出了一种别样的心境：

> 玉堂昼掩春日闲，中有郭熙画春山。
> 鸣鸠乳燕初睡起，白波青嶂非人间。
> 离离短幅开平远，漠漠疏林寄秋晚。
> 恰似江南送客时，中流回头望云巘。
> 伊川佚老鬓如霜，卧看秋山思洛阳。
> 为君纸尾作行草，炯如嵩洛浮秋光。
> 我从公游如一日，不觉青山映黄发。
> 为画龙门八节滩，待向伊川买泉石。（《东坡集》卷十六）

此外，苏轼的另外两首《郭熙〈秋山平远〉二首》（《东坡集》卷十七），是与文及甫（文彦博子）的唱和之作，再加上苏辙《次韵子瞻题郭熙〈平远〉二绝》（《栾城集》）、毕仲游《和子瞻题文周翰郭熙〈平远图〉二首》（《西台集》）、张耒《题文周翰郭熙〈山水〉二首》（《右史集》）。以及晁补之《题工部文侍郎周翰郭熙〈平远〉二首》（《鸡肋集》），[1] 说明苏轼及他的士友与门人往来甚密，唱酬不断，其间的媒介，便是郭熙的全景山水。而此时的郭熙，已垂垂老矣，[2] 却依然"独步一时，虽年老落笔益壮，如随其年貌焉"（《宣和画谱》）。

黄庭坚的韵和，复以《秋山》为题，传递出了苏黄二人的志怀与心迹：身在玉堂，心寄青林。当年的"黄州逐客"，虽返身仕途，却依然于山水之间"饱游饫看"，流连忘返。在"漠漠疏林"中，是秋晚的一片荒远。诗的前四句，一连串的

---

[1] 晁补之称文及甫为"侍郎"，应在其权工部侍郎任内。文彦博元祐五年二月再度致仕，及甫自权侍郎以修撰守郡，说明晁诗出现时间较晚。

[2] 据推断，郭熙卒于元祐二年（1087）到元符三年（1100）之间。参见曾布川宽：《郭熙与早春图》，《东洋史研究》第35卷第4号，转引自陈高华编：《宋辽金画家史料》，文物出版社，1984年，第338页。

意象次第展开，交错并行：东坡"寒食"黄州，可"饱看"到的是江南江北的大好河山；卧居玉堂之中，"发兴"的却是《秋山》中萧索荒疏的景象。放逐途中的壮美与高居堂上的肃寂，形成了鲜明的对比；苏黄的诗与郭熙的画，以及各自人生的辗转浮沉，都在彼此的映照下融汇一处。心理与物象，相化而相生，仿佛人在现世中的起起落落，都需要藉由山水林石来加以反衬和平衡。"白波青嶂非人间"，才终将是人的归处。

　　只可惜，人是不能说走就走的，归隐山林，常常不过是士人的一种愿念。"恨身不如雁随阳"，既然人无法像大雁那样，展翅腾空，随阳而去，³ 便只好凝视着墙上的山水图像，如在画中，寻得心中的一丝慰藉吧。庙堂中人，沉浮于尘世，不得不留住归隐青林的期望，故而郭熙笔下的画卷，就成了心之归往的托付了。相比而言，苏轼的题画诗还是在抒写追随文彦博（"从公游"）的愿望和情谊的，他对"伊川佚老"思念至深，仿若同游，⁴ 可黄庭坚则将最后几句全部献给了郭熙。此时的郭熙，虽已是年过八旬的白头老翁，可眼力不减，还能映窗作画，虽然体力有所不济，像当年杜甫笔下的王宰，"十日画一水，五日画一石"⁵，却依然能够绘出江南的美景。想到此，黄庭坚倒有些迫不及待了，他内心期许的图景，也是他精神上所依附的山水，只有靠老人家的妙笔才能生发，仿佛苏轼想念文彦博想得快要发疯，非要在画中同行那样，黄庭坚也在翘首企盼，年迈的郭熙那动作迟缓的手笔，快快给他留下心有所属的画卷……

　　黄庭坚的唱和抑扬顿挫，百转往回，诗情与画意交融，友情与敬意共在，寄怀咏志，恰好体现了郭熙在《林泉高致》中所说的"林泉之志，烟霞之侣，梦寐在焉，耳目断绝"的意境。黄庭坚致意郭熙，因为只有郭熙的画笔，才能勾连苏黄二人的相似经历，以及他们虽处于世俗政治之中但可"不下堂筵，坐穷泉壑"的共同志向。由此可见，无论是郭熙的巨障图屏，还是四时小景，⁶ 皆为当时士夫文人品鉴和抒怀的精神载体，邓椿说过："画者，文之极也"，想必也有这层意思在里面。

3　黄庭坚此处反借了杜甫的意象，见杜甫《同诸公登慈恩寺塔》中的"君看随阳雁，各有稻粱谋"一句。

4　此时文彦博还在伊川嵩洛间，故有"伊川佚老鬓如霜，卧看秋山思洛阳"一句。元祐四年，文彦博才被召回朝廷，落致仕，为太师、平章军国重事，不再是"佚老"了。

5　杜甫：《戏题王宰画山水图歌》"十日画一水，五日画一石。能事不受相促迫，王宰始肯留真迹"。

6　参见《林泉高致·画记》。

不过，黄庭坚的诗句中也透露出，郭熙是属于"官画"系统的。根据史料记载，宋初翰林院为内廷官司，下设天文、书艺、图画、医官四局（院），掌供书画、捏塑、琴棋、医术、天文等技艺以事皇帝。[7] 当初，郭熙在嘉祐年间，便名动公卿了，到了元丰朝，竟"迄达神宗天听"（《林泉高致·许光凝跋》），进而被征调进京，在翰林图画院被委以重任，开始虽为艺学之职，却已经享有"今之世为独绝矣"（《图画见闻志》卷四）的声誉，后成为御书院待诏，终至翰林待诏直长之衔，可看作是翰林图画院的首席画家了。作为画院的官方代表，想必是没有多少自由创作的空间的，后来的画论家对院体多有贬抑，多是为了说明职业画家与文人画家之间品性上的隔异吧。

郭熙身居庙堂，侍奉皇帝，并未被推崇文人书画的苏黄二人所轻，他的画作，反而成为这两位士人最高代表的由衷的寄望。究竟缘何如此呢？黄庭坚说得好："郭熙官画但荒远"，郭熙的画为官画，却潜藏着士人的最高品格，堂皇中的荒寂感，才是士人内心世界的终极表达。苏轼向往的"青林"，黄庭坚羡慕的"归雁"，郭熙何曾没有这样的渴望呢？他虽然多次得到神宗的表扬和赏赐，诸如"神宗好熙笔""非郭熙画不足以称""为卿画特奇，故有是赐，他人无此例"（《林泉高致·画记》）这样的说法，大概算是对所谓宫廷画家最高的褒奖了。可是，郭熙也像苏黄二人一样，心中的归宿依然是"林泉"，他执掌画院，却常说"时以亲老乞归"，《林泉高致》中的说法："《白驹》之诗，《紫芝》之咏，皆不得已而长往者也"，本是他内心的写照。

黄庭坚理解郭熙的深处，他知道郭熙笔下的荒远世界，才是他真正的心性所在。在其他两首题画诗中，黄庭坚写道："能作山川远势，白头惟有郭熙"，"郭熙年老眼犹明，便面江山取意成"[8]；此外，他也曾提及："郭熙元丰末为显圣寺悟道者作十二幅大屏，高二丈余，山重水复，不以云物映带，笔意不乏"（《山谷别集》卷七）。晚年的郭熙，"落笔益壮"[9]，"气韵兼美"[10]，在黄庭坚看来，最终能够抓住

---

7 《宋史·职官志》卷166志119·6，第3941页。

8 分见《题郑防画夹五首》与《题郭熙〈山水扇〉》，《豫章黄先生文集》卷九、十二。

9 《宣和画谱》卷十一；夏文彦：《图绘宝鉴》卷三。

10 王毓贤：《绘事备考》卷五上。

山水之内涵要旨的，只有这位白头老人。只有到了耄耋之年，才会懂得人生的大限，才有可能真正懂得"皆不得已而长往者"的真切含义。

山水的真谛，乃是愈不可得者愈为真，消除了尘世的浮念，才是山水最真的世界。这里所说的"落笔益壮"，虽指的是老郭熙依然能够落笔达意，可山水的精神内核，毕竟是"意在笔先"，只有意到，才能笔到，苏黄二人最终从《秋山》中所悟的，必定是老人家的"人情所常愿而不得见"的极致境界吧。难怪苏辙慨叹道："皆言古人不复见，不知北门待诏白发垂冠缨"，[11] 文人们一心向往的高古之士，便是眼前这位垂垂的老者，他的笔下，将是心灵的归所。

二 物象与心观

山水，让郭熙尽了一生。据《图画见闻志》的记载，他"工画山水、寒林，施为巧赡，位置渊深。虽复学慕营丘，亦能自放胸臆"。《宣和画谱》也有类似的说法："初以巧赡致工，既久，又益精深，稍稍取李成之法，布置愈造妙处，然后多所自得。"真可惜，有关郭熙的史料留下来的太少了，但从有限的记录看，郭熙最初的画作大体上是以笔工见长的，他的极深造诣，突出地表现在技法上。此外，位置上的经营他也把握得很好，所以少成大器，也是顺理成章的事情。

不过，郭熙能够有所得，并有所自得，是因为师法了李成。画家李成，先人乃是"唐之宗室"，只是在"五季艰难之际，流寓于四方，避地北海"，才成了营丘人。《宣和画谱》的记载中，除了说明上述身世，还特别强调李成身上独有的文脉："父祖以儒学吏事闻于时，家世中衰，至成犹能以儒道自业，善属文，气调不凡，而磊落有大志。"(《宣和画谱》卷十一）李成是不屑于图画只为"稻粱谋"的，他"博涉经史"，"放意于诗酒之间，又寓兴于画"，却从来不求售贩卖自己的画作。他以画笔纵情放怀，"惟以自娱于其间耳"，亦惟有此，才能"惟意所到，宗师造化，自创景物，皆合其妙"（《圣朝名画评》卷二），笔下生发出"气象萧疏，烟林清旷"（《图画见闻志》）的意境。

---

[11] 苏辙：《书郭熙横卷》，《栾城集》卷十五。

画史上讲郭熙取李成之法，当然在一方面指的是笔法，但从另一方面来说，得到的更是"思清格老，古无其人"的意法。上文所谓"自放胸臆"或"多所自得"，讲的恰恰是郭熙不仅在用笔上"程式化"地贯彻了李成的技法，而且也凭着李成那里学来的气调和大志，通过"化程式"的突破[12]，寻得了自己的品性和风格。在郭思的记叙里，他的父亲本来"家世无画学"，之所以从事了画事的职业，"盖天性得之"。郭熙年少之时，"从道家之学，吐故纳新，本游方外"，在自然的天地中游离四方，与他的老师有着同样的天性，真是从师求学的道路上最大的幸事。他虽然与李成未曾谋过面，却通过"传移摹写"得到了法度、性情、德行与气象，发乎胸臆，"笔到天机"[13]，这也许就是他的画作引得苏黄文人圈子钦佩之至的原因吧。黄庭坚曾经回忆到："余尝招子瞻兄弟共观之，子由叹息终日，以为郭熙因为苏才翁家摹六幅李成骤雨，从此笔墨大进，观此图乃是老年所作，可贵也。"（《山谷别集》卷七）这足以说明，郭熙承营丘师法，却也跳脱了出来，逐渐脱离了李成"清尖爽利""豪锋颖锐"的用笔，画幅也增大了许多，且愈老益壮，愈得了自由天地。

郭熙的山水，既有宫廷、官府和寺院中的巨障高壁，也有小殿屏风，中扇小景，形式不一，"千态万状"。《宣和画谱》记载，御府所藏三十图，主题为《子猷访戴》《奇石寒林》《诗意山水》《古木遥山》《巧石双松》，以及《晴峦》《烟雨》《幽谷》《溅扑》《断崖》《溪谷》等。郭思整理的《林泉高致·画格拾遗》也记录有《早春晓烟》《风雨水石》《古木平林》《烟生乱山》《朝阳树梢》《西山走马》《一望山》等画作。"神宗好熙笔，一殿专背熙作"，他得了皇帝的最高荣宠，在"高堂素壁"之上，放手挥洒，一时间，"禁中、官局多熙笔迹"，御书院的御前屏帐，大大小小，由他悉数完成。叶梦得的《石林燕语》也曾记载："两省及后省枢密、学士院，皆郭熙一手画"，宫中的紫宸殿、化成殿、瑶津亭、玉华殿、睿思殿等亦满是郭熙山水，以致朝内的中贵王绅有"绕殿峰峦合匝青，画中多见郭熙名"（《林泉高致·画记》）的美誉。

可是很不幸，郭熙的这些画作今人是见不到了，相隔千年之久，"玉堂卧对郭

12　这两个说法，借用了潘公凯有关中国笔墨的讨论。

13　语出"烟中草木水中山，笔到天机意态闲"，参见元好问：《郭熙〈溪山秋晚〉二首》，《遗山诗集》卷十三。

熙画"的场景，也成了"皆不得已而长往者"的怅惘。勿说今人，元人虞集所撰《道园学古录》中的一句诗"记得玉堂春昼永，寒林坐对老东坡"[14]，就早已对此情此景充满怀念了。但不解郭熙的山水，便只能空对古人，无法真正走进他们的内心世界，以上的寄愿，也不过是一场空念。幸好郭熙有个登科进士的儿子郭思[15]，亦有文才，大观年间曾作《祁山神庙记》[16]，曾应制画《山海经图》，并著有诗话《瑶池集》[17]。更了不起的是，郭思搜集、整理和编撰了《林泉高致》，不仅收录有郭熙作画的理论心得，亦补录有郭熙生平记事，以及部分作品真迹的情况，从而使后世之人有机会可以通过画与论之间的比照关联，来解析山水世界之图像构造的原理。

《早春图》【图1】，是郭熙现存为数极少的画作之一，画幅左侧有自题款："早春壬子年郭熙画"，说明此画作于神宗熙宁五年（1072），是郭熙晚年相当成熟的作品。《早春图》与《林泉高致》在图文上的关联，在相当程度上是具有互释性的，图同文理，文同图气，气脉和义理方面很是一致。宗炳早就说过："夫理绝于中古之上者，可意求于千载之下；旨微于言象之外者，可心取于书策之内……"（《画山水序》）今人不也如此么？若要知道苏轼在玉堂究竟看到了什么而让他如此感怀，苏辙如何从北门待诏的白头郭熙那里见到了"古人"的气象，还得花费一番笨功夫，从画之象和文之理的对照分析中寻得些"意会言传"。

同样是宗炳，在《画山水序》开篇就讲："圣人含道应物，贤者澄怀味象。"这就是说，物与象的本质，并非根于我们亲眼所见，并非是单纯依靠感觉来捕捉的，而是要像圣人那样，依靠道心来映照万物，或者像贤者那样，通过虚怀去体味万象。这其中，因为山水"质有而趣灵"，所以最能体现出道与物、心与象的关系。从根本上讲，山水必是要见其大的；所谓山水，一定指的不是我们眼前的一山一水，相反，山水必须要对万物之道有所呈现，在这个意义上，我们可以本质地说，山水本非一物，而是万物；甚至说，山水本非物，而是道之化身。因此，在哲学的意义上，山水好比一种世界精神，化万物于一身之中，合万物的秩序为一体。因而，对

14　见陈高华编：《宋辽金画家史料》，文物出版社，1984年，第355页。

15　《建炎以来系年要录》卷三十八："（建炎四年十月辛巳）徽猷阁直学士提举西京嵩山崇福宫郭思致仕。"

16　见祝穆：《方舆胜览》卷七十。

17　已佚。方回：《桐江集》卷七《瑶池集考》录诗二首。

图1 北宋 郭熙 早春图

山水天地间——郭熙《早春图》中的世界观（上）

于那些以领悟世界精神为使命的贤者来说，则需要用虚淡空明、谦卑审慎的心境来参透这个世界的物象了。从世界图景中来化理明道，单纯依靠视觉或其他什么感觉是不行的，死盯着一山一水的具象也是不够的，对世界精神的体悟，心比眼重要得多，哪怕眼前不见，心中也要存着山水，苏轼的"卧对"，宗炳的"卧游"[18]，或倪瓒很有名的诗句"一畦杞菊为供具，满壁江山作卧游"（《顾仲赟来闻徐生病差》），皆出此理。

"山水，大物也。"《林泉高致》中的这句话，点明了上述的道理。郭熙此说，看似简单，细绎之含义颇深。山水之为世界，是因为既刻画着万物的质理，也体现着万物的韵律，山水之"大"，在于它是世界构造与关联的缩影。不过，在世界万物中，何以为大呢？《说文》曰："天大，地大，人亦大。故大象人形。"三才之为大，正如《易经》所谓"有天道焉，有人道焉，有地道焉。兼三才而两之，故六。六者非它也，三才之道也"[19]。也就是说，天、地、人乃世界构造的本源，"道生一、一生二、二生三、三生万物"，便是世界生成论上的始源解释。所以在段玉裁的注中，讲了文字构造的原理："按天之文从一大，则先造大字也。人儿之文但象臂胫，大文则首手足皆具，而可以参天地，是为大。"

山水之"大"，在于天、地、人三才作为自然世界的创始力，缔造了万事万物的性质和秩序，而且，三才之象，也蕴含于文字的笔画之中，"天"为"一大"，"大"如"人"的臂胫，在"天""人"之间建立感应和参有的关联。显然，郭熙将天人之间作为"大"的中介，理解为山水大物，就是要通过山水之物象，来对天地创生和世界秩序加以澄明。而且，这其中，"画""字"与"象"三者，亦是合一的关系。在郭思序中，便说明了"黄帝制衣裳，有章数，或绘或绣，皆画本也"；《尔雅》说字，"言象之所以为画尔"；《易经》《论语》及《周礼》所言及的"观象"或"绘事"，都在强调"画""字"与"象"一而三、三而一的关系。郭思特别强调，"画之为本，甚大且远"，今人不大明白"画"的本源和本义在哪里，忘记了八卦之画和仓颉之画，仅就"画画"的角度来理解"画"，这是相当单一片面的。"今画出于后世，其实止用画字尔"，专门以图绘来理解画的本质，当然也就会丧失掉参悟和洞见"天

---

18 "闲居理气，拂觞鸣琴，披图幽对，坐究四荒，不违天励之藂，独应无人之野。"（宗炳：《画山水序》）

19 《易经·系辞下》；另见《易经·说卦》："是以立天之道，曰阴与阳；立地之道，曰柔与刚；立人之道，曰仁与义；兼三才而两之，故《易》六画而成卦。"

地造化"的能力。本质而言,画即象形之法,天地中,万物及其得以表征的文字和图像,"古文篆籀禽鱼,皆有象形之体",《易经·系辞》讲伏羲画八卦,呈现的是这样的场景:"仰则观象于天,俯则观法于地,观鸟兽之文与地之宜,近取诸身,远取诸物",这哪里如今人单纯想到的"画画"那样简单!

郭熙作画每每落笔,都会感叹:"画山水有法,岂得草草?"想必是他笔下的山水,一定要回答上述的所有问题,包含有天、地、人之大象的所有要素;他必须要考虑到孔子所说的"志据依游"和"绘事后素",以及庄子所说的"解衣般礴",甚至是《书》与《易》中的阴阳转化的道理。《早春图》便体现有世界之象的基本表达:天是空无,地是质有,天为虚,地为实,天地之间,由云气烟霭所萦绕、流动和连接;人或行于路中,或望于台上,或游于青林,或居于亭台楼阁之内,正所谓"丘园养素,所常处也;泉石啸傲,所常乐也;渔樵隐逸,所常适也;猿鹤飞鸣,所常亲也"(《林泉高致·山水训》)。

《早春图》中的"天"空旷遥远,延及无限,"大地"之中,山扶摇直上,水飞流直下,天、地、人三才生有万物,也确立了三者与万物的关联,自然间的"委运任化"[20],恰恰体现在"天地长不没,山川无改时"[21]的永恒之中。至于具体的人物,图中有五处分布,共十三人,虽极小,却气息生动,这些人物在画面中究竟有着什么样的指涉和功能,且待下文详解。这里只消说,唯有人,才能将天与地、山与水以及世间的各物真正串联起来,赋予山川草木生机和活力,《礼运》曰:"人者,其天地之德,阴阳之交,鬼神之会。"人,就是天地之心、五行之端,合天地而生德。山水画中若没了人,也就离了心,离了德,天地交会就没了通道,世间万物也没了灵气。从唐到五代,至宋元,无论是青绿山水还是水墨山水,一般说来都是有人在的。【图2】即便是没有人物的具象在,也要点缀一些屋舍、路桥、舟坞、亭榭这样的人为痕迹。【图3】倪瓒则不喜画人,也常常少不了简屋与空亭,【图4】等他舍去了所有人迹时,便只剩下人的彻彻底底的内心意境了。或者如米家山水那样,坚决贯彻王维的精神,将所有的人迹都放在白云生处,让观者遐想无限。【图5】

圣人含道,贤者味象,道与象的关联,就在"画"中。石涛所说"一画者,众

---

20 参见陈寅恪对于陶渊明新自然观的讨论,《论陶渊明之思想与清谈之关系》。

21 陶渊明:《形影神赠答诗》。

图2 五代 关仝 关山行旅图 局部
图3 宋 许道宁 渔父图 局部
图4 元 倪瓒 容膝斋图 局部
图5 南宋 米友仁 潇湘奇观图 局部

有之本，万象之根"（《苦瓜和尚画语录》），指的便是从混沌到秩序的万物创生中的有无之辨。画之为画，是含道与味象之间的枢纽，一方面，画者作图成像，必得要"于象于形，于情于景"，另一方面，则更要晓得"大音希声，大象希形"，有形的万物亦在万般变化之无形中，"象者未聚而清，形者已聚而浊"[22]。郭熙说："看山水亦有体，以林泉之心临之则价高，以骄侈之目临之则价低。"双眼识得的不是物象，而是物体和物形，象由心生，只有从"人情所常愿而不得见"的林泉之心出发，才能将有形置于无形中，把捉大物，绽放大象。"外师造化，中得心源"这八个

---

22 《张子正蒙》卷一。

字最难解,天地造化之象,必当得自心源;可是何谓心源?只是用真情、真性、真心和真知去观察和体悟面前的山水么?事情并不是这样简单的。

当年苏东坡面对《秋山》动情凝望,黄山谷引发出"坐思黄柑洞庭霜"的感怀,都不仅是出于山川的崇高和俊美,而是他们曾经的人世间的苍凉和落寞,以及游走于尘世内外的心境。画者何不若此呢?象与形的聚散变换,只靠直观山水是不够的。苏黄二人与郭熙之所以同气相求,乃是因为在老郭熙那里看到了相似的人生感受。

山水不是瞬间的视觉,也不是逼近物状真实的摹绘,而是贯穿于春夏秋冬、阴晴冷暖的整全体悟。郭熙"本游方外",只有踏遍千山万水,历经重山复水,才能得此心源。对山水的描绘,亦是同理。他说:

> 山近看如此,远数里看又如此,远十数里看又如此,每远每异,所谓"山形步步移"也。山正面如此,侧面又如此,背面又如此,每看每异,所谓"山形面面看"也。如此,是一山而兼数十百山之形状,可得不悉乎?
>
> 山春夏看如此,秋冬看又如此,所谓"四时之景不同"也。山朝看如此,暮看又如此,阴晴看又如此,所谓"朝暮之变态不同"也。如此,是一山而兼数十百山之意态,可得不究乎?

由此可见,山水之大象,本是一种空间和时间的综合体,也是一种得自内观的心源。郭熙的山水妙法,其实很简单:"盖身即山川而取之,则山水之意度见矣。"真山真水,如同亲朋挚友一样,是靠持久的交往得来的。"步步移"和"面面看",就是要绕着群山而围瞰,或登上山巅而环望;走入山中来领略"四时之景不同",通感山林中的光影、声响、气味和冷暖。心源自于内观,而非外视。《说文》解:"观,谛视也";段注,"常事曰视,非常曰观。凡以我谛视物曰观",故"物多而后可观"。

山水之存在,绝不是平常意义上的感觉可及的,它必须经历有完整的感知过程,将所有亲在意义上的情理体悟统统融汇一处,将时间的流变和空间的延展聚合于一幅画面之中。心与物游,才能取象会意,才能"俯仰往还,远近取与"[23]。南宋李澄叟曾说:"画山水者,须要遍历广观,然后方知着笔去处"[24],也是这层意思。可以说,物象源于心观的山水思想,多为晋人的遗风,孙绰《游天台山赋》中说的"浑万象以冥观,兀体同于自然",谢灵运《山居赋》中说的"谢平生于知游,栖清旷于山川",都同宗炳一样,为山水赋予了一种内在超越的品格。在郭熙那里,象为物象,画为心画,游观方可畅神,山水之自然中才能求得心灵的沉潜。

《林泉高致·画诀》再次强调了人的内观为自身赋予的自然中的位置:"凡经营下笔,必合天地。何谓天地?谓如一尺半幅之上,上留天之位,下留地之位,中间方立意定景。"人在天地间,意味着山水亦在天地间,天地无限,人生有涯,只有那一尺半幅的中间处,才是他挥洒入画之所,以显露从游观自然而来的"远近回环映带之致"[25]。不过,也恰恰只有这一尺半幅,一个整全的世界便可层层推进且展现出来,天地造化,气韵生动,跃然纸绢之上。然而更加关键的是,这个被表现出来的世界,本质而言则是一种世界观,是一种对于世界的内在观造,是一种基于心源的自我呈现。世界观,是从观世界而来的,所谓谛视,即依照经验总体而构成的完整的世界图景,它超越于一个人心理上的瞬间感受和意念,而是将其一生的历练与胸怀置入山水云霭的聚散之间。

人们常有误解,总以为山水的世界观完全源于隐逸的生活实态,似乎只有那些过着渔樵耕读般生活的士人,才会有此乐趣和境界,只有那些逃离了现世归隐山林的文人,才能妙笔生花,营造出一个一尘不染的干净世界。殊不知,这种臆想中的与世隔绝,倒是有些做作了。不落凡尘,安知清净?还是孙绰说得好:"情因所习而迁移,物触所遇而兴感。故振辔于朝市,则充屈之心生。闲步于林野,则辽落之志兴。……为复于暧昧之中,思萦拂之道,屡借山水,以化其郁结"。[26] 由此可见,隐逸的思想并非仅仅来源于隐逸的生活方式本身,所谓"大隐隐于朝,中隐隐于市,小隐隐于野",讲的就是真正的隐于青林,所指的不单是林石之地,而是指

23　宗白华:《美学散步》,上海人民出版社,1982年,第93页。

24　李澄叟:《画山水诀·泛说》,俞剑华编:《中国古代画论类编》,人民美术出版社,1998年,第623页。

25　蒋和:《画学杂论》。

26　孙绰:《三月三日兰亭诗序》,《全晋文》卷六十一。

人在庙堂朝市之中，依然胸中沟壑，胸中逸气，"磊落有大志"，有一种别样的自然之象存于心里。

士大夫当有志有为，却亦懂得有所不为，方为大志。有为与不为之间，构成了一种人格的双重世界，彼此互为通晓、互为依傍、互为成全。从此出发，我们才懂得，宋元山水已然超越了魏晋玄学之思的阶段。山水精神的核心，不仅在乎游观于自然天地，也在乎将现世中的起落与冷暖、抑扬与明暗都纳入内心的世界观照之中。疏离与躲避，并不是山水之气象所在，人能够创造和拥有对张通合的两个世界，才是一种整全的存在。难怪在郭思的眼里，他的老父亲不仅"本游方外"，而且"潜德懿行，孝友仁施为深，则游焉息焉"。

"画之为本，甚大且远"。倘若山水之象无法落笔呈现，现世与自然又如何通连于一人之中呢？

三　近质与远势

山水自心造，是天地幻化之象，因而不是实物实景。既非写实逼真，便无西方意义上的写生技法。或者说，捕捉山水之象，视觉并不是天然占据着首位，眼睛里看到的，是靠不住的，绝非真相。所以说，拿视觉的尺度来观山水画，无论立轴或长卷，都会不得要领，更何况是堂壁帐屏了。

人们常说的视觉尺度，就是透视法，这是西方近代几何学发展的产物，或者说，若要准确把握视觉上的图像形态，必须符合几何原理。透视法很复杂，简单说来有几个特点：一是要有视平线，视平线与画者的距离，便是画面的深度；二是要确定画者的眼位，即视点，这是所有透视线发出的原点；三是要在视点和视平线之间建立关联，即在视平线上选取一个心点，有了这个视觉中心，所有的透视线也就有了汇聚方向了。可以说，透视法的其他概念范畴皆由此形成，但无论怎样，有了这三个要素，人们便可以通过透视画面来成像了，在视点和视距所限定的范围内，一个具有固定尺幅的平面，便可确切地展现出一个立体构造的空间世界。

由视觉出发而对于空间确定性的追求，是透视法的目的。可是拿《早春图》来比对这种形式的空间关系，哪儿都不对，哪儿都是不明确、不确定的。先来看所

图6 《早春图》视平线、视点和心点分析图

谓的视平线。主峰的两侧深远处,似乎是有地平线在的,但却不能等同于视平线。主峰左侧,是渐次推远的平原河谷,两座远山的轮廓尽显,但山的落脚处却似乎迷雾一片,缥缥缈缈,虚虚幻幻,似乎偏不给出一条明确的地平线,以便留给观者模糊的空间感。主峰右侧,更是无从交代,琼楼玉宇深藏于重岭之间,看似河谷上方的两座远山与最右侧的一丛峰岭处于同一条水平线上,然而主峰与这丛峰岭之间的雾霭弥漫,使得视觉上出现了错位,分不清哪里才是地平线上最准确的连接点。总之,所有需要明分之处,都被升腾的云雾锁住了,扰乱了,遮掩了,彼此间不存在任何意义上的几何关系,哪里还谈得上什么视平线?!【图6】

顺着透视法则,我们再来寻找视点的位置。几何学要求透视法必须要有一个明确的视点,以便观者找到最恰当的位点来确认画面中的空间关系。简言之,视点须是固定的,否则一切将陷入不稳定的结构中。只有这样,连接视点与心点的视中线方可明确,借此可找到视觉中心的位置。可是,若按此索骥,《早春图》可谓随处皆是麻烦。若观主峰,视点似乎是在对面山峰的一个平行位置;若观两侧的连绵重岭,视点则需要比主峰还要高,否则远处的重山复水是见不到的;若观主峰之前的近峰或相对较近的楼观和石崖,视点必须要在对面的山腰处;若观巨石长松,视点势必要下移一些;可对于刻画得最为细致的前石或人物,视点应该在山脚下才最为合理……这样一来,观者根本寻不到一个确切的视点,视觉上的空间关系必是无从判断的。不仅如此,《早春图》的视距也出了问题,只要我们将近景中的两组人物与长松和寒林做一比较,便知道画家的这种描画方式是完全不合常理的,因为人物在视觉上位于长松和寒林之间,长松如此高大也罢,可寒林亦比人物不成比例的放大,在视觉上是完全荒谬的。更何况,从几组人物在山林中的前后布置来看,视距该是大小不一的,可郭熙笔下的人物几乎完全一般大小,怎能符合近大远小的透视要求?【图7】

要想找到《早春图》的心点,以及连接视点与心点的视中线,当然就更难了。乍看起来,画面的视觉中心该是主峰,但从布局上看,右侧两处重岭及其间的瀑布亦会夺取视觉上的焦点。近景中,长松和巨石也有这样的效果。或者说,整幅图画中,既然视平线是模糊的,视点是无数的,自然就不会有心点的具体位置,透视法是不可能实现的。

说中国山水画不循严格的透视法,不等于说违背了"近大远小"的视觉常识。宗炳《画山水序》早就说过:"去之稍阔,则其见弥小","竖画三寸,当千仞之高;

图7 《早春图》中的五处人物

横墨数尺,体百里之迥"。最有名的,是王维在《山水论》中提出的画诀:"丈山尺树,寸马分人。远人无目,远树无枝。远山无石,隐隐如眉;远水无波,高与云齐。"这些说法,只能说在观感上与透视法是相似的,不过言之草草,不甚精确。最有趣的说法要数沈括,他在《梦溪笔谈》中拿李成"仰画飞檐"做例子,自问自答,提出了与视觉有关的关键问题。

李成的案子暂且不表,先看看沈括的说法:"大都山水之法,盖以大观小,如人观假山耳。若同真山之法,以下望上,只合见一重山,岂可重重悉见,兼不应见其溪谷间事。又如屋舍,亦不应见其中庭及后巷中事。若人在东立,则山西便合是远境;人在西立,则山东却合是远境。似此如何成画?"此话说明,对所谓近乎透视的"真山之法",沈括是颇有怀疑的。他说出了山水画家的真悟,如果仅按照固定的视线形成的视野,通过眼睛的视觉来观看山水的话,当然是在下无法获得在

132　　　　　　　　　　　　　　　　　　　　　　　中国文明与山水世界

上的视域，房前看不到房后，人若站在山的近一侧，另一侧自然便为远景了。可倘若如此，画家们就没法画画了。所以，山水之法中的关键处，并非是目之所及的"真山"，这里所循的不是视觉上的规律。透视法不是山水画的要害，不是画家们加以世界观造的要旨。换言之，山水之法真正在意的，不是视觉呈现，而是超出由感觉到理性这一认知法则之外的东西。中国山水有着别样的追求。

那么，何为"真山水"呢？郭熙说："真山水之川谷，远望之以取其势，近看之以取其质。"取势和取质，才是"观物取象"的根本。

在古人看来，人们常说的山水，并非是静止摆置在那里的山和水。"山者，宣也"，"宣气散，生万物"（《说文》）。山乃宣发地气之所，是大地生命律动之源。唯有借助高山，地气才能得以生发，散及四方，万物才能得以促生和滋养。王充说："万物之生，俱得一气"（《论衡•齐世》），何休说："元者，气也。无形以起，有形以分，造起天地，天地之始也"（《春秋公羊传注疏》）。天地以气造物，其中，山是原动性的，其宣发积聚之气，生动蒸腾之气，总是在无形的、无尽的千变万化中，初始形塑了天下万物。气为生气，最为混沌自然，也藏于万物中，成为一种原始的生命力。换个角度看，万物只有扎根于山石之中，才能吐故纳新，休养生息。物乃气之所生，人亦如此：画中人如此，画者亦如此。故荆浩说："气者，心随笔运，取象不惑。"[27]

物与人，画面与画者，都有着生命勃发律动的过程。荆浩说得很明确："山水之象，气势相生。"山水不离，自有其道理。山主生，为升势，乃万物之本源。相对而言，"水者，准也"（《说文》）。所谓"水准"，亦有"水平"之意。段注："天下莫平于水。故匠人建国必水地。""盛德在水。"段玉裁的这种说法，是符合老子"上善若水，水善利万物而不争"的意思的，也与儒家"人性之善也，犹水之就下也。人无有不善，水无有不下"（《孟子•告子上》）的说法相合。由此看来，相对于山，水则主德，为平势、和势。

这里所说的势，即是指气的存在形式和运动轨迹。气的汇聚，是势的活力呈现，气的流变，是势得以运转的力度和方向。元人陈绎曾《翰林要诀》有云："势，形不变而势所趋背，各有情态，以一为主而七面之势倾向之也。"山水之势，在开

27　荆浩指出的"六要"：气、韵、思、景、笔、墨，气为最先。见《笔法记》。

散与聚合之中，起承转合，趋背各异，从而展现出各种物象的不同情态，以及潜在的发展路向。因而，势是潜能，无论物或人，都蕴藏着其能动的将来形态；势的存在，本质而言是通过时间来展露可能的空间，即一系列运动的、连续的可能性，仿佛云雾的动态过程，此时有形，顷刻即可化为无形，或是任何别的形状。[28] 王微说："夫言绘画者，竟求容势而已。"（《叙画》）势是气韵的表现，且万物皆有生动之处：山有势，水有势，树有势，人亦有势。画论中常有"形"与"无形"、"似"与"不似"的讨论，道理便在此处。有形者，只有空间，没有时间；相似者，有形而无势。荆浩说过："似者，得其形，遗其气。"山水之象，过于逼真，反倒失了生气；在诸物的呈现中，要因势利导，形随势变，方为自然造化。

《早春图》中便可看到，山水物象，皆是由"气"所生发的，由"势"来开展的。气因势而成形，势因气而无常形。所谓"气势相生"，说的就是画面之中，万物生机勃勃，画者亦随之性生情动，象之心物两造交相互动，共同生发的状态。山有脉动，水有流转，石有沉重，树有争荣……如遇随形，气象万千。

从细部看，《早春图》的远望之势，可从山水的开合升降入手来理解。首先，主峰立于远处的中轴位置，近处则是层层叠叠的丘状圆岗，依然守踞于中轴线上，随地脉盘旋而上，向主峰渐次推进，至近峰，再右转升至山峦耸立的侧峰，跨过山崖再回到中轴线上，继续蜿蜒曲折而上，最终达至主峰，并徐徐右转，最终湮没于云雾里。在画面整体的局势中，如同西方绘画中的视平线起到的位置作用一样，中轴线似乎是《早春图》的基础坐标，圆岗、岗上长松、近峰及主峰，连同与此关联的侧木、侧岗、侧峰，沿着四、五道S线攀缘爬升，形成了最为明确的中央布局，主势逶迤雄壮，大有千回百转、气吞山河之势。【图8】

中轴线两侧，亦构成两支山势系统。左侧近处为巨石构筑的山岗，桃状堆积，亦有小S线累进，浑圆见峰，向左侧边界延展，画家并未直接呈现山石延展的高度，但从边界切出的几棵苍松及上方枝叶来看，左侧峰岭的位置是不低的，与主峰和侧峰之间形成了一条延展向上的切线，遥相呼应。中轴右侧的布局与左侧大有不同，近处依然是取势各异的圆岗，随后向右延展，越过峡谷瀑布，再形成一丛山岭，岭上苍松交错而立，寒枝随处铺展。最后，整体山势再跨出峡谷，越出楼阁，

---

28 沈宗骞说过："万物不一状，万变不一相，总之统乎气以呈其活动之趣者，是即所谓势也。"见《芥舟学画编》。

图8 《早春图》中轴山势

山水天地间——郭熙《早春图》中的世界观(上)

崖壁突然临现，远处群峰横置成一条平线，背后云雾茫茫，皆不可见。但从主峰和侧峰彼此的向势看，两者或断或接，似有关联。从纵向的三条系统来看，中轴主峰在位置上由近及远、由低到高的逻辑关系是最为明确的，交代得最为清楚，而两侧山势则皆由实转虚，由显到隐，既起到了拱卫主峰的作用，又各自守成，有着不同的结构和运势。【图9】

从总体看，整幅画面的三条山势，回应了王维的画诀："定宾主之朝揖，列群峰之威仪。多则乱，少则慢，不多不少，要分远近。"主峰尊居中位，侧峰协立两旁，各自成系，且彼此通连，俨然是一个大写的"山"字，《林泉高致》提及的"相法"，便在此处。同理，笔画之象与图画之象亦于此处结合，我们也就此明白，所谓"山如山、气如气、形如形，皆画之椎论"的意思所在。如果再细致研究一下山势布局，会进一步发现，三条纵向系统就结构而言，皆为三段，各自形成了层层递进的关系。由此，整个画面横纵区隔，恰好三三得九，纵为三三，横亦为三三。横向来看，三层布局中的每一层也同样构造完整。第一层，近处三重圆岗，结体清晰，分布得当，像个大大的"品"字，但因圆岗之间存在明确的连接关系，故实则为"山"字；第二层，主峰前的近峰，左侧桃状山岗及右侧一丛山岭，又因明确的连理关系，形成了一个"山"字，横置于画面中间；第三层，主峰与右侧群峰，以及左侧仅由树木枝叶表征的峰峦，三者再次构成了一个"山"字。由此，三山叠合，构筑了大写的"山"字及山形，步步婉转递进、层层曲折攀升，充分证明了"先定气势，次分间架"（王原祁《论画十则》）的造势之理。【图10】

山势如此，水势也是当然。画面上方主峰两侧，左侧是平远河谷，淡雾弥漫其间，层层漫坡中，远山浮现。河谷之中，水流沿地势逐级而下，由远及近，先形成一叠瀑布，于石间流下，待到主峰脚下再成一叠，在近峰与两旁山岭构成的二层空间处，通往主峰的路桥下形成三叠，到了最后，在山势布局的近景与中景之交汇处，形成第四叠双瀑，汇入水泊。这四叠瀑布，恰好对三层山势做了更为清晰的界定和交代，四次落差，恰好对应着自远山到主峰、近峰，再到近处圆岗的高低错落。在左侧水势中，水依山形，汩汩而流，或漫于谷地，或直流桥下，或淙淙作响，或涓涓而过。相比而言，画面右侧的水势却迥然不同。主峰与近峰之间，一条白带倏然涌出，飞流直下，跌入近峰与群峦之间的山涧之中。此处的山势，丛峰壁立，断崖深谷，水借山势，积聚着强大的动能，激流飞溅。紧接着，流水不断冲刷着岩壁巨石，形成三叠急流，径直向下，汇入水泊。由此可见，在整幅画面中，

图9 《早春图》两侧山势

图10 《早春图》"山"字势

两端的水势形成了明显的对比,一缓一促,一柔一刚,一曲一直,相互照应,变幻无穷。[29]

《林泉高致》中说:"山以水为血脉……故山得水而活。"山水两势,本为一势。水因山而有形,山因水而有体,水源于山,山养于水。山为宣气之地,水为降平之所,山取上升之势,水取下降之势。山在高,在于伸张,水在平,在于收敛,山水相生相容,才会有大千世界。《早春图》中,山势以主峰为首,端居于中轴上方,而两侧的水流最终汇入的湖泊,则是位于画面底端,平静如面,除了与堤岸激起的波纹外,则是空白一片。

对于全幅画作来说,若"远望之以取其势",那么,山势必起于主峰,水势则收于平湖,纵与横,高与低,远与近,动与静之间反差互补,构成了画面的结构化的全势。两侧的水流由主峰分离,逐级曲折落降,最终汇入一处,恰好也构成了一个"水"字。由此,"山""水"相嵌,一气贯通,"置陈布势"方得以完成。【图11】

说到此,还是要提醒大家不要忘记,山水之势,是一种远望的体会。对于壁画、屏画和立轴来说,由于宫殿和厅堂的具体空间布置等关系,一般而言都是以先远望、后近观的次序来品鉴的。[30]郭熙关于远势与近质的讲法,在更早的荆浩看来,与体用之理有关。他讲到:"学者初入艰难,必要先知体用之理,方有规矩。其体者,乃描写形势骨格之法也。运于胸次,意在笔先。远则取其势,近则取其质。"(《画山水赋》)由此来看,画者着意,以意带笔,首先要识得山水之象的大体,有了体,"笔墨虚皴之法"才有了用武之地。远取势、近取质是其中两个最为本质的环节。取势与布势,可以造就整个画面的气势、气象和气局,山水中的生命律动和阴阳转化得以达成。

不过,荆浩更要强调的是:"势有形格,有骨格,亦无定质。"势总是在形态流变中,不能单纯决定物象的完整本体,每个物象还需要自身独特的本质加以呈现,得以化成。势是气势,质是性质。人之性,即生之质,同样,物之性,也是生之质。质为朴也,指的便是每种事物本来具有的样子,每个事物本身具有的性质。万物各有不同,人亦互有差异,画也每有殊分。势,是大局观,代替不了每个物象

---

29 对于《早春图》的对称布局及其形成的律动和秩序关系,研究上亦可参见:Stanley Murashige, "Rhythm, Order, Change, and Nature in Guo Xi's Early Spring", *Monumenta Serica*, vol.43 (1995), pp.337-364.

30 参见扬之水:《终朝采蓝》,生活·读书·新知三联书店,2008年。

图11 《早春图》水势:"水"字势

中国文明与山水世界

本身的特质，而每个物象，虽然有各自的文理，却需要气势来带动和转化，在朝暮与四季里，在不同的地理、方位和气候中，都会呈现出纷繁复杂的样貌来。

郭熙数次谈到上述条件所影响到的势与质之关系的问题，如：

> 真山水之云气，四时不同：春融怡，夏蓊郁，秋疏薄，冬黯淡。
>
> 真山水之烟岚，四时不同：春山淡冶而如笑，夏山苍翠而如滴，秋山明净而如妆，冬山惨淡而如睡。
>
> 一山而兼数十百山之意态，可得不究乎？春山烟云连绵人欣欣，夏山嘉木繁阴人坦坦，秋山明净摇落人肃肃，冬山昏霾翳塞人寂寂。

"四时之景不同"，物象也是气势有别，形态各异，而作画和观画之人内心的观感和性情，也随之起落沉浮，畅神而感怀。

同样，在地理上，东南之山与西北之山也有着明显的差别。东南地势低，雨水足，众流交汇；西北地势高，雨水少，水流常常出于山岗陇原深处。东南地薄水浅，多出奇峰峭壁，直冲霄汉，瀑布垂挂千丈，飞泻于云霞之外；西北地厚水深，多见山丘堆阜，连绵不绝，大山顶盖雄浑，山脉逶迤千里，耸拔于旷野之中。因而，"东南之山多奇秀"，"西北之山多浑厚"，即便是东南也有浑厚者，"亦多出地上而非地中也"；纵然西北偶有峭拔者，"亦多出地中而非地上也"。

郭熙说，天地并没有天然地偏爱哪个区域、哪种类型的山水，"嵩山多好溪，华山多好峰，衡山多好别岫，常山多好列岫，泰山特好主峰，天台、武夷、庐、霍、雁荡、岷、峨、巫峡、天坛、王屋、林庐、武当，皆天下名山巨镇，天地宝藏所出，仙圣窟宅所隐，奇崛神秀，莫可穷其要妙"，这些都是天造地设的产物，自在之然，造化之功，哪能有所偏私呢！唯一的办法，便是"饱游饫看"，遍览游观，"历历罗列于胸中"。

《早春图》中的天时与地利，自然也有着独特的质朴之性。我们无法从文献中寻得证据，来说明图中的山水之象有何地理方位上的具体所指，但从他出身于太行山区的河阳温县，以及大致的创作经历来看，北方山水的特征还是比较明显的。高山深壑，大开大合，是《早春图》的体质。众山石质坚硬、扭结、卷曲，"石如云动"，这是郭熙从李成那里学来的笔法。在《林泉高致》的分类里，图中石山，不属于"土山戴石"一类，而是"石山戴土"，具有"林木肥茂"的特点。同样，在

"木有在石"和"木有在水"的不同类型中,画中的松乔,则是明显在石状态,随山势而立,高耸挺拔,根深叶茂。"在山者,土厚之处,有千尺之松。"近处圆岗之上,几株长松姿态各异,或苍劲顶立,或虬曲折腰。两侧峰岭亦石枯松老,一片萧疏之境。

《早春图》的景致,与《林泉高致》的很多讲法同出一辙:"水有流水,石有盘石;水有瀑布,石有怪石。瀑布练飞于林表,怪石虎蹲于路隅"。前两句,恰与主峰两侧的水流呈现暗合,后两句,则与几处细部高度一致。更值得注意的是,在水木山石的处理上,郭熙又将南北山水各自的特色兼容于一张画面上。主峰盘旋而上,秀丽而厚重,两边的侧岭,或是森然峭壁,或是敦厚圆丘;两侧水流亦如此,一侧众流交汇于地表,一侧瀑布飞泻于云霞;水木山石彼此上下启承,左右倚据,将众山之象揽于一山之中,一气通贯,可谓绝矣!

此图最为关键之处,便在"早春"二字。从时令和节气上说,所谓早春,正处在冬春两季交替时节,乍暖乍寒中,天地依然凝冷沉重,万物则刚刚苏醒,待机而发。白居易就曾以《早春》为题写到:"雪散因和气,冰开得暖光。春销不得处,唯有鬓边霜。"这样的体味是非常复杂的:寒冬将过,暖春未到,一切都在等待之中,却迟迟不来,耗了光阴。早春时节,总是在昏沉与清朗之间,"欣欣"与"寂寂"同在,黯淡中含怡而笑,如睡梦方醒,依然空白。

郭熙对早春山水的气势和质性把握得极其精到:山石沉冷有力,却曲折突进,昂首上扬,一派峥嵘之势;水流突破了冰封,或平淌,或下泻,暗藏着春机。特别是林木的表达,更是早春的征兆。圆岗上的双松,如"宗老"般,堂堂伫立,所谓"长松亭亭为众木之表,所以分布以次藤萝草木,为振挈依附之师帅也"。长松左侧,一株阔叶绿树,偃卧低垂,伸向水泊,枝叶繁密舒展,恰好与双松劲拔的骨骼相映照。长松背后,分列两株低矮的枯松和干裂的枯木,一左一右,死寂沉沉,充满寒意。在近景中,圆岗上方和右侧,数棵干木寒枝向右倾斜俯倒,尚未发苞绽芽,枝桠碎枝像蟹爪一样张开,有些密密地垂挂着干枯的藤萝,似乎还存留着秋天肃杀的意象。由此,近景林木的布置,以双松为核心向着周边辐射,淹没于云雾之中。在中景中,苍松、枯木和绿树相互交错在一起,依山势生长和延伸,倾斜的角度却与近景恰好相反,左侧右倾,右侧左倾,由边缘向中心靠拢,主次与轻重、高低与前后、曲直与浓淡相互映衬,形成了一种向着居于中央的双松不断积聚的态势。远处,主峰和侧岭,以及深远的山谷里,山脚、山腰及山顶,亦相应地做了长

图12 《早春图》林木布置分析图

山水天地间——郭熙《早春图》中的世界观（上）

与短、干与湿、直与曲、枯与荣的不同程度的点缀，峰角处则用长条苔点匀落布施，清朗华秀，生机无限。【图12】

可以说，早春的意象有其矛盾之处，但也因如此，才蕴含着最为丰富的人情和天机。冬春之交，乍暖还寒，天地轮转，充满了不确定性。而这种不确定的状态，恰恰也是生命周而复始的契机，是自然造化的表现。天地之间，生气宣发，最重要的山水之象莫过于明晦不分的烟云雾霭：从地出，与天接，山水由此相容，草木由此重生。郭熙说："山无烟云，如春无花草。"只有烟云，才能将山水之大物融汇、充盈于整个世界之中，延展为无限。只有烟云，才能将实体置于虚空，或伴或随，或遮或掩。因而，只有烟云，才能成为山水的灵魂。

早春天气，春寒料峭之时，云是淡的，雾是低的，雾气中有水气，水气中有寒气，因而近景中，只有在湖面与堤岩接触处，才有一层浅淡的水气慢慢浮动起来。不过，随着画面推向远处，在近峰与主峰、主峰与侧岭之间，在左侧山谷深处，则是浓厚的云雾生发蒸腾，将峰峦中下部重重淹没，产生了"云深不知处"的迷幻效果。正如《林泉高致·画诀》关于画题的讨论中所讲，"云横谷口""云出岩间"，唯有在高山峡谷处，云层最厚，云势最强。郭熙说："山欲高，尽出之则不高，烟霞锁其腰，则高矣。"烟云雾霭之积聚和流动，可以产生特别的心理效应，山峰不知根底，才会让人感觉到高不胜高。同样，在画面右侧的平远河谷那边，因地势舒缓开阔，云雾易于蒸发扩散，山谷中的层层漫坡便显得清晰可见，进而可以推进到极远的深度。不过，到了最后，两座远山再次陷入厚重的云雾之中，仅露出顶峰的轮廓，冲融消散，这便是平远的意境了。

"山以水为血脉，以草木为毛发，以烟云为神采。故山得水而活，得草木而华，得烟云而秀媚。"山水有势，亦有质，山水有体，亦有神，山水为天地造设，也滋养了松石草木、世间万物。郭熙拿山水比人，不过是告诉我们，只有人意在，气韵才能生动起来。

四　天高与地远

上述有关物象与心观、远势与近质之论，还只是一种理解上的铺垫。我们若要完整地发现《早春图》中的世界观造，尚有一段距离。士人身在朝堂，心寄山水，自然是山水之大,大于他们实际生活的世界,山水之高,高于他们经世致用的眼界,山水之远,时刻提醒着他们,要有投入更为整全的世界的远志。

王安石在《游褒禅山记》中说:

> 古人之观于天地、山川、草木、虫鱼、鸟兽,往往有得,以其求思之深而无不在也。夫夷以近,则游者众;险以远,则至者少。而世之奇伟、瑰怪,非常之观,常在于险远,而人之所罕至焉,故非有志者不能至也。有志矣,不随以止也,然力不足者,亦不能至也。有志与力,而又不随以怠,至于幽暗昏惑而无物以相之,亦不能至也。

天地无所不在,而参乎天地者,却不甚了了。天地之造化奇绝处,往往于险远之境,有志、有力、不怠者,才能登高望远,涉深探源,"一览众山小",于自然中寻得超越,风光无限。进言之,人生也莫过如此,不突不破、不险不奇,哪会得来大境界!

一画一图中见得大世界,不是件容易事。图画中的山水之象,若不表现出委运任化的自然机理,甚至是人情感上的经验和心理上的推断,便是死象。因此,根本来说,山水画是一个动态系统,将自然的、情感的、心理的乃至精神的运动过程合为一体,并扩展为一种整全世界的观象,方为归往所在。

郭熙作画,不在画外,如在画中。说山水画不赖透视和写生,就是讲,画中山水,乃游历名山胜水所得,踏遍千山万水所获,画起兴于意,不只是眼前见到的这件东西。这样的山水,与画者和观者是没有距离的,山水并不是从外看,而是由内观,是在其中徜徉流连的。文彦博有诗《题郭熙画〈樵夫渡水扇〉》:

> 浅水深山一径通,樵夫涉水出林中。
> 可怜画笔多情思,写在霜纨一扇风。(《潞公文集》卷七)

曲径通幽,涉水出林,呈现的都是进出之景。只有"进"和"出",才会产生跨越两界的动态质感。《林泉高致》最常被引用的话,就是这段:

> 世之笃论,谓山水有可行者,有可望者,有可游者,有可居者。画凡至

此，皆入妙品。但可行、可望不如可居、可游之为得。何者？观今山川，地占数百里，可游可居之处，十无三四，而必取可居、可游之品。君子之所以渴慕林泉者，正谓此佳处故也。故画者当以此意造，而鉴者又当以此意穷之。此之谓不失其本意。

郭熙所说的"可行、可望、可游、可居"，是山水承载整全世界的方式，画者要用这样的局器来意造，观者也要用这样的心境来通达此意。这四个字，是山水得以起意和起兴的关键，而且也潜藏着奇妙的逻辑关系在里面，逐层递进，终得造化。

可行，意味着山水并不只是一种自然的景色，而是要有人的路径，勾连着浅谷与深壑、矮丘与高峰，人行于其中，方得切身的体悟。山水之象，成于人迹所至，此乃第一层的意思。

可望，则是再进了一层，古人讲"望"字，常有"还"的意思。就像是对于那些出门在外的亲人，常常翘首以盼，"望其还也"，唐代张九龄的名句"海上生明月，天涯共此时"，便题为《望月怀远》。李白也有"登高丘，望远海。六鳌骨已霜，三山流安在"的句子，既有"望远"或"远望"的意向，也有"流亡"或"流逝"的意思。因此，如果说"可行"指的是行进在山水之中，靠感觉来体悟的话，那么"可望"所指，便有着登高望远，追忆逝水年华的意味了。所望，乃是所亡，是企盼那已然逝去，却依然留于心底的美好。

在郭熙看来，相比而言，可行与可望，不如可游与可居。前两者，说的是"前行"与"回望"，后两者，却是寄于山水之间，流连忘返，有一番"今夕是何年"之感。可游，是庄子说的"吾游心于物之初"（《庄子·田子方》）[31]，神游天地，"重重悉见"。"可游"是"可行"的深化，是在往往复复、重重叠叠之中来把握山水的绵延之境，在"俯仰往还，远近取与"的观照中，把自己托付给山水的精神世界。这即是"可居"的意味所在。所谓"地辟天开玉削成，今来古往神居止"[32]，当是哲学意义上的起源与归宿之问题，留待下文再谈。

31　另见苏轼《送张安道赴南都留台》："游于物之初，世俗安得知。"

32　邓雅：《送范知县美解赴京分题得九仙台》。

很显然,《林泉高致》提出的"四可",是指山水画作不是平面,不是透视,而是得自心源的动态呈现。这一理解有助于我们进一步理解郭熙的重要理论创见,即"三远"说。换言之,三远说是参透山水画如何进行完整的"世界观造"的关键。自五代以来,荆、关、董、巨这些伟大的画家们,始终致力于将晋人提出的山水思想具体落实为可理解、可表象的形态,而这一工作,最终是由范、李、郭等来实现的。

郭熙说:"山有三远:自山下而仰山颠谓之高远;自山前而窥山后谓之深远;自近山而望远山谓之平远。"这里的意思很明确,无论如何来表现山之高、之深、之平,都要落实在一个"远"字上。乍看起来,这似乎有某些矛盾在里面,譬如,山之高很容易理解,可是山之高却在于远,就不太容易理解了,但至少从字面上可以说,"高"并不是用来表现山之高的目的,"远"才是"高"的最终意象所在。那么,什么是"远"呢?远,是空间上的辽阔,是时间上的绵延,是一种无限之感。换言之,所谓"远",一定是由高、深和平"意推"出来的感受,是一种伸向或延及无限的心理过程。这说明,所有的山水之象,皆是可推展的,向着无限的时空而延伸,没有终点、没有界限、没有尽头。

在这个意义上,"高""深"和"平"都似乎在说明"远"之无限推展的方向。所谓"高",是由下而上的纵向体会,"深"是由前而后的轴向体会,"平"是由近及远的横向体会。三者中,"平"的说法与一般意义上从左右关系来理解横向关系是不同的,这一点暂且不表。从总体看,"高""深"和"平"恰恰构成了一种类似于三维坐标系的空间系统,而且,"远"则代表着任何一维可无限展开的广延。郭熙讲三远,要对整个天地世界游目周览,意穷神现,是大有目标的。【图13】

《早春图》中,山之高,是通过"自山下而仰山颠"来实现的。不过,这里的山下,有三个层次。

首先,是近处圆岗与湖面的接壤处,即从眼前的平视角度近距离看到的山脚,这是人迹的起点:左右两边的湖面和坡岸,有一户人家正在趋步向前,另一边则有一人拄着竹篙,抬起头来,像是在仰望着眼前的高山,还有一人低头收网,无暇环顾。其实,画中的这些人是见不到山巅的,他们的视野里只有周围的景物,只是些日常生活的场景。

其次,是旅途中的人:画面左侧前景山腰处有两人,挑着货物向上攀登,沿着这条小路,还有两处人物皆在行旅中。这表明,他们都是起行山下,路在山中,或

图 13　《早春图》三远之三维坐标系

是山边小道，或是水上小桥，或是隐于山谷里、峡壁间、林木中……这些人跋山涉水，没于山水之间，眼见皆为岩涧、石崖与草木，视野狭窄，怎会见得山巅峰峦处？山是可行的，画者与观者也宛如行者那样，于山水中时缓时急，时歇时行，水流之音，鸟鸣之声，松涛之响常萦绕耳畔，早春中草木的气味、云霭的气息扑鼻而来，登山人完全浸入在局部的气氛里，怎会有开阔的视野，一览无余？【图14】

山之高，是行旅之人看不见的，但山愈攀愈高，愈行愈远，却是人们心理上感觉得见的。在路上，在林中，每一段，每一刻，人们都有可能停留脚步，放下挑担，擦拭汗水，在有限的可视范围里，慨叹山高路远，山无顶，路无边，何时才能走到尽头……旅途中的行者，总是会意推山之高远的，那种高之又高、远之又远的心理感受，在强度上会大大超过视觉可及的有限范围，生成一种意向上的无限感来。人靠内心感受得来的"高"，会比靠外在感觉得来的"高"高出许多；意推而来的"高"，会更加高，更加无限的高，更加高远。这种感受意义上的"高"，会永远在旅途中，在行者持续的回望与前瞻之中，甚至在呼呼不止的喘息中得到体会，这种心理意义上的"高"，从没有终点，没有极限。

接下来，说说高远的第三个层次。郭熙说过："山欲高，尽出之则不高，烟霞锁其腰，则高矣。"在山下与山巅的前两层关系中，山之高，是靠"实写"来表现的：一是那些完全沉浸在平常生活里的人，处于画面近处底端，虽是晓得山有多高的，却似乎并无多大的关联；二是那些行进在路途中的人，处于画面的中下部，点缀于山中林间，从行旅的感受出发，在心理上意推出山之无限高远。不过，山之高，亦可"虚写"，在缥缈弥漫的云雾烟霞中，山似乎在空无的世界中耸然拔起，毫无根由。由近峰、侧峰到主峰的峰脉，不仅呈现出扭动攀升的S形山势，而且犹如一条蟠龙，游走在烟云之中，摇首摆尾，忽隐忽现。山的盘踞状、起伏状和升腾状，都再次强化了俯仰并行之视角下山之高的感受，尤其是这样的高度时刻在生长过程之中，石如云动，亦如龙跃而起，使得我们不能料想，整体的山脉随着主峰的抬升之势会继续达到怎样的高度。云起之时，正是山的飞腾刹那，云锁其腰山更高，观者的心理完全为变幻莫测的烟云所左右，从而产生了强烈的高远幻觉。【图15】

可以说，山之高远，是由上述三种彼此不同却又相互通合的心理感受来实现的。无论是人行于山中所形成的通感，还是山化于心中所形成的动势，都在虚实转化、有无相成的过程中产生了一种高之弥高的无限意向，进而达成"远"的最终效果。

图14　高远第二层细部

中国文明与山水世界

图15 《早春图》高远分析图

同理,《早春图》中的深远也是通过相似的机制来实现的。按照郭熙的定义,"自山前而窥山后谓之深远",这意味着,所谓深远,是以山的存在样态作为中介,取山之前后的视象及心理作用加以表现的。从细部看,图中的深远大体也可以分为三个分析层次。

第一层,依然是近景的两侧,其空间结构是相同的:画面底端的两座圆岭分列左右,再往远推,是左侧坡岸行进中的一户人家,右侧则是靠在坡岸边的一条渔船,上有两人忙着打鱼。由此,圆岭与坡岸之间,构成了第一种空间关系。由两侧坡岸再往远推,就是整个山体与湖面的交接处,两侧各有瀑布流下,汇入平湖,卷起水波浪花。不过,在处理主体山石与平准水面之关系的时候,则采用了避实就虚的手法,画家没有给出清楚的交代,似乎湖面浅浅生起的水气,模糊了巨石的根部。就此,近景中的第二种空间关系也便形成了。

由于最近处的圆岭运用了非常具实的皴法,并且由画面底线截然切断,因而产生了近在咫尺的突兀感,而远处山石与湖面之间的淡淡水气,则以较为虚灵的技法,给出了一种缥缈感,从而使由中间坡岸过渡而成的两种空间,在前后关系上都产生了很大的距离。特别是纹理清晰、体积厚重的圆岭,与坡岸中极其渺小的人物相比,更在心理上增加了距离感受。这便是第一层的深远表现。【图16】

第二层,是近峰与主峰之间的关系,以及两侧峰岭的陪衬。这一层,是从山体与湖面的交接处开始的,主要部分就是由近峰及旁边的桃状山岗,到主峰与侧峰山脚下所构成的空间关系。从细部要素及连带关系出发,我们可以看到,这一层的深远,主要是靠两侧的流水来呈现的。前文说到,主峰右侧的瀑布飞流直下,水势汹汹,倒是从一个侧面映衬了群峰之高。但在主峰左侧,则用的是一种长水漫流的景致。主峰山腰和脚下,有几株枯干枝和阔叶树倒垂着,交错掩映,而画中的最左侧,则有几棵苍松相对映,形成一个倒U形的谷口。

从近峰与桃状山岗之间的小桥,到谷口处,是淙淙流淌的水流,沿着左侧山脉的轮廓线逐阶而下,水面或宽或窄,水平延伸,水脉或断或连,流转山间,恰如《林泉高致》中说:"水欲远,尽出之则不远,掩映断其派,则远矣。"流水时隐时现的脉络,山谷间平静自然的流淌,主峰前后形成了极大的距离感,加之林立峰峦中的云烟弥漫,更使得河谷深得更远,远得更深。【图17】

第三层,是深远表达的极致,从U形河谷再往深探,是一片弯转、坎坷且纵

图16　深远第一层细部

山水天地间——郭熙《早春图》中的世界观（上）

图17 深远第二层细部　　　　图18 深远第三层细部

横的沟壑，起伏不平，层层落落，弧线形的地面往复叠加，墨色由厚变薄，由重转轻，推向遥远的深处。不同层级的沟壑中，杂树错乱布置，长短不齐，浓淡不一，有些树形完整，多数则折断了枝干，画面满是萧索、荒凉、寒冷与空疏的气氛，若行者穿行于山谷之中，一定会感受到寒风阵阵，冷气习习，远无尽头，这是何等的孤寂啊！特别是远处的两条山脉，只有峰顶的轮廓，而重重的山体则全部藏埋在深雾里，似可见，却又不可见，仿佛存在，可又像是一种奇妙的幻觉，真可谓"水远山长何处去，欲行人似孤云"。[33] 在这里，山之深，深得如幻似真，深得遥不可及，深得远到天际。【图18】

接下来，我们该讨论"平远"了。相比而言，平远最难解。"自近山而望远山谓之平远。"郭熙讲山之高远和深远，分别用的是"仰"和"窥"字，前者指的是仰之弥高的感受，后者说的是一种窥探般的发现，就像《早春图》中的深远布置那样，只在右侧极小的画幅中来呈现。平远用的"望"字，也是相当重要的。望，即由近及远的观望，意在远处，而非近处；可同时，若无近处，亦无远处。三远中，因山之上下关系、前后关系和远近关系所产生的对比效果，亦各自有别。平远所说的

33　（宋）周紫芝《临江仙·水远山长何处去》。

近山与远山之间的，并不像高远和深远那样，是以主山为基准的，而讲的是山与山的关系。

"自近山而望远山"，并不是说，远山是最终的落脚点。相反，从近山出发，经由主山，再层层望远，才是平远所要呈现的心理感受。远山永远不会像近山那样，山石草木的机理和脉势可以得到细致入微的把握，只能呈现出某种概略之象。因此，望远的目的不在高，也不在深，而在平，在于远山连绵所意味的空旷、辽阔和疏远。

大体说来，《早春图》中的平远，有两种表现的方法。从画面的经营布置看，前文已经详细说明过近山与远山的层层递进关系，特别主峰左侧的远山，仅仅用了简笔勾勒出两处远山的轮廓线，若说前山山体还有稍许的皴擦，那么后山山体则基本上用的是湿墨平涂的抽象技法了。近山实，远山虚，是郭熙处理不同层次远近关系的基本手段。《林泉高致》所说"远山无皴，远水无波，远人无目，非无也，如无耳"，这个意思是很明确的。

不过，在主峰的另一侧，峰峦之间却是烟雾迷蒙，远山是几乎见不到的。可是，远山不见，不等于远山不在。后来的马远、夏圭，干脆不设笔墨，留出大量空白，画史上常把这样的图像称为"半景山水"，虽然在视觉上有些道理，但在意象上却全无道理。空白之中，好似一切空无，可无中生有，怎能说其中不潜藏着万山众象呢？所以，所谓"半景山水"，依然可说是"全景山水"，只是画家们想要表达得更加彻底罢了。无便是有，是天地蕴藏着的所有可能的多重变化，根本不需要任何的描摹。【图19】

观者若细心，便可发现，《早春图》主峰右侧的厚烟浓雾之中，并未完全虚化。在"三希堂精鉴玺"和"无逸斋精鉴玺"两枚印章之间，隐隐约约地有些淡墨涂抹的痕迹，这是否是郭熙有意为之，因条件所限，尚无法做技术上的辨别。但假若如此，说明郭熙确实要传递出这样的意思，右侧的远山虽影影绰绰，却还依稀可见。或者说得更准确些，在云气的笼罩中，远山似有似无，如梦如幻，让人不知所从。特别是，右边有一峭壁，亦躲在云雾里，却似有千仞之长、重铁之坚，与左边那见似未见的群山形成极其强烈的对比，强劲与柔融之间，山之远，足以让人难测莫辨了。

图19 南宋 马远 踏歌图

后人常赞郭熙，平远山水最为到家，世人难匹。"寒林平远世岂有"[34]，郭熙的画法达到了举世独绝的地步。从现存的题诗和题跋来看，以平远为题的也是最多。苏轼有诗云："望断水云千里，横空一抹清岚。不见邯郸归路，梦中略到江南。"便是依着郭熙的平远山水，而有所感怀。值得注意的是，后人也大多指出，最能体现平远之境的图画，并不是《早春图》这样的立轴形式，相比来说，手卷的展开幅度更大，可营造的平远空间更开阔。《树色平远图》【图20.1】和《窠石平远图》【图20.2】是现存两幅最有代表性的手卷，均以平远为题。

其中，《树色平远图》无画家款印。据方闻研究，画作时间应晚于《早春图》，约是11世纪70年代的晚期作品。[35] 冯平认为，相比于《早春图》，《树色平远图》的笔法运用更为熟练，推断应晚于前者十年以上。[36] 冯平还认为，从作品风格来看，《早春图》属于官署壁绘，带有公共性的特征，而《树色平远图》则是用于文人交往的私画作品，而且，画面的总体气氛，近于秋季，从人物关系的描述上看，似乎表现的是一种友人送别的场景。[37] 相对来说，《窠石平远图》画幅左侧明确有款"窠石平远"四字，及"元丰戊午年郭熙画"，并钤"郭熙印章"一方，由此得知此画作于1078年，仍属晚年作品。稍后，我们将细致分析这两幅手卷的平远布置之情形。

还是让我们回到"三远说"的正题上来。郭熙不仅给出了三远的定义，而且接下来还说了四句话，含义深刻，现分别列出：

> 高远之色清明，深远之色重晦，平远之色有明有晦。
> 高远之势突兀，深远之重叠，平远之意冲融而缥缥缈缈。
> 其人物之在三远也，高远者明了，深远者细碎，平远者冲淡。
> 明了者不短，细碎者不长，冲淡者不大。

前两句，郭熙的意思是说，山水之象的高远、深远和平远，不仅是就视觉印象

34　（明）张羽：《题徐士元所画阙面》。

35　方闻：《超越再现：8世纪至14世纪中国书画》，李维琨译，浙江大学出版社，2011年。

36　Foong, Ping, "Guo Xi's Intimate Landscapes and the Case of Old Trees, Level Distance", Metropolitan Museum Journal, vol.35 (2000), pp.87-94.

37　同上。

20.1　北宋　郭熙　树色平远图

图20.2　北宋　郭熙　窠石平远图

而来的，更是一种心理意推的过程。其中，"色"与"意"（势）所体现的意向性关联，是最为要害之处。这里说的"色"，当然有设色的意思，与谢赫六法中的"随类赋彩"也是相应的，虽然六法讲的是人物设色之法。不过，"色"的本义，更接近于《文心雕龙·物色》所说的意思："写气图貌，既随物以宛转。""色"字，源出于"气色"之义，所谓"颜色"，指的便是貌生于心、心达于气，人们常说的和颜悦色或是正颜厉色，都是这个意思。色自于气，说的不仅是物象的外部表征，更是内在生命的初始状态，有了生之气，才会有颜之色。《诗经·大雅》中的"令仪令色"，便是"气韵生动"的写照。

从生气和生机的角度看，高远之势在"突兀"。不过这种突兀之感，也是山中游观者的心理体验。上文说到，行者攀山登岭，常常不见峰顶，却意在峰顶，这两种意象在《早春图》几个层次的高远中皆有所表达。因此之故，观者也会随着画中的行者，体会到高之弥高、远之又远的意境。在主峰的表现上，不仅要有雄浑耸拔之势，而且如盘龙腾跃，仿若势出天际一般，正所谓"大山堂堂为众山之主……其象若大君赫然当阳"（《林泉高致·山水训》）。山之堂堂磊落，才会赋予登山者以雄心壮志，才会使他全心全力，奋然向上，去渴慕体会那种"会当凌绝顶，一览众山小"的境界。

只有那些登临峰顶的人，方能站在山高之绝处，突然发觉人比山高，环顾四周，众山绵绵，尽现眼前。从心理过程来看，登临峰顶的刹那，当是一种质变的状态，最后一步乃于艰苦的万步之中；以往每一步的局部视野，在最终那一刻，则化作万山览尽的全景视域，不免会产生一种痛快淋漓之感。不过，虽然登临者瞬间生有"人比山高"的感受，但他也会瞬间发现，在苍茫大地之上，比山、比人还高的是天！"登山始觉天高广"，即便人在绝顶处，高之又高，但头顶高远无限的天，方知山再高，人再高，都会于天穹的笼罩下显得更加渺小。

"天似穹庐，笼盖四野"，人在山巅之上，才会最终懂得，无限高、无限远的苍穹，才是高不可攀的终极造化。李白《短歌行》云："白日何短短，百年苦易满。苍穹浩茫茫，万劫太极长。"杜甫亦感叹："逝者如斯"，人生短暂，天地永恒，只有登临者面对无限高远的天穹，才会有此感悟。因此，山之高远的最终本质，乃在于天之高远，只有登临者，才能完成这种高远意义上的世界观造，仿佛是一种半球状的空间维度，无限延展，清朗而浩瀚。"高远之色清明"，天之气象，在万里寥廓，在山高水长，在乾坤朗朗。万物之始，天地之中，才终是山水之大象。【图21】

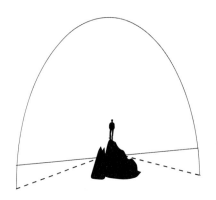

图 21 高远半球状视域分析图

至于深远的问题,上文已经基本分析过了。"深远之色重晦"和"深远之意重叠",讲的就是深远之表现,必须要在重叠的意象中烘托出晦暗不明、模糊不清的气色。山水相间,层层落落,重重叠叠,是向深远持续过渡的高超技法,董源最谙熟此道。【图 22】重叠之势,最讲究的是深浅浓淡相间,轻重缓急相宜,土石、坡岸与水流,一层一层地辗转推进,推向最深、最远的地方。

《早春图》中的最深远处,是不能给出最清晰明确的交代的,一旦明了,便成了边界。特别是画面左侧的那两座远山,是最抽象、最隐晦的,烟云中只是浅浅地浮现。不过,即便是那微微的两座山,却也通过不同的笔墨技法微妙地形成了前后之别,造成了彼此相隔甚远的感觉。在观者的感受中,深远到了至深至远处,便只能在意向中存在:两座远山,其实是千重山、万重山,一条远水,是千重水、万重水;唯有山重水复,才会山长水远,才能万水千山。在这样的感悟中,我们甚至难知此山高还是彼山高,这水远还是那水远……

深远之法,将山水之象的纵深方向推及无限,茫茫大地之大千气象,由此铺展开来。同理,那重重晦晦的至深至远处,也必是天地交接的地方:所谓"天圆如张盖,地方如棋局"(《周髀算经》),就是对太极生两仪的认识,天地日月周而复始,如环无端;"天高地远无穷极",往来古今亦不过一瞬间而已。

平远之意,《早春图》自有表现,前文已及。相比来说,郭熙的《树色平远图》

图22　五代南唐 董源 夏景山口待渡图卷局部

和《窠石平远图》有着更为完整的表达。两幅长卷皆为秋意,"秋山明净而如妆",却也有"疏薄""摇落"的气息;构图也相似,都是低平的丘山,几层坡墚,深入淡出,渐渐推远。一河两岸的布局中,在近处,《树色平远图》着重于坡石与古树的关系,《窠石平远图》则着重于窠石与寒林之间的映衬。对于河水的表现,前者显得平缓空旷,略带一丝惆怅,两只小艇静卧江中,有些神秘感;后者则是往复曲折,弯流而下,泛起一缕缕轻波,很是婉转悠扬。远山的处理上,前者用淡墨烘染出层层群山,在烟云氤氲的气氛中逐次推远;后者则在右侧设置一堵清淡肃穆的山峦,轻笼暮霭,慢慢褪去,给人以"秋山明净摇落人肃肃"之感。两幅画作对于古木的描写也大体相当,树身虬曲,细枝张曼,藤蔓缠绕,枯枝与润叶交错摆放,错落有致。而郭熙独绝的"鬼面石"或"卷云皴",则为山石赋予了厚重却又灵动的体积和姿态,与古木之间形成了和谐的呼应关系。

不过,就两幅图卷来说,最引人入胜的并不是这些技法,而是平远的极致表达。"平远之色有明有晦",说明平远带来的灵动气息,是靠明与暗、浓与淡、轻与重、深与浅、枯与润等一系列微妙的变化和平衡来获得的。在可见与不见,或准确地说,在似可见与又未见的奇妙感受中,每一物象都是虚与实的结合体,甚至所有物象,都不过是虚与实的多重关系。雾霭烟云,是平远的本质。万物的所有具象,

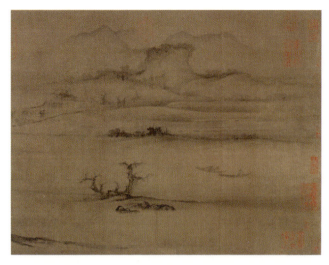

图 23.1 《树色平远图》细部

图 23.2 《窠石平远图》细部

皆是由雾霭烟云来定义的，因浓淡而有远近，因厚薄而有虚实。[38]【图23】

《树色平远图》最精致地表现出了这些极其复杂的关系：从前景中心处积聚而成的低峰坡墁，向左变化成为一丛崖石，崖石之上因风雨洗刷，再成坡陀，沿江渐次布陈，横亘于整个画面。接下来，整幅画面的重心开始向左集中，先是两株枯木左右分展，盘曲伸张，以浓墨线条勾勒，强筋有骨，但枯木背后再一层，却以淡墨涂染成几株低矮的阔叶绿树，柔美润泽，韵律感极强。再下去，又是一层坡墁，渐渐向水面淡开，而随后出现的枯木和绿树，虽类型上与前景的树木完全一样，却用了更淡更湿的笔墨加以呈现，瞬间便让人感受到，只有云雾，才能最终创造同一物种的不同物象，即便只有前后相隔，却已神态各异，生气两别了。再往后，又是一层坡墁，随之出现的巨石岗阜，如烟霭的蒸腾，呈上升之势，石面如云，干湿浓淡变幻莫测……岗阜左侧和背后的三组人物、凉亭和枯木构成的故事性的场景，虽经几层坡墁过渡而置于中远处，却再一次清晰可见，这充分说明，画中的雾霭烟云是流动的，时而积聚，时而扩散，此处浓厚，彼处清淡，层次繁复，变化无穷，真是叫人惊叹啊！

从总体经营来看，《树色平远图》采用的是左实右虚的手法，但左右两边都产生了实中有虚、虚中有实的效果。在右幅中，也设有多个层次：先是大面积空白的坡墁，然后是由石矶和枯木组成的具象小景，像是一只精致的盆景，陈设在河与岸对应而成的疏旷空间中，非常孤寂。紧接着的河面，又是大片空白，若无两人泛舟其上，我们甚至分不清哪里是河，哪里是岸，哪里是水，哪里是山。对岸处，除了有些微的人物草木点缀，剩下的只有层层的群山，淡墨平涂铺染，连绵不断，时隐时现。与此同时，观者也会发现，画面左上的远山采用的亦是这种消散清淡的笔法，与右幅中层层展开的群山遥相呼应，似乎就要突破两侧边界，继续向画面之外延伸开去……

是的，这就是"平远之意冲融而缥缥缈缈"的意思所在。所谓"冲融"，就是充溢着、弥漫着、溶漾着的意象。[39]《林泉高致》说："平远，峤巅重叠钩连缥缈而去，不厌其远，所以极人目之旷望也。"无论是《早春图》，还是《树色平远图》和

38　荆浩《笔法记》："夫雾云烟霭，轻重有时，势或因风，象皆不定。"

39　韩拙所说的"迷远"和"幽远"，即"有烟雾溟漠，野水隔而仿佛不见者，谓之迷远，景物至绝，而微茫缥缈者，谓之幽远"，仍没有超出郭熙的"平远之意"。参见韩拙：《山水纯全集》。

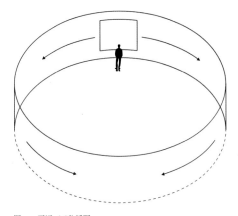

图24　平远360°分析图

《窠石平远图》，整幅画面都充满着生气和韵律，烟云飘绕，雾霭漫布，如诗的意象，如音乐的律动，"潆洄委曲，绸缪往复"。[40] 杜甫在《渼陂行》中说："半陂已南纯浸山，动影袅窕冲融间。"冲融之意，就是缥缥缈缈，朦朦胧胧，犹如太极、太虚之境，万物造化之中。如果说高远和深远分别成就了天与地的心象，那么平远所呈现的则是天地交合汇通的混沌场景，山水随着云雾扩散到整个世界中去，一幅画面，便是一个整全的原初自然。

　　平远之意，仿佛画者或观者一人，置身于一片烟霭之中，置身于天地之间，环顾四周，迷迷蒙蒙，万物似隐似现，互聚相散，流转变迁。山水的长卷，哪里是一张平面画纸，而像是围成了360°的圆圈，赋予人在世界宇宙中的一个位点。山水天地间，他一人充盈着全部天地，孕育于自然之中，这才是他存在的最终依据。【图24】

　　由此，高远的天穹，深远的地极，与平远的全景意域，从三维的向度上构成了一个无限的世界。山水之象中的人物，当然也就像在山水之中的人一样，亲临山

---

[40] "画家的眼睛不是从固定角度集中于一个透视的焦点，而是流动着飘瞥上下四方，一目千里，把握全境的阴阳开阖、高下起伏的节奏。"参见宗白华：《中国诗画中所表现的空间意识》，载《宗白华全集》第2卷，第422、437页。

图25 《树色平远图》驴队细部

水,体悟山水,并为山水而滋养。高者自明了,明了才知高;深者层层落落,有如苔苔点点,微小而细碎,在旷谷中;平者冲淡,若隐若现,似有似无,散形于烟云之中,《树色平远图》渐行渐远的驴队,正是平远人物的绝佳写照。【图25】

　　山水之间、天地之中的人,亦是由山水化育、天地造设的人。他只有用心观造,才会懂得天高地远、天长地久的永恒。

艺论

合一三用
——中国画的"综合之体"

童中焘

中国画合心目,通外内,合一三用,是一个综合之体。古人谓"一体""全体",熊十力先生称"浑全"。内(心,包括性、情,智慧与志、意)与外(目之所对,自然),既分又通,摄外会心,即返内,而后得有"三"用。"三"是非物非心、亦物亦心,一种超越性的或者说精神性与客观性合一的创造。由于中国传统的宇宙观与人生论不分的特点,它的理想,是合美与真、善为一体。

中国人的"综合"思维方式,具有多样性与模糊性,意向性或内向性与积聚性、多层次性,整体性与关系性,直观性,求同性与稳定性等特点或偏向。这些思维偏向直接影响中国画的艺术表现和价值判断。这里只从五个方面略谈自己的认识。

象制:艺术创造的丰富性、深刻性

"象制"是说中国画的体制。张彦远《历代名画记·叙画之源流》说,伏羲、黄帝之时,"书画同体而未分,象制肇创而犹略"。从发生顺序看,绘画在先,文字在后,他的"画源"说有问题。但"书画异名而同体"的见解,却揭示了中国画的文化特征:象形文字与形"象"绘画,都是以"象"为"体"。他又引用《尔雅》释名"画,形也",明确"象"为"形"的内容,故曰"象制"。

《周易》"设卦观象系辞",首先明白提出象在言、意关系中的地位"言不尽意,……立象以尽意"。"道—象—器"或"意—象—物"的图式,与象形文字一起,从此决定了中国人"唯象思维"的路向,也规定了中国画的创造原则和表现方式。

绘画处理心与物的关系。心为情、意。物字,在中文"为至大无外的公名","一切物质现象,或一切事情,通名为物。即凡心中想象之,亦得云物。物字亦恒与事字连用,而曰物事或事物。物字所指目者,犹不止于现象界而已,乃至现象之体原,即云为万物所资始,如所谓道或诚者,亦得以物字而指目之。如老子云'道之为物',《中庸》云'其为物不二',皆以物字指目实体也。"(熊十力《佛教名相通释》)这里所说的"实体",不是西方哲学上的"质素"或"实体"(质料形式)概念,而是原理、规律,《易传》所谓"本末"的"本",或本体论兴起后所说的与"现象"对立的"本体"。"物"是"至大无外"的"至普遍",象也因之无所不包。《易传》说:

圣人有以见天下之至赜,而拟诸其形容,象其物宜,是故谓之象。
仰则观象于天,俯则观法于地,观鸟兽之文与地之宜,近取诸身,远取诸物,于是始作八卦,以通神明之德,以类万物之情。

有客观的象,"在天成象,在地成形","见(现)乃谓之象,形乃谓之器"。出现于宇宙的,"实必现为象"的"现象"。有主观的象,"天垂象,见吉凶,圣人象之",天不言、无言、圣人"极深研几"而体天意所立之象。(《原象》)

有主客交流感通,"交绾意义与物为之名","不可分别为在意之象或在物之象"的"意象"之象,而"意象"有属经验的"感觉",宋儒张载所谓"见闻之知"或"物交之知",又有旁通感应的"悟觉",张载所谓"知心知天"的"大心"之知。

有"人之所以意想者"之象,又有道之"见功"之象(天地乾坤的创生、养成)。

象可以是物的抽象,也可以是道或意、情的具象(如"变化者,进退之象也",是说事物包括人的活动之象;"悔吝者,忧虞之象也",心中忧惊的容态)。

总之,中国传统没有形成西方科学意义上严格而固定的"物"的概念,却以一个"象"的观念,有形与无形,呈现与不言、无言,"有"与"无","实"与"虚",无限的多样,融合《周易》的义理,使中国画"形"的范围和意义,远远超出"形象",不但在艺术表现上具有了极大的灵活性("形象"之呈现、"象外"、"象外之象",以及"空白"等),更使作品获得丰富、深刻的意蕴,"穷玄妙于意表,合神变于天机",披图幽对,应目会心,可以悦目,可以赏心。

外师造化、中得心源:一个合外内的整体境界

"造化",谓自然的创造化育(《庄子·大宗师》,"今一以天地为大炉,以造化为大冶")。《易传》:"生生之谓《易》。"卦爻象所反映的天地万物生生不息,神化变通,流行不穷,是《易经》的根本思想。"心源",出于佛教,指"本体"或"本性""本心"。佛家认为"物由心生","境由心造"。"外师造化、中得心源"这句话的意思,是说"造化"的"性","能"通于"心源"。外(造化)与中(内、心源)是"大宇宙""外宇宙"与"小宇宙"的关系,不即而不离。绘画是创造活动,出自本性,自然而然,如造化之为万象。故布颜图说:"以素纸为大地,以炭朽为鸿钧(天),以主宰为造物,用心目经营之。"(《画学心法问答》)作为中国画的创造原则,就是合心目的综合之道,一个合外内的整体境界。

"自然"非"我",外、内有分。目视者外物;感而通,内返则"交绾意义与物",融为一体而成"三"。心与物,相对为"外在",但有机械的相加,不足以为画的"自然"与"自由";唯由"隔"而至"不隔",就是合心目,通内外,成了内在的生成,所以张彦远说:"以气韵求其画,则形似在其间矣。"

怎样看待"外师造化、中得心源",有两点值得讨论。

第一,"外师造化、中得心源",必须作一语读。一句话两个方面,乃"综合之道",既不可机械地被割裂为"师物"与"师心"两条创作道路,变成单方面的"再现"或单方面的"表现"两种偏向;又不能径直等同,如说"造化即心源,心源即造化"。画史上,苏东坡"论画以形似,见与儿童邻"的品鉴,谢肇淛"今人任意师心,卤莽灭裂,动辄以写意为止"的批评,就反映了对这句话的片面认识而造成实践中的弊端。

两种认识偏向,现时似乎更应注意后者。侈谈"直指人心""不二法门"或"风动幡动心动""是山不是山"等禅机而不着实际,成了于事于时无补的套话、空话,反而造成作品的单薄、空虚。

"心源即造化"或"造化即心源"所以不同于"外师造化、中得心源",是因为

简单化的径直等同,缺少了"师"的中间环节。"师"之一事,对绘画是个关键,缺了这个环节,不会有通外内,合心目的"综合"。

绘画不能不先有"师"。"师造化""师森罗万象""行万里路",生活之"师",是根本性的师;"师古人"也含有间接的"师造化"的意义。中唐以来,禅宗思想拓展了中国画的新境界。其对绘画的影响,主要是在境界上,在"直指本心""不二法"和"顿悟"等思想方法上。但佛教的"本体"与"现象"对立的根本态度,对绘画实践活动的消极影响,是今日所不容忽视的。"心源即造化"说得径直等同,其可能的流弊,就在忽视绘画的根本之源。

简单地说,与中国传统宇宙论同时又是人生论的天人合一观不同,与"本末"观即没有"现象"与"本体"的对立不同,佛教有两个特点或根本:"觉"与"出世"。世事"无常",人生"烦恼"。世人争逐于生死海中,心被颠倒。佛家要颠倒被颠倒了的心,而"住"于"不生死"的常、乐、我、净之境。一旦觉悟,"烦恼"即"菩提",世间日常事就与"本性"(本体)一"如"("真如")。"觉"即"不二",也就是"明心"。但他虽说"不二",毕竟还是要出家,逃避世事。这就与"极高明而道中庸"的儒家理想,大有"天壤的悬隔"。所以宋以来直到近代的新儒家,他们虽都受其影响,总要予以批判,划清界限。"佛氏,生灭与不生灭截成二片,与体用不二之旨向背","说真如,只是无为而已,不生不灭而已,成一成不变的死体,《大易》只言生生,其义更美。""佛家证到本体是空寂的,……不免有耽空滞寂之病。……滞寂则不悟生生之盛,耽空则不识化化之妙。"(熊十力《新唯识论》)可见,"觉"虽是"明心""不二",也可说是"息心",治内而不治外。"心源即造化"犹如佛家谈"体"、讲"不二",也只是说境界,据其内心解与不解,以为差隔。简言之,禅宗佛学要求当下体悟,而不能有《易经》的"生生"(创生,创化),而缺乏贯彻与参与。谈体而遗用,"悟一则万滞同尽",而且,"一'住'到底而无警,则可以颓堕而至于放纵恣肆","只说境界,难免虚伪之弊"。画又不同于禅。"不二"即"一",为绝对。绝对无"相",虽然可以"显现"为万物,也只是"显现"而已。艺术却是"有相"之美,治内同时要治外。"佛说顿教,全无功夫"(汤用彤《理学谵语·阐王》)。艺术是创造性的呈现,技进于道。所以钱锺书先生说:"中国诗一蹴而至崇高的境界,以后就缺乏变化,而且逐渐腐化。这种现象在中国文化里数见不鲜。譬如中国绘画里,客观写真的技术还未发达,而早已有'印象派''后印象派'那种'纯粹画'的作风……中国的艺术和思想体构,往往是飘

童中焘　龙井诗意　1990

童中焘　渊明诗意　2005

飘凌云的空中楼阁。"(《谈中国诗》)如山水画的发展,两宋已经成熟,青绿、水墨,体制不一,表现丰沛;元人"写意"兴起,体格别树;明人仅足"守成",缺乏变化;晚明以来,董其昌等南北分宗,提倡"一超直入如来地",逐渐流向空疏无具,其中不难发现禅宗思想影响的流弊。

其实,禅宗虽是继承佛家的空宗,也融合了先秦诸家的思想。顿悟成佛,就是据《易传》的象外而言。而所谓"不二",还是现象与本体对立的"二分"思维的结果。张璪"外师造化、中得心源"这句话,虽然用了"心源"一词,却与佛家"泯正与反而等之"的惯技不同(佛家说"物由心造",言心即有物,心即物,也就是"心源即造化"),而是"综正与反而合之",是《易传》的血脉。不先有(认识论上)物与心即"自然"与"心源"的区分,这个"心源"只能是枯寂的"死体","颓堕而至于放纵恣肆"或沦为"虚伪"。

第二,"造化"与"物",不一不异,既不可等同,又不能分而为二。造化指天地的性、能("天地之大德曰生",创造化育是能,也是性。天乾,健、阳、刚;地坤,顺、阴、柔,为性),又指道、理、生成、变化的规律("一阴一阳之谓道")等。乾、坤称"元",为"万物资始、资生"。分析的说,"物"为象、形、器,"造化"是"资",即"所以生",故不能等同;但又不异,所以又说:"在天成象,在地成形,变化见矣。"唐孔颖达《正义》说"易理备包有无,而易象唯在于有",我们也可以说,"造化备包有无,物(自然界)唯在于有"。

物与造化,不一不异,所以画家行万里路,既"师物""师森罗万象",更要"师造化"。要能"会通"。《易传》"圣人有以见天下之动而观其会通",朱熹在其《周易本义》中注释说:"会谓理之所聚而不可遗处,通谓理之所行而无所碍处。"在《朱子语类》中又解释说:"会而不通,便窒塞不可行;通而不会,便不知许多曲折处。"观察物象的形态、变化,熟悉它的生长规律和它们相互的关系,"知其许多曲折处",画就不会是"模糊丘壑";识得其中的变化规律,"造化在手",也不再需要"模特儿"。这就是《石涛画语录》所说的"我与古人,同为造化弟子","吾心自有造化"(戴熙《习苦斋画絮》),"一(乾坤之理)有不明,则万物障;一无不明,则万物齐""山川使予代山川而言也,山川脱胎于予也"。

《易传》说:"《易》之为书也,广大悉备。有天道焉,有人道焉,有地道焉。兼三才而两之,故六。六者非它也,三才三道也。"天道、地道指自然规律,人"兼天地乾坤之体",能"参赞化育"("裁成天地之道,辅相天地之宜"),《易》就是兼天、地、人的三才之道。原来中国艺术的创作道路、创造原则："师造化"—"造化在手"—"合乎造化"，"元微"就在《易》道。这句话正是"天人对待而合一"的最佳表征。

画，是从"有"（万物）到"有"（生动的多样性、客观性）的功夫，又是从"无"（物理、人情）到"有"（合物理、人情于有"形"）的创造。

无可无不可：形式与表现的多样性、开放性

《尔雅》释名："画，形也。""形"是一个开放性的概念。唐代古文大家韩愈说写文章"唯其是耳"。是，正常、合情合理的意思。中国画的表现和形式，只要不悖物理、情理、画理，也就没有定规，无可无不可。

现在通行"造型艺术"说。"造型"来自西方，大概源于柏拉图的"理型"、康德"美的理想"或"绝对的美（上帝）"、黑格尔的"绝对理念"。概念的根基，还是建立在"二分"思维即与"现象"对立的"本体"的追求。"型"者，形模、范型也。中国人没有现象与本体的区隔，不追求"最后的实在"；中国人也没有"定义"的习惯，更以定义为妄。"去掉'隔'的形式，可以展现任何形式，任何格式。"所以中国画论只说"造像""写真""写生"或"写形""造形"。以中国人的说法，应当是"造形艺术"。南北朝宗炳《画水水序》："圣人含道应物，贤者澄怀味象……山水以形媚道"，王微《序画》："图画非止艺行，成当与《易》象同体。"象神化莫测，道虽"各道其道"，都无"型"可说，《易传》所谓"为道也屡迁"，"功业见乎变"，"变通"以"趋时"，总而言之，"神无方而易无体"，没有定体。王弼早已说过："卦以存时，爻以示变"，"用无常道，事无轨度，动静屈伸，唯变所适。"（《周易略例》）

"形"包括"型"，范围大于"型"。"造型艺术"说会束缚人们的思想，限制中国画的艺术表现，影响中国画的发展，如人物画可能被导致单薄、僵化、教条。这是我以为中国画只可称为"造形艺术"的原因。

画无本体，功夫所至，即其本体（自体）。所以刘熙载说："画之意象变化，不可胜穷，约之，不出神、能、逸、妙四品而已。"又说："笔墨性情，皆以其人之性情为本。"（《艺概·书概》）意象无穷，性情各异，则笔墨的表现，无可无不可，没

有定规,没有"程式"可言,是无疑义的了。

相间·相推·齐而不齐:由"一体"而偏重关系

《周易》卦象思维方式,是中国画艺术表现的渊源。米芾说:"山水心匠自得处高。"黄宾虹先生以"不齐"为中国画的"内美",确是深造《易》道的"自得处"。"自得之,则居之安;居之安,则资之深;资之深,则左右取之逢其原。"(《孟子·离娄下》)

"八卦成列,象在其中矣。因而重之,爻在其中矣。刚柔相推,变在其中矣。……吉凶悔吝,生乎动者也。"《易经》以爻、卦象征事物。八卦重为六十四卦。六十四卦,每卦六爻,六爻相杂成一卦,代表事物的盈虚消息(变化)。"因而重之,爻在其中矣",先有卦,而后论爻,表明先有"整体"的观念。"刚柔相推,变在其中矣":刚、阳爻,柔、阴爻,爻的往来、进退、相摩相荡,参伍错综,观其中"动"的当或失当,以知得失,所谓"爻象动乎内,吉凶见乎外,功业见乎变"。中国的形象语言,先把世界看成一个整体,再看成混沌中有显隐、静动、刚柔、虚实的变化,再分成四象、五行。整体决定部分;部分虽各有其规定性,而非孤立存在,又相互影响,组成整体。《周易》这个"一阴一阳之谓道"的变易法则,整体观和相关性,相推而生成,相感而利生的思想,直接决定了中国画偏重"相关变化"的表现方法。

象形文字和"书画同体"观念,成就了主体客体不分、主观性(个性与意向性)与客观性(物性与人性的普遍性)融合,从而为"用笔"确立了中国画"质"的表现特征;"不齐"则是"形"的结构特征。如此的形与质,综合成一"笔墨表现体系"。

"不齐",是对待变化的概括。从大处看,为有与无,黑与白,实与虚。从细处说,为浓淡、枯湿、详略、繁简、疏密、断连、承乘、撞让等,与运笔的按提、轻重、徐疾、顺逆、顿挫、转折、藏出以及方圆,互相结合,"刚柔立本",变通成"文"(文即物。《易传·系辞下》:"道有变动,故曰爻。爻有等,故曰物。物相杂,故曰文。"爻是交与变化的意思。等谓类,有阴阳两类,象两类事物。两类事物互相错杂形成文),这是笔墨的变化合一。

"相间",是有无、黑白、虚实互相间隔,又"形"的大小、高下、正侧、向背、错叠、聚散、完破、纵横以及显隐等,互相间隔,"因形取势",以得"远"意。这是"形"的变化合一。

中国画是一个平面结构,故尤其值得注意的是清人华琳提出的"推"法。他说旧谱有"三远"之法,"远欲其高,当以泉高之。远欲其深,当以云深之。远欲其平,当以烟平之"。由卑推高,由浅推深与平,这是"因形取势"的推法,固然不错。但如果只"以形推",还不够,因为也有"离开而仍推不远者",况且通幅也没有处处间隔的道理,所以唯有"以神推",即"似离而合"才得"推"字的神髓:"疏密其笔,浓淡其墨,上下四傍,晦明借映,以阴可以推阳,以阳亦可以推阴,直观之如决流之推波,睨视之如行云之推月。"不过,这种"倒转乎缩地勾魂之术,捉摸于探幽扣寂之乡"的推法,虽比一般的疏密浓淡的作用精细,但问"似离而合"究竟是什么方法,他也无法回答,以为是"悬解","难以专注",定要实实指出,又不免于云烟间隔即形的拘泥(《南宗抉秘》)。

其实,华琳悉心揣测,"久而顿悟其妙"而又无法解释的"推"法,原来出自《易传》,而其中正有"确解":

> 日往则月来,月往则日来,日月相推而明生焉。寒往则暑来,暑往则寒来,寒暑相推而岁成焉。往者屈(退)也,来者信(同伸。进)也,屈信相感而利生焉。

推,迁移、推动的意思。日、月是"实","明"为"虚",三者都是"空间"。相推生"明",空间涵有时间。实与实相推而生"虚"明,则"明"又非虚空,"虚中有实"。寒暑皆"虚",往来与岁,都是"时间"。而寒暑能感,"虚"而不"虚"。由"相推"而"生""成",融时间于空间,有实有虚。画论说:"山水之道,虚虚实实,虚实实虚,八字尽之矣。"其实,中国画之道,也是这八个字。

凡物皆一阴一阳,对待合一;一与一又对待综合为一。如此大体套小体,层层相套。物与物,相感而利于物;人与物,相感而利于人。与《易》同体的中国画,物我合一,正是可见与可感、空间与时间合一的综合之体。过去中国人长于"综合",短于"分析",没有空、时的明确区分。那么,华琳能从"形"的离合上见出问题,却不能有空、时之分和再综合的认识,成为"悬解",也就不奇怪了。

品评：超越性的精神赏鉴

西方的"二分"思维，造成"再现""表现"的对立；长于"分析"，从而强调"个体"的差别，着眼于外在的"形象"。中国人偏于"综合"，天人对待而合一的观念，着重于直观的思考和冥会，"意义来源于主客相交的后果，客体反而变得模糊"。综合的结果，是重精神，重境界，直接影响艺术表现，也造成超越性的赏鉴。

超越性的赏鉴，突出表现在基本的审美概念上。气、骨、笔、墨等以及由此衍生的许多批评性的概念，如刚、柔、大、小、生、拙，等等，不胜枚举，美或不美，都超越物质性，具有主客相交后的意义，极难翻译为西方语言，也不易被西方人理解。这是已知的事实。这里只就"形象"的"品"评，以见价值判断的偏向。

品，"定其等格"。等，等差。格，风格，标准。"品"谓审美判断，评定其高下次第。对"形象"的认识，中国人与西方本来有范围大小的差别。大概地说，形、象有别，象兼有形、无形，无所不包。而习惯上又形、象互称，或连称"形象"。故画论上多称"象"，"形象"一般仅指个体对象。在中国画"综合"的格局里，偏重"个体"在"整体"中的地位（功能）与相互作用，"形象"本身的价值就相对不高，如说："画固所以象形，然不可求之于形象之中，而当求之于形象之外。"（董棨《养素居画学钩沉》）画史上形象"品"评的变化，最能反映这个偏向。

画家常说"六法三品"。谢赫六法，张彦远引为"一曰气韵生动……"，钱锺书先生认为"失读"，当是："一、气韵，生动是也；……"，谢赫是以"生动"释"气韵"（《管锥编》）。当时是论人物画。人物形象要画得生动才有气韵。但怎样画得生动，顾恺之只说"以形写神"，"迁想妙得"，传神阿堵，颊上添三毛，"有生动之可状"等，都是讲创作原理、方法，或笔墨与传神的关系；"置陈布势"与后来谢赫的"经营，位置是也"，也只是说形象的安排得宜以成气势。后世论人物画，除了"三停五部，长短阔狭"之类抽象化的说法，大都不出顾、谢的范围，只有评价或描述性的言论，而与形象自身的描绘如今所谓"刻画"，尚有差异。

三品：唐张怀瓘画品断神、妙、能三品，朱景玄以"其格外有不拘常法，又有逸品"，置于三品之外；后来宋黄休复跻逸品于三品之上。近代余绍宋说："四品界说，以前诸书，俱未言及。至此编（黄休复《益州名画录》）卷首，始为论定，此后更无异议矣。"（《书画书录解题》）在黄氏"四格"中，"形象生动者"，定为"能格"，在四格之末。形象生动由《六法》居首降为"能"格，审美价值观的变化，是

童中焘　九华步月图　2017

不是文人贬抑画工或院体画的偏见，暂且不论，至少反映了中国文化重精神和发挥个性、回到"自然"的发展趋向。按黄氏的释义：

> 能格："画有性周动植，学侔天功，乃至……形象生动者。"
> 妙格："画之于人，各有本性，笔精墨妙……自心付手，曲尽玄微。"
> 神格："大凡画艺，应物象形，天机迥高，思与神合，创意立体，妙合化权。"
> 逸格："拙规矩于方圆，……鄙精研于彩绘，笔简形具，得之自然，莫可楷模，出于意表。"

诚如徐复观先生所见，从能到逸，"是由客观迫向主观，由形物迫向精神的升进。升进到最后，是主客合一，物形与精神的合一"（《中国艺术精神》），这表明停留在客观对象的模仿与技巧的精妙，还是没有达到圆满的境地。"能"到"逸"，实质是从心、物之"有对"，升进到"无对"，也就是"合一"或"自由"。

合一三用——中国画的"综合之体"

童中焘　石门湿翠　2012

童中焘　沧浪素影　2016

合一三用——中国画的"综合之体"

童中焘 山水间 2015

合一三用——中国画的"综合之体"

行记

向山水更深处
——富春江流域考察

薛梦潇

　　山水，大物也，质而有灵趣。魏晋六朝时期，个体生命的自觉，使人对自然抱有前所未有的热情。地理探索初潮涌动，九州幅裂的政局也没能阻挡跋山涉水的旅行。《水经注》《华阳国志》等地志、地记的撰写，此时蔚然成风。仍是魏晋六朝，谢灵运、江淹、孙绰在山野林泉寄畅抒怀，山水文学由是发轫。这个时候，山水也在顾恺之的画面生长，日后它将成为中国笔墨的永恒主题。佛教、道教、民间信仰与儒学，自魏晋以降，开始角逐权力的坛场。它们一边竞争较量，一边共生发展、互相涵化。佛寺、道观、祠庙、碑刻，不仅成为地记方志的载述对象，成为研究地方社会的物质媒介，也化作了诗文绘画中山水间的景观。

　　山水万千，聚焦于富春江，是因为这一流域的景观与历史自汉晋六朝以来频繁见诸书传。孙坚、孙策父子出生于富春。谢灵运、白居易、陆游曾舟行桐庐、建德，留有诗篇。任昉、杜牧、范仲淹先后宦游到此。黄公望的巨制，更使富春山水驰名天下。

　　"山水论坛"几经筹谋，决定尝试一种新颖的考察形式，请文史学者与画家联袂同行，寻觅艺术创作的逻辑支点，扩充学术研究的想象空间。2019 年 3 月，方勇与陈智安老师先行赴建德梅城镇、桐庐富春江镇写生。这一次试探性考察，为春夏之交的活动，做好了路线准备。

　　行前，林昌丈、方勇设计行程，吴真搜集了大量文学资料。2019 年 5 月 5 日至 5 月 8 日，由魏斌（武汉大学）、方勇（天津美术学院）、陈智安、吴真（中国

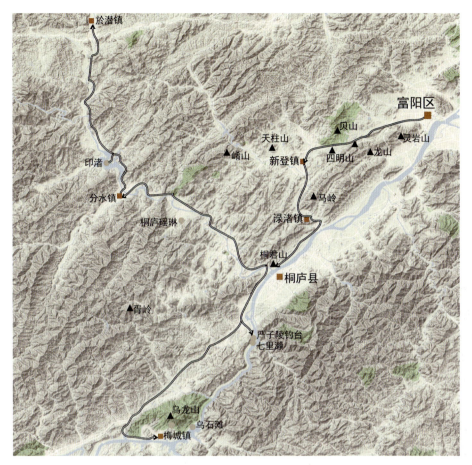

地图1 考察路线示意图 制图/林昌丈

人民大学）、林昌丈（厦门大学）和薛梦潇（武汉大学），沿富阳、桐庐、建德一线考察，对富春江流域的环境、景观与历史做大体了解与摸底工作。（地图1）出身于美术、文学与历史不同领域的学者，第一次携手，为"重绘富春山居图"开笔。

2019年5月5日　杭州市区—富阳区—新登镇

下午4时，六位团队成员在杭州东站会合，租车出发，缘钱塘江—富春江西南行，一小时后到达杭州富阳区。富阳，即汉时富春县，后因晋简文帝郑太后名春，改曰富阳。

晚餐后，吴真老师提到富阳也是郁达夫故里。春风沉醉的夜晚，大家临时起意探访郁氏故居。路程很短，故居就在富春江畔富春街。遗憾的是，市政工程的围栏遮挡了我们的视线。后查阅资料得知，现今的郁达夫故居，是1998年旧城改造时从原址向江边南迁15米重新仿建的。郁达夫说，这一条江水，风景常新。（《沉沦》）他那景致抵得过滕王高阁的朝着江面的书斋已不复存在，幽长的满舟弄已被拓宽。我们在江边稍立，水面开阔，远处的大桥光影变幻，近旁的富阳人围桌吃茶。

回转登车南去，夜宿新登镇，即吴晋南朝之新城县，乃孙吴黄武年间析富春县而置。南齐永明三年（485）冬，侨居于桐庐的图墓师富阳人唐㝢之，在新城起兵，反抗萧齐"检籍"政策，"聚党四百人，于新城水断商旅，党与分布近县"。新城水应当就是绕经新登镇南的葛溪。

5月6日　新登镇—桐庐县（桐君山、分水镇、印渚、於潜镇）

早上9时出发，先访圣园碑林。碑林今在富阳新登中学校园内。所在之地，为古时新城县的启圣祠，祠外即北城墙。上世纪80年代初，新登中学受文物馆之托，收集新登境内祠碑、学碑、墓碑、寺庙碑等二十余石，集置于旧文庙大成殿前，是谓"圣园碑林"。【图1】世纪之交，按学校规划，移于小黄山上。翌年，又得数碑，加之前所收集，共28石，重加修整，遂成今貌。

团队成员颇感兴趣的是明万历二十五年（1597）潘采所撰《鸡鸣山记》。鸡鸣山因唐末罗隐"读必起于鸡鸣"得名。碑文载称，罗隐故宅惜为丘墟，书室连桓之土谷神祠亦将倾圮。里民感于罗隐"鸡鸣之习，益保清明之气，卒以直道匡时"，不忍庙祠废毁，助工鼎新，并增创观音堂，又旁为居室，设罗公神位同享香火。圣园碑林中时代最早者为明成化十九年（1483）的《敕赐新城罗义民立石记》，表彰

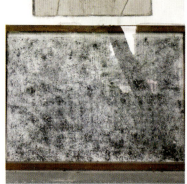

图1 新登中学校园内"圣园碑林"文保碑　　图2 范浚心箴碑

邑民罗善、罗俨父子捐粮赈灾的义举。从罗隐到罗善,可见罗氏一族长期为浙西富春著姓。

《宋儒范氏心箴碑》与《程子动箴碑》刻于嘉靖六年(1527),抄录的是宋代理学家范浚、程颐的箴言。【图2】范氏《心箴》劝诱学子静心存诚,《动箴》则为程颐所撰视、听、言、动四箴之一,鼓吹"顺理则裕,从欲惟危"。明嘉靖皇帝即位初年亲注《心箴》《四箴》,并颁布天下,令各地学校立碑传习。圣园碑林中的这两方碑石,即御注《心箴》《动箴》。我们打碑林走过之际,校舍之中弦歌不绝,往古来今,恰与宋儒哲思动静相映。

离开圣园碑林,一路行305省道,赴桐庐县桐君山,渌渚江掩映于长林间。吴黄武四年(225)分富春置桐庐县,以桐溪(分水江)侧有巨大桐树,垂条偃盖,远望似庐,故名。桐庐县地在富春江西北岸。桐君山北距新登镇25公里,与桐庐县城隔水相望。【图3】相传,有黄帝时医者采药于此,结庐桐树下,人问其姓名,则指桐树示意,遂被称为"桐君"。自中古六朝始,"桐君"之名常与黄帝、岐伯、雷公一同见诸《宋书》《庾子山集》和陶弘景《本草经集注》等文献。《隋书·经籍志》"医方"类中有《桐君药录》三卷。

图3　桐君山

图4　桐君塔

　　和郁达夫一样，我们也是暮春初夏到此。山道经过修整，不再崎岖。山高60米，走上山巅，进出一圈桐君祠，然后团队成员聚集于四望亭观景。南望，我们脚下分水江与富春江交汇合流，此景正如《西征记》所言："观二江之水会合亭下，有山巍然，直压其首。"远眺，富春江二桥横跨两岸，东南方向的桐庐县城高楼林立。（地图2）

　　出四望亭东行几步，见桐君塔。【图4】白塔始建年代无考，南宋景定元年（1260）重修，明清时数被雷震，近代又遭兵燹，几经修缮。今塔是1982年重新整修，六面七层，高17.7米，砖石结构，是桐庐境内安乐、圆通、桐君三塔中仅存的古塔。

　　绕过白塔下行，逢着叶浅予故居及其葬地。叶先生是桐庐人，青年时代尤工速写，开中国漫画史新篇。年过而立之后，转向中国画创作，善画舞蹈戏剧人物。1976至1980年，三易其稿，最终用重彩绘成《富春山居新图》长卷，卷首落笔是钱唐盛春，画到桐庐已是夏景。叶浅予晚年就住在桐君山上的这处宅院，居所有"富春画苑"，是叶先生的画室，一座两层的徽派小楼，《富春山居新图》就收藏展陈于此。画苑侧后，是叶浅予墓。坟冢几乎与桐君山融为一体，冢前树一尊叶先生半

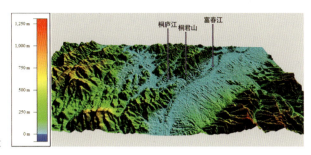

地图2　桐君山地形　制图/林昌丈

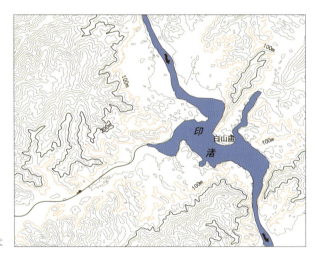

地图3　印渚　制图/林昌丈

身塑像，伫立凝望富春江的晨昏冬夏。

下山时一路寻找碑墙，不得。询问管理人员，告知碑石原立于桐君祠侧，因墙面倒塌而暂时被平放层叠维护。

宋人杨万里诗云"潇洒桐庐县"，"白塔映青山"。当我们下了桐君山往县城去时，方才生出同感。从富春江二桥驶过，隔江北望桐君山，白塔高镇山顶，褐色的山石嵌错于葳郁的山体，一脉高低不定的青峦依水绵延。

中午去了县城一家面馆。餐后，沿分水江西北行40公里，过瑶琳镇，至分水镇。唐武德四年（621）置分水县，1958年并入桐庐县，为分水镇，面积约300平

向山水更深处——富春江流域考察

方公里，人口逾七万，是该县第一大镇，也是"中国制笔之乡"，日常用笔大多出产于这里。我们来此是为一观玉华路碑刻，可是从路东头到西头走遍，转入县前路，终不见一块石碑。返回玉华路，经分水文体中心，有团队成员猜测碑刻或攒集于此，进入，果然。不过，这些已经风化漫漶的明清碑刻，并没有带给我们太多兴奋。

所有的情绪都在为印渚酝酿。

从玉华路出发，走208省道，沿分水江再向西北行车10公里，猛地南向一转，东侧贴着绝壁，颠簸一小段沙石路，印渚到了。（地图3）

魏斌老师将《世说新语·言语》中的一段分享到微信群里，其文曰：

> 王司州至吴兴印渚中看。叹曰："非唯使人情开涤，亦觉日月清朗。"代入了王司州胡之的情感，眼前突如其来的溪山清绝，令所有人不由惊呼。车行至不可行处，我们下来走路。穿过一片采石厂区，踩着沙砾，顺着一排比人高的水草，使劲朝印渚水边走。

据《吴兴记》和《太平寰宇记》，印渚旁有白石山，多巉石，峻壁四十丈。《吴兴记》又云：

> 印渚盖众溪之下流也。印渚以上至县，悉石濑恶道，不可行船；印渚以下，水道无险，故行旅集焉。

我们一路行来，又在渚上环顾，周围山石皆近墨色，不见有白者；而且由于建造水库的原因，印渚水面已大大抬升，以致渚旁群山显出较为平缓的姿态，巉峻之势大为削弱。【图5】文献又称印渚有白山庙，当在黄泥山西北侧，今亦不可寻。

清晨临发时，魏斌老师说，到了印渚，他要讲个情节惨烈的故事。午后众人立于渚上，便听到了慧集法师的事迹。《善慧大士录·慧集法师传》曰：

> （慧集）行至涟溪，遇鱼四船，苦求买放。既无见物，求立券约。至于潜白山取直。仍相随行，缘路放生。衣资略尽，即以其月十三日，入于潜上牧里灵山尼寺。更烧二指，指既烧尽，进烧两臂。又有人来苦求法师所烧之臂血，

图 5　印渚

用以治病。法师欣然举臂刺血与之。是日又烧旧疮。光明洞然。其臂既尽，乃以其夜灭度。时大同四年正月二十一日，年四十七。诸僧共葬于潜印渚。

慧集是南朝梁武帝时期乌伤（今义乌）地区傅大士佛教团体中的一员，为帮助傅大士弘阐正法，不吝躯命，比如燃指、燃臂等。中古时期，僧侣经常运用视觉手段宣扬佛教。据前揭《吴兴记》，印渚乃行旅所集。慧集法师选择人马众多处烧指、燃臂，自认为这种视觉刺激会对佛法的传布起到更好的效果。魏斌老师提到，他曾写过一篇文章《南朝佛教与乌伤地方》，从四通梁陈碑刻来考察不同阶层僧侣的佛教之路。释慧集所处的傅大士教团，成员绝大多数是底层民众，因此不得不选择苦行的激烈方式，以求获得民众信仰，博得朝廷关注。他们和南朝权力结构中的寒人一样,进入权力的方式十分卑微。慧集等不少成员毁身灭度,可是底层教团"影响人王"的努力,却不如预期理想。是时,我们身处释慧集葬所,叹其事迹,清朗日光之下的印渚忧伤浮动。

本来打算就此结束印渚之行。回身离去之时,方勇老师说,来都来了,画一幅。众人随即发出来到印渚后的第二声惊呼。在石块上南面坐定,方老师打开画夹,抽出一张生宣,小石子作镇纸,拧开小半瓶矿泉水,润笔,蘸墨,稍作停顿,果断落笔。数秒间,滩头一株水草已然长成。然后描摹近山,渲染远山,用破笔点技法使群峦瞬间树林葱茏,又以极轻快的笔触荡漾出似有还无的水波。陈智安老师在一旁解说技法。每当我们啧啧称奇,陈老师便以"这是基本功"从容回应。

一张生宣画就,方勇老师转身面西,换一种材质,取绢作画。陈智安老师介绍,绢画难度更大,若无功力,甚至很难让墨色附着。不同于上一画作的技巧繁复,这幅绢画上的山水颇为疏阔虚旷。【图6、7】

这是我们第一次围观画家写生。起初,我们内心澎湃地注视着画面上不断生出的山水草木,时而抬头看看实景,在纸面与现实之间来回切换,做着对比。慢慢地,风吹渚上,山岚渐起,天色阴晴欲雨。绢画上的山水与实景中的山水,开始交融叠影。方勇老师后来说起,他原先并不打算在印渚写生,因为山水本身并未予他十足的冲动,但他最终被王胡之的感叹和释慧集的壮举触发情愫。

这或许就是我们此次联合考察的意义所在:文史学者提供故事和对故事的分析,以此触动艺术家"历史感"的生成。画家则用艺术表达,将文字、实景转化为图像与意象,为学者制作文献叙述之外的另一个"现场"。这个"现场",并非对实景的翻刻复印,它被画家抓取、记忆、解构,掺入画家的情绪。而我们置身历史时空中的山水间,阅读画家墨迹未干的创作,也很自然地将历史、现实、文字、图画……种种因素迅速融会,继而更新甚至重塑我们自己的历史临场感。

早在南朝,宗炳的《画山水序》就已揭示了这番道理:

> 夫以应目会心为理者,类之成巧,则目亦同应,心亦俱会。应会感神,神超理得。虽复虚求幽岩,何以加焉?又神本亡端,栖形感类,理入影迹。诚能妙写,亦诚尽矣。

画家寓目山水,心有所动,便得到了"理"。若能巧笔描绘,则观画者和作画

图6 方勇老师在写生（吴真摄影）

图7 团队成员围观方勇老师创作（吴真摄影）

者的所见所感也会相同。目之所视与心之所悟，都通感于山水所显现之神。而山水之神，本就无以名状，唯当画者捕捉到了寄栖于形貌中的神韵，"理"便随之注入画中。如此说来，画中的山水并不比现实的山水缺少真实。不到印渚看方老师作画，如何能感悟宗炳的卓见！

驶离印渚，我们向西北七十里外的於潜镇行去。据《太平寰宇记》引《吴录·地理志》的说法，这个汉代即有的旧县，因县西晋山立名。发源于西天目山的西溪，就从潜镇西流过。开上208省道，回望印渚山水，陈智安老师问大家，从这里看过去，你们觉不觉得就是黄公望《富春山居图》描绘的某个片段？【图8】

我们没有在於潜镇停车，行至便原路折返。途中，我们与印渚重逢，擦肩而过，奔着桐庐县城驶去。

图8　黄公望《富春山居图》片段

晚餐饭馆门口有两棵800多岁的樟树。席间，我们又回味起《世说新语》里的王胡之故事。"王司州至吴兴印渚中看"，突然觉得，就连那个"看"字都率真可爱，用得妙极。魏斌老师开玩笑说，相隔一千六百多年，我们印渚此行，可目为继踵王司州之看的一次探访。仿佛王胡之走后直到我们再来，印渚的陈年封印才被揭启。

陈智安老师精心挑选的这家餐厅，门对富春江，名字叫"故里"。江上鲈鱼尤其鲜美，猕猴桃泡的酒有些上头。饭饱微醺之中，籍贯天南地北的六个人，都认桐庐作了故里。

5月7日　桐庐县（严陵钓台）
——建德梅城镇（乌龙山、乌龙庙）

是日立夏。

清晨，吴真老师在群里分享了郁达夫的《钓台的春昼》。9时，大家分头在车上念着散文，一边由桐庐县城经210省道、芦梅线，南下20余里，穿越富春江电厂大坝，便到了严子陵钓台。

《水经注》谓："自（桐庐）县至於潜，凡十有六濑，第二是严陵濑。濑带山，山下有一石室，汉光武帝时，严子陵之所居也。"在很多文献的描述中，严陵濑秀壁双峰，群山蜿蜒，如两蛇对走于平野之上。谢灵运诗云"石浅水潺潺"，郁达夫《钓台的春昼》也说，过了桐庐，"此去就是七里滩头，无风七里，有风七十里"，"江心狭窄，浅滩果然多起来了"。然而岸谷沧桑，我们看到的，已是因修建电厂大坝而高抬、平缓的江面。

我们在风景区门口雇了一条船，向钓台驶去。

很多人都对"云山苍苍，江水泱泱，先生之风，山高水长"一句耳熟能详。它出自范仲淹的《严先生祠堂记》，颂的正是严光严子陵。《后汉书·逸民列传·严光传》记载，严子陵少时与刘秀同学，及光武即位，隐姓不出，皇帝遣使三顾乃后至。已做了高官的故人侯霸邀其屈身谒君，严光回信，嗤之以鼻。侯霸回奏光武，皇帝笑称"狂奴故态也"，亲往就严光，自负地说道："子陵，我竟不能下汝邪！"不日，又与严子陵从容论道：

> 因共偃卧，光以足加帝腹上。明日，太史奏客星犯御坐甚急。帝笑曰："朕故人严子陵共卧耳。"除为谏议大夫，不屈，乃耕于富春山，后人名其钓处为严陵濑焉。

在《后汉书》所载十七位逸民中，相比于"不知何许人"及"莫知所终"者，严光的籍贯、事迹与隐居地点相当具体，与最高权力者皇帝之间的关系，也最为亲近。然而虽为故交，终是君臣。即使能狎昵以至于共榻偃卧，但狂奴故态、客星犯御云云，不免显露出清高逸民与世俗皇帝之间亲密又紧张的态势。都筑晶子、藤田至善、松本雅明与安部聪一郎等学者，先后都讨论过汉晋南北朝时期的"逸民"群体。逸民用各色逃避的方式拒绝进入政治世界，这一选择本身，其实也是一种政治行为。

在严子陵祠前弃舟登岸，拾阶而上，用半小时到达山顶。山顶平坦，钓台有东西两个，相去一二百步，其间夹着一条深谷。山路修得很好，从东台到西台，不消五分钟。也曾到过这里的唐人张继，题诗钓台："古来芳饵下，谁是不吞钩。"从姜太公渭滨垂钓以来，"隐身渔钓"成为高士形象刻画的装置之一。太公的钓钩离水三尺，严光的钓台更距富春江面百丈。即便水位已较先前抬高了三四十米，孤峰特操的感觉于我们依然清晰。【图9】

郭熙说："人之看者，须远而观之，方见得一障山川之形势气象。"（《林泉高

图9　严陵东台

图10　宋谢皋羽哭祭文天祥处

致·山水训》）抛却附丽于山水的人文，离我们更近的郁达夫，一眼望到的是钓台春昼之美：

> 立在东台，可以展望来路，风景似乎散漫一点，而一上谢氏的西台，向西望去，则幽谷里的清景，却绝对的不象是在人间了。……这四山的幽静，这江水的青蓝，简直同在画片上的珂罗版色彩，一色也没有两样，所不同的就是在这儿的变化更多一点，周围的环境更芜杂不整齐一点而已，但这却是好处，这正是足以代表东方民族性的颓废荒凉的美。

我们坐在西台的亭中歇息，亭有一石碑，上有萧娴先生手书"宋谢皋羽恸哭处"。【图10】引文中郁达夫提到的"谢氏的西台"，说的就是谢皋羽。蒙元大军南下之时，福州长溪人谢翱（字皋羽）以布衣从戎，倾其家财，组织乡勇加入文天祥的大军。文丞相就义后，谢皋羽流亡杭州、建德一带，冒雨拜谒严子陵祠，雨止"登西台，设主于荒亭隅，再拜跪伏，祝毕，号而恸者三"（《登西台恸哭记》）。谢氏所哭者，文丞相也。登西台恸哭之日，是文丞相的忌日。天地有正气，杂然赋流形，于人曰浩然，沛乎塞苍冥。严陵濑据说是富春江最美的一程，严子陵的归隐与谢皋羽的恸哭，又让这一川山水气节卓然可观。

转头只见方勇老师坐在石阶上画了起来。人群迅速聚拢过去，大家还撺掇陈智安老师也来一挥画笔。于是，两位画家同向并坐。这是我们第一次现场观看两位画家同时走笔，因此也有幸发觉，对着相同的山石、林木、亭台，他们如何表现出不同的景深和意境。更有意思的是，两位老师互换风格，彼此使用对方擅长的技法来创作。不曾料想，高朗疏率的陈智安老师，竟有这般轻捷细腻的笔触，正如他曾经所说，这是一种"感觉上的缠绵"。

随后，方勇与陈智安老师相背而坐。陈老师仍对江不动，方老师则负江画山。严陵钓台风起，斑驳树影也来入画，在绢上纸上摇曳不停。五十分钟，两位老师共画就五幅作品。【图11—图13】

方勇老师说，写生是持续性的创作，若不是我们还有别处要去，他们可以旷日持久地画下去。

意犹未尽地下山，吴真老师同魏斌老师谈起，描述富春江的六朝文学作品，一时想到的似乎只有梁朝吴均的《与朱元思书》：

图 11　严陵西台（左：陈智安老师作品；右：方勇老师作品）　　图 12　严陵西台道中（方勇）

图 13　严陵东西二台（陈智安老师西台写生作品）

> 风烟俱净，天山共色。从流飘荡，任意东西。自富阳至桐庐一百许里，奇山异水，天下独绝。水皆缥碧，千丈见底。游鱼细石，直视无碍。急湍甚箭，猛浪若奔。夹岸高山，皆生寒树，负势竞上，互相轩邈，争高直指，千百成峰。泉水激石，泠泠作响；好鸟相鸣，嘤嘤成韵。蝉则千转不穷，猿则百叫无绝。鸢飞戾天者，望峰息心；经纶世务者，窥谷忘反。横柯上蔽，在昼犹昏；疏条交映，有时见日。

这篇文字，曾入选高中课本。年少时诵过，只觉文辞纯美，无一废字。如今，我们和吴均一样，也从富阳到桐庐，所见不正是风烟俱净的奇山异水么。攀一回严陵钓台，所绘不正是"负势竞上，互相轩邈"的高山寒树么。汉魏以来，富春山水老是催人思退。严陵别了天子故人，隐身耕钓。吴均陷身经纶世务，窥谷忘返。离我们最近的郁达夫，也是因了"中央党帝，似乎又想玩一个秦始皇所玩过的把戏"，才决心"上钓台访一访严子陵的幽居"。我们置身这一脉锦峰秀岭，"从流飘荡，任意东西"，品咂六朝清拔文字，不觉毛发竖立，而生芥视功名之心。

值得一提的是，此行结束后，吴真老师在微信群里分享了近代词宗夏承焘先生的一阕《浪淘沙·过七里泷》：

> 万象挂空明，秋欲三更。短篷摇梦过江城。可惜层楼无铁笛，负我诗成。杯酒劝长庚，高咏谁听？当头河汉任纵横。一雁不飞钟未动，只有滩声。

杯酒高咏，河汉纵横，那么多感叹君臣一梦的严陵诗词中，似乎难得有这般少年侠气。然而，据说夏先生晚年改动了一句，"当头河汉任纵横"没有了，取而代之的是"此间无地着浮名"。人生跌宕起伏，严陵滩一成不变地远山长、云山乱、晓山青。

返棹驱车，沿沪瑞线西南行40分钟，午后13时30分左右至建德市梅城镇。建德本汉时富春县地，吴黄武四年分置建德县，治所在梅城镇。唐以后，梅城也是严州、睦州的治所。

我们在镇上随便走进一家兰溪手擀面馆，味道出人意料的好。艳阳正盛，餐后稍歇，随即直奔乌龙山。陆游《严州重修南山报恩光孝寺记》有一长段叙说乌龙山的文字：

图14 玉泉寺鼓楼（左：方勇摄影，右：方勇写生作品）

浙江自富春溯而上，七里濑、桐君山，山益秀，水益清。乌龙山崛起千仞，鳞甲爪鬣，蜿蜒盘踞。严州在其下，有山直州之南，与乌龙为宾主。乌龙以雄伟，南山以秀邃。形势壮而风气固，是为太宗皇帝、高宗皇帝受命赐履之邦。登高四望，则楼观雉堞，骞腾萦带，在郁葱佳气中，两山对峙，紫翠重复，信天下名城也。

乌龙山东西绵亘六十里，崛起千仞。车行至乌龙山脚，眼见崇山峻岭，陆游之文不虚。《读史方舆纪要》注引《图经》称，乌龙山为郡之镇山，良有以也。

山上有玉泉寺。【图14】据传，唐贞观年间初建，为净土宗五祖少康大师所创之道场。陆游、范仲淹仕宦严州时，常来玉泉寺祝祷参禅。今寺乃近年重建，修整得极为庄严宏丽。今年3月，方勇、陈智安老师先已探访到此。居寺中南望，北峰塔（在乌龙山余脉卯峰上）、南峰塔和凤凰山清晰可见。

《水经注·浙江水》篇还提到，乌龙山下有庙，在县东七里，"庙渚有大石，高十丈，围五尺，水濑濬激而能致云雨"。由此可知，乌龙庙当是县中求雨的场所。我们查看电子地图，显示乌龙庙西距玉泉寺仅1公里。

导航将我们带到已经破败的新安江电子管厂门前。经厂里老师傅指点，乌龙庙就隐匿在一排排人去楼空的厂房间。魏斌老师手持树枝敲击土地，走在前面，其余成员紧随其后，一番摸索，找见了衰草掩映下的乌龙庙。

庙正殿曾被改作车间。香案前的地上，有一石槽做成的香炉，正面朱书"乌龙王"三字。【图15】供桌上红蜡堆积，塑料袋里有几包未见日期标注的点心。有意思的是，还有一副"筊杯"，立在桌右一角，形似一剖为二的竹笋。这一物品在闽浙地区的祭祀祝祷仪式中常见，用于沟通人神，向神灵请求指示。来自潮州的吴真老师亲自演示掷筊杯的过程：先祈愿，再掷筊，视两片筊杯的俯仰情况。一正一反，是为"胜（圣）杯"，意指神灵护佑，天遂人愿；两正为"笑杯"，表示神意未决；若是两片皆俯伏，则意味着神明不允。很幸运，吴真老师一举掷出了胜杯，大吉。

陈智安老师坐在门槛上，魏斌老师向他讲着山中精怪事。众人聆听之际，忽不见方勇老师。延颈探视，见庙后门虚掩，赶上前去，方勇老师正立于枯树上写生。【图16】

临走，厂里师傅引我们南行，经过三排厂房，看到一对有些年代的石狮，分坐于乌龙庙中轴线两侧。师傅介绍，在他记事时，乌龙庙原是三进三开的院落，自

图15　乌龙庙正殿今貌

图16　陈智安、魏斌在正殿前说山中精怪　　　　图17　严州古城遗址

地图4　建德　制图/林昌丈

1969年起至70年代逐渐拆毁，改做厂房，唯正殿保存下来。老先生对乌龙庙故事颇熟稔，说《水浒传》写宋江征方腊，就曾拜过乌龙庙。经查，《水浒传》第116、117回标题"宋公明大战乌龙岭""乌龙岭神助宋公明"，确实两度述及乌龙山及庙。第117回还写道，乌龙庙在严州北门外，亦名万松林，神君"乃唐朝一进士，姓邵名俊，应举不第，坠江而死，天帝怜其忠直，赐作龙神。本处人民祈风得风，祈雨得雨，以此建立庙宇，四时享祭"。这些文学作品中的记述或非虚构，也都印证乌龙庙是一处地方民间信仰空间。今庙遗址中已不见神君邵俊图形。

此行最后一处，是梅城小西门（武定门）外的开元禅寺。据罗汝楫《重建兜率寺记》，此寺唐神龙初中宗所建，初名中兴寺，既而改龙兴寺，开元间改开元寺，宋大中祥符元年改名兜率寺。宋以后古刹几经整修复建，遗址得以保存至今。

开元寺外，即古镇南城墙，主体为现今新修，有一段为明代城墙。【图17】城墙外，新安江流过。登上城墙东行，可见新安江、兰江与富春江在南峰塔下交汇，

大山蜿蜒在北，颜色乌漆。（地图4）

太阳告夕，缘严东关路觅食。晚餐喝了一种味道浓郁的当地药酒。陈智安老师说，我们喝的，就是郁达夫《钓台的春昼》里说的"严东关药酒"。

夜宿梅城。众人意犹未尽，畅聊欢饮至寅初。其间，方勇老师渐臻佳境，跷着二郎腿，倒扣茶杯，以底为砚，作画三幅。

5月8日　返回杭州，各自返程

"重绘富春山居图"第一次考察，成员6人，为期4天，行程约450公里。浙江自古繁华，我们所经富阳、桐庐、建德，无不恬然富庶。此行安车平路、佳酿美食，完全偏离了我们关于考察"风尘仆仆"的预想。

团队成员中，大多算是书斋里的学者。研究一史事、一地域，往往先从文献着手，由正史、地记、方志、地图、诗文来塑造地方的最初印象。行前，我们就已明了富春江流域县乡区镇的建置沿革、故事传说。对照历史地图、google earth，印渚、七里濑、乌龙山的地形水文也一览无余。或者，早已追踪南朝唐宋的诗人，想象过富春、桐庐的水碧山青。然而，当我们将这些文献中的地名一一亲历，先前的认知于是得以印证，或被刷新。不到印渚中看，人情开涤、日月清朗的感觉无从落实。只有舟行严陵濑，方知晓峻壁浅滩已在人力作用下变成高峡平湖。亲身寻着乌龙庙，才能将"乌龙山下有庙"的文字记载，同眼前破败的厂房、残存的正殿、掷筊的神器、蒙尘的烛蜡烟灰交叠在一起，目睹民间信仰依依不舍的退场。历史与现在共生的画面感，需要实地走访获得体认。

学术务求严谨，艺术却可以"放任"，学者与画家同行，使本次考察别开生面。近年来，跨学科已不新鲜，但学术与艺术联手，或许是一种新尝试。绘画是由直觉与想象来操控笔墨的艺术，当充沛的生气在胸中激荡，笔下方有真诚的情感。然则，画家的情感从何而来？前些年，方勇与陈智安老师的一席对谈中，方老师就一语道出："如何让物理性通过笔墨表达并合理存在，是问题的关键。"（《笔墨的理法与直觉——关于"可游可居"的对话》）这次旅途中，方勇、陈智安老师也多次言及，他们要在创作上突破"写形"，延展画意，向山水更深处漫溯，便亟待学术内涵的灌注。笔墨如何再现六朝山水的气韵，庙宇道观安置在画面何处，水流的波动是否蕴含道教"东流水"的寓意,如何做到格调超脱而物象又具体合理,这一类细节与宏旨都需要学理支撑。

同样,学术也期待艺术的激发。画家落笔前,胸中已有丘壑,学术研究何尝不是如此。作画时的行云流水,是内心源源不断的情感在发酵,学术研究自然也需要充盈的情感和恰到好处的想象力。此行观摩两位画家写生,我们看到从自然到笔墨的创作全过程,看到历史的、文学的、宗教的知识投影到画面上。

东晋慧远《庐山诸道人游石门诗序》有云:"崖谷之间,会物无主,应不以情而开兴,引人致深若此,岂不以虚明朗其照,闲邃笃其情耶?"千年之后,地理学家段义孚的洞见与慧远遥相呼应。他说:"景观不仅仅是景色,而是一种包罗万象的氛围。景观的美学特性使人类可以超越他的社会生物性内涵。"(《神州》)此次面对六朝风物晋山川,作画的人与看画的人,一同心领神会,以各自学术或艺术所长,激活彼此的观想,从而突破了各自习以为常的视界。

在中国传统意象中,山水远离市朝,越名教而任自然。本次考察,我们仿佛荒江野老屋中的素心人,游目骋怀,商量学问。行程很短,山水悠长,聚散有时,会面可期。

思想

科学革命
——从天文学到物理学

张卜天

"科学革命"（the Scientific Revolution）是指发生在欧洲16、17世纪那场独一无二的思想剧变，这场革命将统治西方两千多年的古代宇宙论模型彻底击碎，而代之以全新的天文学、物理学和世界图景。如今，我们依然生活在科学革命的影响之下。我们用两部重要的科学著作来界定这场科学革命的起止时间：1543年哥白尼（Nicholaus Copernicus, 1473—1543）的《天球运行论》以日心地动说取代古典的两球宇宙模型，宣告了革命的开始；1687年牛顿的《自然哲学的数学原理》建立了经典力学体系，对科学革命中锻造的各种新概念与思想线索进行综合，标志着这场革命的终结。

一 哥白尼之前的西方宇宙论

和其他古代文明不同，古希腊人很早就开始了建立理性宇宙论的努力。所谓理性宇宙论，首先意味着在其对宇宙结构的描述中，神和超自然事物几乎完全隐退，人们更关心如何将自然世界的实际现象和天文观测纳入宇宙论体系。公元前4世纪，"两球宇宙模型"已被绝大多数希腊天文学家和哲学家所接受。其基本思想是，恒星散布在一个巨大的天球上，地球静止于该天球的中心，太阳位于恒星天球与地球之间，恒星天球连同太阳自东向西运动；同时，太阳还有另一重自西向东的运动，以恒星天球为背景，这样一次向东运动的轨迹便是所谓的黄道，所需时间是365天多一点，即所谓的"年"。两球宇宙模型将原本散乱的天文现象纳入到统一简洁的解释原则中，成为哥白尼之前宇宙论的基本框架。

两球宇宙模型本身并不构成一个宇宙论体系，在恒星天球和地球之间还有几颗行星，也就是与恒星相比运动显得不那么规则的七个天体：太阳、月亮、水星、金星、火星、土星和木星。这些行星总在黄道线附近徘徊，偶尔还会出现"留"与"逆行"的现象。古希腊人相信，天的世界是完美的，这种完美性体现在天体绝对完美的圆周运动上，行星的运动虽然看起来缺少规则，却能用圆的组合加以刻画和描述。柏拉图明确提出了"拯救现象"的要求，即用匀速圆周运动来解释行星不规则的视运动。它从方法和目的两个方面对后世的天文学研究做出了规定。

柏拉图之后的宇宙论发展可以概括为在两球宇宙模型下进行"拯救现象"的一系列努力。亚里士多德为两球宇宙提供了自然哲学基础，宇宙被截然分成月下世界和月上世界：在月下世界，土、水、气、火的不同结合构成了万物，也规定着物体自然运动的方向，这是一个充满生灭变化的世界；而月上世界则由被称为"以太"的第五元素所构成，星体被镶嵌在巨大的水晶天球上，有规律地永恒运动着，没有生灭变化。对月上世界天体运行的研究在希腊化时期的托勒密那里达到了高峰，他对本轮、均轮、偏心圆等工具的熟练运用以及引入的偏心匀速点为解决行星问题提供了全套技巧。他的《至大论》浓缩了古代天文学最伟大的成就，是一部集大成的数理天文学论著。

尽管亚里士多德主义物理学和托勒密天文学从未被融贯和系统地组织在一起，但二者结合所形成的空前强大的宇宙论体系已经足以掩盖其各自的理论缺陷以及这两种理论之间的不相容。特别是经过13世纪经院哲学家阿奎那的努力，亚里士多德主义哲学与基督教教义被相当成功地调和起来。在哥白尼的时代，欧洲人普遍信奉一种具有基督教神学意义的亚里士多德-托勒密宇宙论，其图景大致是：月下世界从中心到外围分别由土圈（通常被看作地狱的处所）、水圈、气圈和火圈构成；火圈之上是月亮天球，地界和天界由此分开，月亮天球之上分别是水星、金星、太阳、火星、土星和恒星所在的诸天球，如洋葱般层层嵌套，它们的运动和位置可以通过托勒密天文学计算得出；再往上则是根据《圣经》所推知存在的水晶天和最高天，后者是上帝及其选民的永恒居所。

二　新天文学

1. 哥白尼与《天球运行论》

在 16 世纪的欧洲，新的大翻译运动复兴了新柏拉图主义、赫尔墨斯主义、伊壁鸠鲁主义等古代思想，人文主义学者热情地迎接和讨论这些新观念，对陈腐的经院哲学进行无情嘲讽。基于托勒密对地球尺寸的过小估计，哥伦布向西远航意外发现了美洲大陆。人们在惊叹这位古代科学巨匠在地理学上的巨大失误时，也对其在天文学上的成就产生了严重的怀疑。路德和加尔文掀起了宗教改革的大潮，新教对一切超越《圣经》之外的罗马天主教教义进行了否定和批判，其中自然也包括罗马教廷认可的亚里士多德-托勒密宇宙论。

在这样一个变革的时代大背景下，作为科学革命开启者的哥白尼倒显得格外平静，甚至近乎保守了。事实上，哥白尼既不想撼动亚里士多德的权威，也不想移动上帝的宝座，他只想在不打破亚里士多德主义基本世界图景的前提下，技术性地调换太阳与地球的天文学功能，以更好地继承和延续柏拉图的"拯救现象"传统。在《天球运行论》的序言中，哥白尼说自己之所以批判托勒密体系，是因为在尝试解释行星运动的一些不均等性的过程中，托勒密使用了偏心匀速点，而哥白尼认为此举违反了匀速圆周运动的假设。因此，他在第一卷中建议放弃地心和地静的天文学预设，让太阳成为宇宙的中心，将太阳的运动转移给地球，以简化对行星运动的数学计算。

哥白尼设想的宇宙图景大致是：太阳取代地球位于宇宙中心并保持静止；水星、金星、地球、火星、木星、土星被镶嵌在各自的天球上依次围绕太阳转动；最外层的恒星天球静止不动；月亮是地球的卫星，它既随地球绕日公转，又绕地球做周月旋转。地球被赋予了三重运动：绕轴周日自转、绕日周年公转、地轴的圆锥运动。由于哥白尼保留了天球概念，地球第三重轴转运动是十分必要的，因为只有这样才能抵消地球被镶嵌在天球上旋转而造成的地轴方向变化，使地球自转轴在绕日公转时与黄道面保持固定交角，从而形成四季差别。【图1】

与托勒密体系相比较，这个新图景在天文学上有三个主要优点：第一是比较容易解释行星的逆行现象。在哥白尼的体系中，逆行并非缘于行星本身的运动，而是缘于地球运动与行星各自绕日运动的叠加。第二是能够确定诸行星的轨道次序。

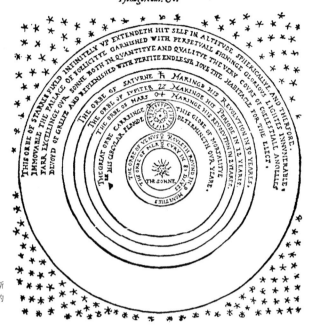

图1　早期的哥白尼主义者托马斯·迪格斯（Thomas Digges，1546－1595）所描绘的哥白尼体系，它预言了新宇宙的无限性

在托勒密体系中，各个行星的几何结构是互相独立的，因此没有确定行星次序的标准；而在哥白尼体系中，太阳系内行星的排布由它们绕日运行的时间所决定。水星（88天）、金星（225天）的周期小于地球（365.25天），因而处于太阳和地球之间，属于内行星，而火星（687天）、木星（12年）和土星（29年）则属于外行星。内行星概念的引入使哥白尼无须借助额外的特设性假设就能解释为什么水星和金星总是出现在太阳附近。第三个优点体现在天文计算上。利用三角学的方法，哥白尼借助日地距离计算出了所有行星到太阳的距离，这等于确定了太阳系和诸行星轨道的相对尺寸。

在定性解释方面，哥白尼体系的确比托勒密更有优势，但这些进步很快便被《天球运行论》随后几卷庞杂而繁复的数理天文学计算所淹没。在对行星运动的精确计算中，哥白尼依然不得不求助于本轮与偏心圆，从而使新体系至少与托勒密体系同样复杂，而它对行星位置的预测精度明显比不上托勒密体系。偏心圆的运用使太阳并不处于宇宙的中心。换言之，哥白尼体系并未成为一个真正的日心体系，而更应被视为一个地动日静体系。

哥白尼体系还面临一系列更为严峻的理论困难。在天文学上，假如地球绕太阳运转，那么随着地球从轨道的一侧转到另一侧，恒星的相对视位置应当有微小的改变，即出现恒星视差。然而，自古以来从未有人观察到这一现象。对此哥白尼预言，视差现象本身是存在的，但由于土星和恒星天球之间的距离过于遥远，肉眼无法直接观察到。直到1838年，科学家才借助功能强大的望远镜证实了这条假说。除此之外，新的宇宙体系还存在着物理学上的困难。如果周日运动和周年运动成立，地球就不再是静止的球体，而是一个时刻处于高速运动的天体，那么为何从高处落下的物体不会被抛向西边？哥白尼需要重新面对这些古老的反驳。

虽然在《天球运行论》中，哥白尼未对新天文学做出有效的物理学辩护，但他用严格的数学工具探索了新的宇宙结构在天文学上的可靠性。尽管该体系此时还存在各种缺陷和不足，但哥白尼的工作最大程度地说明了其内在的和谐与统一，揭示了对其进一步修改和变革的可能性，它将在未来半个世纪引起欧洲最优秀科学家的注意。与之相比，沿用一千多年的托勒密体系显得过于繁琐复杂，它不符合当时兴起的对于数学简单性的审美要求。

2. 第谷与观测天文学

阻碍哥白尼取得比托勒密更为精确的行星预测结果的另一个原因是他采用的天文数据。这些数据包含了大量错误，一部分来自实际观测中的失误，另一部分则来自传抄过程中的笔误或曲解。哥白尼对古代流传下来的观测数据不加怀疑地使用，严重损害了他的计算工作。显然，天文学上的新突破必须建立在更为精确可靠的观测数据的基础之上。丹麦天文学家第谷（Tycho Brahe, 1546—1601）用毕生勤恳的工作将欧洲天文学从对古代数据的依赖中解放出来，其观测精度达到了裸眼天文观测的极限。这种对精度的大幅提升为日后天文学的进步铺平了道路。

第谷还提出了一个新的天文学体系。他很清楚哥白尼体系的优点，同时又深知其所面临的巨大挑战，特别是地球运动所引发的物理学困难。因此，第谷在自己的

图2　里乔利（Giovanni Battista Riccioli）《新天文学大成》（*Almagestum novum*, Bologna, 1651）的卷首插图。正义之神正在哥白尼体系和第谷体系之间进行权衡，而托勒密体系（位于右下角）已被弃置一旁

体系中再次认为地球静居于宇宙中心；月亮、太阳绕地球转动；水星、金星、火星、木星、土星绕太阳旋转，同时随太阳一起绕地球转动；而最外层的恒星天球每天绕地球旋转一周。第谷体系是一种折中方案，在数学上与哥白尼体系完全等价，却又巧妙避开了那些对哥白尼的反驳，在17世纪受到不少天文学家的欢迎。【图2】

3. 开普勒与行星三定律

第谷体系貌似是一个完美的解决方案。但如果对其深入思考，便会发现这个体系蕴含着一种极大的不和谐。曾被看作神圣而完美的天界，如今却像是被一个蹩脚的技师临时拼凑起来一样。对称性和统一性赋予了哥白尼体系独特的审美价

值,这一点对于像开普勒(Johannes Kepler, 1571—1630)这样狂热的新柏拉图主义者来说尤为重要。

开普勒在图宾根大学学习时第一次接触到哥白尼的新天文学。哥白尼体系和谐的数学结构,成为开普勒相信和捍卫它的最重要理由。他还关心为什么在哥白尼体系中,围绕太阳运转的行星只有六颗。1595年,开普勒想到了一个绝妙的答案:只要将球体和正多面体以适当顺序套起来,球体的相对大小就能符合哥白尼理论所给出的行星到太阳的相对距离。由于正多面体只有五种,因此被它们隔开的球体有且只有六个,恰好等于行星的数目——不多不少就是六颗。【图3】对开普勒而言,这一发现令人敬畏。他找到了行星数目和距离何以如此的原因,揭示了天界的几何结构,其优雅和美正是对哥白尼体系的最佳证明。这样的证明很难有说服力,但在开普勒看来,数学不仅是描述自然的工具,而且也是自然的存在原因和意义源泉——自然之所以如此,是遵循了某种简单而和谐的数学定律。在这种精神力量的支撑下,他洞悉了行星运行的奥秘。

1596年,开普勒在《宇宙的神秘》一书中宣布了这项发现,并给第谷寄了一本。第谷意识到开普勒非凡的数学和天文学才能,邀请他和自己合作。在1609年出版的《新天文学》中,开普勒公布了自己的火星轨道研究结果,其中包括了三条行星运动定律的前两条。第一定律指出每颗行星的轨道都是椭圆,太阳位于它的一个焦点上;第二定律表明,太阳与行星的连线在任何相等时间段内扫过相等的面积(因而这条定律也被称为等面积定律)。现在,椭圆取代了正圆轨道,等面积定律取代了相对于圆心的匀速运动,而偏心圆、本轮、偏心匀速圆以及其他特设性工具都不再需要了,开普勒的宇宙比过去所有体系都更为简单和优雅,而给出的预测则比之前所有的预测都更精确。1618年出版的《世界的和谐》包含着开普勒第三定律:行星轨道周期的平方之比等于到太阳平均距离的立方之比。第三定律预示着诸行星的运动仿佛受到来自太阳的某种统一原则的支配,其威力将在17世纪后半叶逐渐发挥出来。

4. 伽利略和望远镜

就在开普勒出版《新天文学》的1609年,伽利略(Galileo Galilei, 1564—1642)将望远镜对准了天空。伽利略并没有发明望远镜,而只是在荷兰透镜技师的基础上对望远镜进行了改进。他的意义在于第一次充分理解了望远镜中的天文现

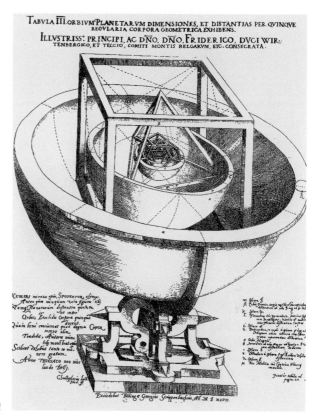

图3 开普勒的行星天球模型

象,并用这些新的证据为哥白尼体系做了辩护。

借助望远镜,伽利略看到了从未用肉眼观测到的大量恒星,这从侧面暗示了古代天文学家的局限性,他们能看到的星星数量少得可怜,所做的结论也无法令人信服。与行星不同,恒星在望远镜中显示的尺寸并没有被放大,伽利略认为这是对哥白尼的有力支持,因为他在《天球运行论》中做出过正确的预测。与行星相比,恒星距离我们要遥远得多——由于太过遥远,望远镜无法将其尺寸进一步放大。伽利略观察到月球表面布满了沟壑和山脉【图4】,而古人曾认为月亮和所有天界物体一样是完美的,犹如一个光洁无瑕的圆盘。他还发现了地球反照现象,正如

图4 伽利略手绘的月相图,望远镜下的月亮并不是一个完美的球体

月光可以照亮地球上漆黑的夜晚,从地球反射的光也可以照亮月球的暗区。这些新证据表明,月球与地球并无本质不同。伽利略还发现木星周围有四颗卫星,而且土星的形状很奇怪,像是长了一对"耳朵",这对"耳朵"有时会改变形状,甚至消失不见。甚至连太阳也称不上完美,几年后伽利略便发现了太阳黑子。然而,对托勒密体系最有力的反驳来自他对金星相位的观察。在托勒密体系中,金星总是位于太阳与地球之间,因而最多只能呈现新月形。伽利略观测到了新月形的金星和满的金星,这表明金星时而处于我们和太阳之间,时而远在太阳的另一侧,简

言之，金星是围绕太阳运转的。

三　物理学的变革

1. 伽利略与运动科学

伽利略对金星全套相位的发现彻底埋葬了托勒密天文学，现在天文学家只能在第谷体系与哥白尼体系之间进行选择。于是，这两个体系之间唯一的分歧，即地球是否运动，就成了天文学家最为关切的问题。如果承认哥白尼体系对宇宙的描述是真实的，那就意味着亚里士多德主义物理学的全面破产：地球被移出了宇宙中心，天界与地界的区分不再成立，地界物体自然运动与受迫运动的区分也失去了意义。一门新物理学已经呼之欲出。它迫切需要解决运动地球的概念与我们日常所感知到的运动经验之间的种种矛盾，这些矛盾集中体现在落体问题上：为什么从高塔上落下的物体没有因为地球高速的绕轴自转被抛在西边，而是落回了原地？伽利略终生都在致力于回答这样的运动问题。他原计划完成一本名为《论运动》的专著，尝试将阿基米德的数学力学方法与亚里士多德主义物理学结合起来。但这一努力并不成功，伽利略愈发感到古代物理学中存在着无法调和的矛盾。如果不对基本运动概念进行全盘清理和改造，就无法彻底消除这些矛盾。经过十余年的思考，伽利略最终在运动问题上取得了重要突破，其成果发表在《关于两大世界体系的对话》（1632，简称《对话》）和《关于两门新科学的谈话》（1638，简称《谈话》）中。

伽利略在运动学方面取得了一系列开创性成就。他把运动分成匀速运动和加速运动，而加速运动又可以分为匀加速运动和非匀加速运动。伽利略对匀加速运动做了细致考察，发现物体的运动速度不是与距离而是与时间成正比，运动距离与时间的平方成正比。

伽利略批判了一条流行的谬误，即认为物体下落的速度与其重量成正比。事实上，重量不同的重物几乎以相同的速度下落，它们在空气等介质中下落时，阻力随速度的增加而增加；当阻力变得与物体重量相等时，加速会停止，物体继续匀速下落。这意味着当物体的所有受力之和为零时，物体将保持运动状态。这一结论再次与亚里士多德的意见相左，后者认为物体的运动总是需要力的维持。我们发现，此时伽利略距惯性定律只有一步之遥，然而事实上，他从未提出一般意义上的惯性定律，甚至根本没有使用过"惯性"（inertia）这个词，其全新的运动科学中依然残留着亚里士多德物理学的某些痕迹。

当然，我们不应对伽利略过分苛求，他的运动科学已经为哥白尼日心体系提供了足够的辩护武器。结合他所发现的关于运动的分解、合成和叠加的法则，伽利略证明了抛物体的运动轨迹是一条抛物线，由此出发，矛盾最为集中的落体问题可以得到令人满意的回答。物体从高塔下落后，将继续参与在塔顶时所拥有的地球运动，从塔顶落下后仍将跟上地球的运动。即使地球在运动，物体也会落到塔基处。就这样，哥白尼宇宙所面对的最大理论障碍被清除了。

2. 从"机器隐喻"到机械论哲学

伽利略的运动科学对时间、空间、位移等运动基本概念的重新界定预示着一种全新的自然观。17世纪欧洲出现的这种新的自然哲学思潮，取代了古代的有机论或有机自然观，一般被称为机械论或机械自然观。

有机自然观和机械自然观基于对自然世界整体上的不同理解，这种理解决定了二者对待自然研究问题采取了不同的回应策略。古典的有机自然观以植物、动物这样的有机体作为理解自然的蓝本。譬如一粒大树的种子，其一生会经历发芽、生长、成熟等一系列阶段，它未来展开的所有生命形式，都潜在地蕴藏在这粒小小的种子之中。宇宙也是一个类似的有机体，它的发展变化也是其内部潜能不断展开和实现的过程。在有机自然观中，每一个自然物的存在和行为都同它最终指向的目的密切地联系着。

而机械自然观则将宇宙视为一台无生命的、巨大的机器，或是一部构造精密的钟表，这一类比关系常常被称为"机器隐喻"或"钟表隐喻"。"机器隐喻"是近代欧洲独有的一种思想文化现象，将宇宙比作机器的观念，在此前的任何一种人类文明中都不曾有过。

首先，"机器隐喻"和基督教的影响密不可分。有机自然观是古希腊人的产物，作为有机体的宇宙无始无终、自给自足。而基督教的创世说却认为，物质世界是神从无中创造出来的。有生命的东西不可能无中生有，我们看到一粒种子，总想到它是从另一棵大树上孕育出来的,生命过程就这样不断地轮回和延续着。但机器既不会自发地存在,也不会繁衍,而肯定是被一个更高级的智慧设计和制造出来的。正如我们看到一部做工精美的钟表,并不会夸耀这个钟表本身,而一定会赞叹制造它的匠人。正是通过这种方式,"机器隐喻"将自然世界和独一的神巧妙地联系在一起。自然世界是一台庞大而严密的机器,而上帝则是创造和维护它的"神圣技师"。

其次,文艺复兴时期机械工程的巨大发展对"机器隐喻"的流行起了推波助澜的作用。15、16世纪的欧洲钟表制造业已经达到了相当高的水平,人们第一次看到了似乎不需要外力持续推动就可以精密运行的造物。他们不由得推想,那些周而复始运动的天体不就像钟表上的齿轮,整个宇宙不就像一台严丝合缝的大钟么?

最后,"机器隐喻"特别有助于科学革命时期的思想家对亚里士多德主义哲学进行批判。以伽利略为代表的研究者们日益感到,亚里士多德主义自然哲学之所以无效,源于其目的论式的自然探究方式。如果把自然看作一台机器,这种自然探究方式的荒谬性立刻会暴露出来。正确的思路应当是分析钟表里每一个零件的构造、功能和相互之间的关系,只有这样才能对钟表有更为深入的了解。在自然研究中,关心的重点应该是动力因——物质的运动及其相互作用,而非目的因。随着批判的深入,"机器隐喻"所蕴藏的内在逻辑被逐渐展开,与之相应的机械论哲学应运而生。机械论哲学的各种版本无不遵从两点假设:第一,正如钟表的运作可以还原为其内部组件及其相互作用,对一切自然现象的解释也只能从物质及其直接的相互作用出发;第二,正如对钟表整体运动的解释总要归结为对其细小零件的运动进行解释,对宏观自然现象的解释也要归结为对微观物质的解释。

法国哲学家笛卡尔给出了一套严格的机械论版本。他敏锐地洞察到,一个完全机械化的宇宙将是一个数学的宇宙,整个物理学王国都可以被还原为几何学。这一观念要求人们从感性的现象世界跳出来,不依靠具有欺骗性的人类感官,而是借助理性之光抵达那个最真实、最可靠的数学王国。经由"普遍怀疑"的方法,笛卡尔把不具有广延的思想实体和具有广延的物质实体区分开来,物质总是占据三维空间的一部分,这种特性被称为广延,在笛卡尔那里,物质、空间和广延本质上是等价的。笛卡尔进而将物体的性质分成第一性质和第二性质:第一性质是广延实体的性质,是那些属于物体本身的、可以数学化的性质;第二性质则依赖于思想实体的活动,是那些属于主体的、不可数学化的性质。第二性质是第一性质作用于人的感官所产生的结果。事实上，开普勒和伽利略都曾表达过关于第一性质与第二性质的类似区分，这是迈向自然数学化的关键一步。

惯性原理是机械论宇宙的基石。在充满惰性物质的宇宙中，运动是物体的基本状态，运动本身不需要原因，而改变运动才需要原因。笛卡尔既不承认虚空，也不承认原子，他的宇宙被物质所充满，其中的物质是无限可分的。在《哲学原理》（1644）中，笛卡尔规定了宇宙运行所服从的最高定律，即总物质量和速度的乘积保持恒定，类似于今天的动量守恒定律。他还加入了三条辅助性的运动定律，用以描述自然事件的进程：第一定律排除了一切可能的自发运动，第二定律即惯性定律，第三定律刻画了物体碰撞之后的运动。在此基础上，笛卡尔给出了他的机械论世界图景：整个空间被不可见的物质微粒所填满，这些微粒一刻不停地在涡旋中运动着。每颗恒星都处于涡旋的中心，涡旋产生的巨大离心力将行星维持在圆周轨道上。与此同时，行星的自转也形成了一个环绕自身的小涡旋，这使行星不仅可以携带月亮这样的卫星，而且也会把处于行星表面的物体推向球心，从而形成重力。【图5】

涡旋体系第一次给出了取代亚里士多德体系的全套宇宙论方案，使人们看到了从最基本的机械论信条出发能走多远。但其缺陷也很明显，除了整个体系的公理化结构具有明显的数学特征之外，涡旋理论并不是数学的。开普勒三定律已经精确刻画了行星的运动规律，但笛卡尔并未将其纳入他的理论之中。这说明注重定量描述的数学传统与精于因果分析的自然哲学传统之间依然存在着巨大的理论鸿沟。填平这一鸿沟将引出科学革命的最高成就——牛顿的《自然哲学的数学原理》。

3. 牛顿综合

在一百多年的演进过程中，新天文学体系现在仅剩最后一个问题仍然悬而未决：究竟是什么把行星维持在轨道上？作为天文学家的哥白尼和第谷对这一问题语焉不详。开普勒曾认为太阳会对行星施加某种力，并把这种力称为"致动灵魂"，这显然与流行的机械论思潮格格不入。伽利略的运动科学固然成功，但他极少关注运动的原因。笛卡尔的涡旋理论仅仅是一种定性的、粗糙的宇宙模型，然而这一理论暗示，沿轨道运行的行星和落向地心的重物遵循着相同的动力学机制。牛顿的工作将上述思想线索统一起来。通过引入力的概念，他对这一问题做出了成功的解答。

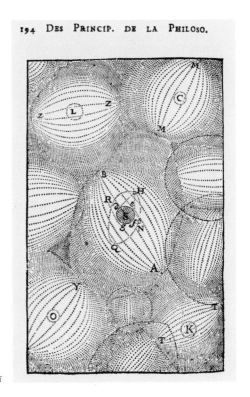

图5 笛卡尔的涡旋宇宙

牛顿渐渐认识到,一门基于惯性原理的运动科学需要一种力的概念,要把月球维持在稳定轨道上,必须有一个力把它拉向地球,其大小等于使月球飞离的离心力,但方向相反。牛顿称之为"向心力",并推测它与地月之间距离的平方成反比。他还发明了所谓的"流数法",即微积分。他用这一数学理论推导出了引起轨道运动的力,计算了开普勒第二定律所要求的面积。

最终,牛顿于1687年完成了《自然哲学的数学原理》(简称《原理》)。他从定义和公理开始,建立了完整的经典力学体系。牛顿先是系统表述了经典力学的一些基本概念(如质量、动量、力、空间、时间等),然后提出了三大运动定律。牛顿对力做了清晰的界定,这为《原理》中的证明奠定了基础。《原理》的正文部分共分三卷。第一卷题为"论物体的运动",主要涉及对引力的数学分析。牛顿首先揭示出，开普勒第二定律即等面积定律蕴含着每颗行星的运动都有一个向心力，而且开普勒第一定律与平方反比律可以相互推导。《原理》的第二卷没有标题，原本只是第一卷的一部分，主要讨论物体在介质中的运动，因为内容相对独立而被拆分出来，牛顿在其中批判了笛卡尔的涡旋理论。

第三卷名为"论宇宙体系"，在这一卷中，牛顿给出了万有引力定律，并用这一定律解释了各种现象。牛顿证明，开普勒三定律不仅对太阳系有效，而且也适用于木星的四颗卫星、土星的五颗卫星，月球的运动也满足等面积定律。这表明宇宙中存在着一种普遍的力，这种力不仅将行星和卫星维持在轨道上，而且决定了物体在地球表面的下落，造成了潮汐现象。牛顿把这种力称为万有引力，并且给出了数学表达。万有引力定律表明地界和天界服从同样的物理定律，从而最终消除了二者的区分，确立了自然的空间均匀性。牛顿第一次用一套公理和适用于天地万物的万有引力定律完整地解释了宇宙。

牛顿的力学体系象征着世界的理性秩序。它不仅解释了现在和过去的现象，还可用于预言未来事件，这体现了这门新科学的力量。18世纪不仅是启蒙时代，还是"信仰科学的时代"。牛顿象征着科学的成功，成为一切科学的理想，无论在哲学和心理学中，还是在政治学和社会科学中。

《原理》基本上接纳了笛卡尔所表述的机械自然观，用机械论取代目的论作为自然的解释原则。牛顿的新世界是一个机械论的世界。在牛顿那里，机械论大致有两种相互关联的含义：一是"机器隐喻"依然得到保留，世界是个不具有内在动力的大机器，没有主动性的灵魂，一切都按照自然定律的必然性运行；二是力学还原论，即认为一切自然现象最终都可以还原为物质微粒及其运动，一切科学最终都可以还原为力学。物理世界是一台严格根据力学定律来运行的庞大的数学机器，而人只是这台数学机器无关紧要的旁观者。

牛顿本人当然不认为这个机械论的宇宙是自足的，它时时刻刻需要上帝补充机械宇宙运行所消耗的能量，不断修正其自身所产生的偏差。对牛顿而言，万有引力不是一种机械力。它既证明纯粹机械论的宇宙并非自足，又揭示了上帝在世界中时刻发挥着作用。因此，牛顿的上帝不同于笛卡尔和莱布尼茨的上帝：后者是一个按照几何规律创世后便不再干预世事的唯理智论的上帝，而牛顿的上帝则是一个随时会干预世界运行的唯意志论的上帝。但牛顿去世后，牛顿主义者逐渐忘记了牛顿的教诲，而将引力视为一种纯粹的机械力，视为物质本身的固有属性。

牛顿的上帝逐渐抽身隐退，给我们留下了目前仍然生活于其中的机械论世界。

四　新世界图景的问题

最后，我们从本体论、认识论与价值论三个方面来简要评论近代科学革命所带来的新世界图景。

首先，近代科学革命打破了亚里士多德关于天界与地界的区分，把宇宙统一成了一个开放、无限的宇宙。这幅新的世界图景就像是17世纪的诸多天才共同锻造出的一颗熠熠生辉的"大钻石"。但不幸的是，这颗"大钻石"上有一个醒目的瑕疵：作为观察者的人并没有被置于这个宇宙之中。所有其他事物都在其中获得了自己的位置，唯有人失去了自己的位置，变成了世界体系的旁观者。然而，一个不包括人在内的世界图景还是一个真实、完备的世界图景吗？

其次，笛卡尔的工作使我们清楚地看到，在这幅新的世界图景中，广延性的身体和世界与非广延的心灵和精神不得不仅仅依靠松果腺这个大脑中微不足道的部位来连接。果真如此，我们就会面临一个认识论上的重大困难：这个被囚禁在松果腺中的心灵，如何才能走出那个幽暗的小室，获得关于一个无限宇宙的确定性认识呢？或许正是由于这个困难，认识论才会在笛卡尔之后的近代哲学发展中一直占据中心地位。

最后，我们日常生活的世界是一个充满着质与可感知觉，充满意义与价值的世界。古代世界图景之所以能够满足古代与中世纪精神生活的需要，恰恰是因为它将价值世界与事实世界融为一体，其中价值的等级秩序决定着存在的等级秩序。但近代科学革命在建构宇宙时完全摒弃了完美、和谐、意义、目的等基于价值观念的考虑。这些概念只是一些主观的东西，在一个纯粹数学的、量化的客观宇宙中没有任何本体论地位。宇宙是一个纯粹事实的世界，与价值世界是完全分离的。然而，一个无意义、无价值的宇宙如何才能为我们提供生活的意义与价值？我们是否一直在一幅本质上毫无意义的近代世界图景中绝望而徒劳地追寻着意义？这是未来科学与哲学的发展必须做出回答的难题。20世纪物理学中的相对论与量子论试图将人的形象部分地放回到世界图景之中，但就其所获得的世界图景仍然是一个纯粹数学化的世界图景而言，上述意义与价值的根源问题并未获得根本解决。

物的"可依托性",梵高的鞋与艺术真理的展开
——也谈海德格尔《艺术作品的本源》

王庆节

海德格尔的名篇《艺术作品的本源》(此后简称《本源》)展现的是哲学家关于大地和世界的概念以及作为两者之间关系的"艺术作品"(艺术物)之真理性本质的哲学思考。在这里,海德格尔集中讨论了尤具海氏思想特色的"大地"与"世界"的概念,以及两者之间的关系。这一讨论,不仅显现出海德格尔关于"艺术物"的哲学思考(艺术形而上学)是其关于"物",或者更确切地说,关于"物之为物"以及"存在问题"的哲学思考的一个重要组成部分和发展阶段,也集中体现出海德格尔的存在论思路与传统美学形而上学理论,尤其是康德式美学之间的根本性区别。在我看来,造成这一名篇之解释和理解困难的主要原因,不仅在于海德格尔在文中使用了大量"非传统哲学的"语汇和概念,还更在于人们对海德格尔关于"存在"发问的问题意识本身的发展以及其与康德哲学和美学的问题意识之间的批判性承继关系不甚了了。本文试图通过将海德格尔的"大地"与"世界"概念及其相互间关系的思考放在康德的"显像/现象"与"物自身"的问题背景下来思考,这样,我们就不仅为解读海德格尔这一哲学名著提供了一个全新视角,也为我们理解海德格尔毕生关于"存在"问题的发问的"林中迷津"提供一个可能追寻其部分"踪迹"或"线索"的"路线图"。

一 《艺术作品的本源》《存在与时间》与康德的《纯粹理性批判》

如果我们将海德格尔的《存在与时间》和康德的《纯粹理性批判》(此后简称《纯批》)做一比较性的对读,将《存在与时间》的"超越论-生存论分析"(Existenziale Analytik) 与《纯粹理性批判》的"先验论分析"(Transzendentale Analytik) 做一比较性的对读,如果我们再将《本源》视为《存在与时间》的思想延续和发展,我们大概就不难发现,《存在与时间》中关于亲在"在之中"(Sein-in) 的生存论分析章节对应的正是《纯粹理性批判》中的"先验演绎"(Transzendentale Deducktion) 章节。而再深一步或者更严格地来看,或者分别从康德思想发展和海德格尔思想发展的角度来看,我们甚至不妨可以说,《存在与时间》"在之中"的生存论分析对应的是第一版《纯批》的"先验演绎篇",而《本源》的核心第二节对应的则是第二版《纯批》的"先验演绎篇"。当然,这种"对应"并非正向呼应,而毋宁是"反其道而行之"。鉴于此,如果我们承认"先验演绎篇"在《纯批》乃至全部康德哲学思想中的核心地位,那么,《本源》,尤其是其核心第二节在海德格尔的存在学说乃至其全部思想中的重要地位也就呼之欲出了。

让我们先从《本源》一文的基本结构以及海德格尔思想发展的整体走向和历史脉络说起。海德格尔的《本源》一文最早大概写于上世纪30年代初期。它基于海德格尔从1931年开始的关于艺术问题的思考以及几次演讲。据记载,海德格尔关于《本源》一文的酝酿和写作至少有过三个版本。1950年正式发表的文集《林中路》中收入的是第三个版本。这个版本主要依据1936年海德格尔关于此主题的三次演讲,后来海德格尔又加入了一个"后记",这就是我们见到的《本源》的第一个正式文本。这个文本一经出版,就成为海德格尔脍炙人口的名篇之一。《本源》1960年出版单行本,其中除了伽达默尔的一个长篇导言外,又加了海德格尔在1956年写的一个附录。再后来,《海德格尔全集》第五卷和《林中路》第七版又收入了海德格尔从上世纪50年代起关于此文的一些边注。这是我们现在读到的最新文本的样子。《本源》一文共分三节,分别标名为"物与作品""作品与真理"和"真理与艺术"。这个一环套一环的三部曲布局充分展现出海德格尔存在之思的经典思路,这个思路可以说与《存在与时间》如出一辙。如果说有区别的话,那区别大概在于,前者由于是一部未完成之作,所以思路虽然给出,但突际进程未免残缺不全或者未能充分展开。后者则是一个相对完整的回环，之间环环相扣，首尾呼应。这个回环倘若分别穿起来，在《存在与时间》中我们看到的是：现成对象物—上手器具—真理—本真存在（真理的本真时间历史显现）……；而在《本源》一文中，这个路线图则是：物—作品—真理—艺术物（作品之本真显现）。

  海德格尔《本源》一文的论述起点是"现成存在物"，这也是我们日常意识和传统哲学探究的起点。这个起点经过近代从笛卡尔到康德，乃至黑格尔哲学知识论发问方式的强化，就作为"对象物"或者"现象物"固定下来，成为近现代哲学科学思想发问的对象。换句话说，这个"对象物"是在主客二元分割的近代知识论框架中建构起来的，它在英国经验论就是"感觉事物"，在理性主义哲学，就是"先天理念物"，例如"数"或者概念范畴。它们不仅构成近现代哲学的起点，也构成近现代科学知识体系和分类的起点。和现成的对象事物相比，正在上手的事物在其存在的意义上就显得更为源初。因为作为"对象"的事物讲的首先是认知的对象，它们无非或者是直观感性认知的对象，或者是概念理性认知的对象。正在上手的事物尽管我们时常也将之称为"对象"，但这种对象是在我们的实践行为，在我们对其使用中的对象，这种使用中的对象往往其对象性并非那般的明显。或者更确切地说，正是在这种"使用"中，源于意义性认知而来的"对象性"和"主体性"之间的界限和界线变得模糊和被超越了。这样，我们就进入到了发问一个事物之为这个事物而不是别个事物，或者使得这个事物成为这个事物而不是别个事物的根据问题上。这是一个在哲学上更为深入和基本的层面。应该说，中国古人很早就意识到这个关于"物"之发问的更深层面，将之称为"物我相泯"的境界。例如庄子的"庖丁解牛"和"轮扁斫轮"，前者通过目视与神遇之间的区别，后者通过言传书录与得心应手之间的差异，告诉了我们这个道理。在西方哲学的传统中，莱尔（Gilbert Ryle）关于"事实之知"（knowing-that）与"技能之知"（knowing-how）的区别与海德格尔在《存在与时间》中著名的"现在在手"（Vorhandenheit）与"上手"（Zuhandenheit）事物间的区别，说得几乎也都是同样的道理。这个"上手"的物，海德格尔在《存在与时间》中称为"器具"（das Zeug），而在《本源》一文中，除了器具之外并在器具分析的基础上，海德格尔又添加了对"作品"（das Werk）的分析，这样就将对物之为物的存在论分析和思考推进到"大地"和"世界"关系的层面，为其后期思想的展开开出了新的平台或境域。

二 现成物、上手物与作品物

艺术作品 (Kunstwerk) 是原本意义上的作品 (Werk)，其在存在论上揭示的首先是"上手物"而非"现成物"的层面。换句话说，它是它自身的"这一个存在"而不是"别个存在"直接性地"存在出来"，而不是通过一个间接地认知性迂回来展现自身，"表象出来"。我们知道，在哲学史上，这种"表象"过程究竟是通过认知性的概念规定，还是通过认知性的感觉，甚至超感性的神秘直觉显现，一直是争论不休的话题。传统哲学在这里分别出两个层面，一个是"存在"层面，一个是"表象"层面，前者讲的是"本源性的"或"源发性的"存在层面，后者讲的则是"认知性"的知识层面。关于艺术作品的探讨，在近代以来的哲学背景下，一方面它分属于知识层面，但另一方面又是其边缘化，被称之为"美学"或"艺术哲学"。所以，在我看来，《本源》一文所欲阐明的第一个主题就是，要想探讨艺术作品的本源，即"一件东西从何而来，通过什么它是其所是并且如其所是"，不能经由传统知识论背景下的"美学"式的对象性研究之路来进行，而必须从区别现成在手之认知对象物的，作为"上手物"的"用具"和"作品"开始入手。

艺术作品作为知识理论框架之下的"美学"或者"艺术哲学"的研究对象物乃是近代哲学的产物。首先我们知道，"美学"这个"词语"以及美学这门哲学学科的现代意义是从比康德稍前的鲍姆伽登开始的。在康德的知识论或者科学体系中，或者至少在迄今为止的正统康德解释中，美学是作为知识或科学之外的"旨趣"、"品味"以及"超感知"之学被定位和展开的，这是近代"主观美学"和"天才美学"的滥觞。在黑格尔的哲学大全体系中，美学虽然作为"精神科学"的一部分，但只能作为绝对精神发展的初级阶段，只是"理念的感性显现"。所以，它是要被更高级的概念逻辑反思扬弃和克服的东西。美学在知识论的框架和背景下被理解和把握，而知识论被限定为关于"对象物"的知识探讨与研究。这种以"对象物"为优先的"物论"，或者更确切地说，"物之为物"的理论可以追溯到希腊的柏拉图、亚里士多德的哲学。这就是贯穿全部西方哲学的"形而上学"或"后-物论"。所以，美学或者追问"艺术作品的本源"问题的关键不在"知识理论"，而在于"后—物学"或"形而上学"。

和《存在与时间》中关于锤子的器具分析相比，海德格尔这里的器具物分析的侧重点和发问深度明显有所不同。一方面，和在《存在与时间》中一样，海德格尔在《本源》中也强调器具物先天的"使用性"，即"用于什么"对于形成此器具物的重要性。但他在《存在与时间》中，强调器具锤子的"使用性""合手性"，目的是要突破对"对象物"的静观瞠视或仅仅强调理论认知的局限，从而进入实践和操作之知的领域，而在《本源》一文中，对器具物的"使用性"或"用于什么"的分析，则有两个明显不同于《存在与时间》"在世分析"的目标或特点。第一，强调"用于什么"对于"形式＋质料"的物性解释的优先性。因为这个"用于什么"不仅先行规定了形式的赋形作用，也随之先行地规定了质料的种类与选择，例如瓦罐质料的不漏水性，斧头质料的足够硬度以及鞋料的坚固与柔韧。这一点实际上与《存在与时间》只是看似异途，但实质同归，因为这个"有用性"或"用于什么"在表面层次上指向人的行为的实用目标，而在深度层次上则指向人本身作为"为了什么"的终究目的。这也就是为什么《存在与时间》从人的在世活动中的器具使用分析出发，最后走向亲在在世生存论分析的原因。第二，《本源》中器具的"有用性"分析不限于此，它还进一步指向了更深的"物之为物"的层面。这也就是说，"器具"的有用性分析不仅将物之为物的发问引向人在器具上手使用活动中"用于什么"的具体目标，引向"终究为了什么"的作为人本身的最后目的，而且，这种对器具"有用性"分析，由于对使用者或生存在世的人的"会死性"和"能死性"的有限本质的肯认，更指向"物之为物"之发问的超出人的生存活动之外的面向。这就会使我们关于"物之为物"的发问获得一个重要的线索，沿着这一线索，我们就可能将《本源》的器具的存在论分析视为《存在与时间》的器具的生存论分析在更深层维度上的延伸和展开。

这个在更深维度上的延伸和展开如何进行？这就涉及《本源》与《存在与时间》的用具之分析在另一方面的根本性不同。讲到"用具"之分析，《存在与时间》的发问方向集中在"有用性"和"合手性"的"为了什么"的发问上。这个方向尽管还一同伴随有"出于什么"，"由何推动"，"以怎样的方式"，"还有谁"等构成整个意向性或指向性发问的意蕴和周遭整体，但这些发问最终指向的是"终究为了什么"（worumwillen）这个问题。从这个发问方向出发，海德格尔在《存在与时间》中批判以近现代笛卡尔主义哲学知识论取向为核心的"物之为物"或者"世界之为世界"的理论立场，一路摧枯拉朽，锐利非常。但这个发问方向在达至"终究为了什么"的问题处遇到短板和障碍，可以说，正是这个短板与障碍，在很大程度上导致了海德格尔在《本源》中的器具分析的"转向",而这也就构成《本源》与《存在与时间》关于存在问题或者"物之为物"之发问中"器具"分析的最大不同。也如同我在下面要说明和分析的那样,也正是这个发问方向的"转向"或者"深入",导致海德格尔去分析和思考"作品"问题,并从"作品之为作品"或者"作品的作品性"分析出发,引入"大地"概念,并由此重新定位"世界"概念以及"世界"与"大地"的关系。或者从《本源》的背景框架来说,《存在与时间》关于器具"合用性"的分析只能较好地回应和揭示关于"物之为物"的三种传统解释中的前两种,但对于第三种,即"质料+形式"的解释,则力有不逮,难以真正与之区割。因为这个基于"合用性"的物之为物的发问,在存在论结构上都有一个"终究为了什么"的发问,而这个发问,最终或者指向基于生产劳作活动的人的"制造"或者指向基于人的信仰活动的神的"创造"。这样的一种对物之为物的发问和解释,仍然不能摆脱以"质料-形式结构为线索的解释方式,也终于表现为对物的一种扰乱"。

海德格尔坦承道,"物之为物的特征是否在排除所有器具因素的过程中有朝一日显露出来,这还是个疑问"。这仍旧是一个疑问,其原因就在于,"毫不显眼的物最为顽强地躲避思想"。海德格尔接着发问,"或者,纯然物的这样一种自行抑制,这样一种憩息于自身之中的无所促逼的状态,才是应当属于物的本质吗?那么,难道物的本质中的那种令人陌生和封闭的东西,对于一种试图思考物的思想来说,必定不会成为亲近熟悉的东西吗?"物之为物在最为顽强地躲避思想规定的扰乱,无论是经由知识概念的思想规定还是经由感官感觉的思想规定。物之为物甚至也在躲避器具制作和操作带来的搔扰。但是,器具制作和操作是我们人的亲在在世的切近存在的方式,这一生存在世活动所显露出来的器具之为器具的器具性首先或者在最根本的意义上并不在于它的"有用性"或"合用性",而在于它的"可依托性"(Verlaessigkeit)。换句话说,一件器具之为器具首先并不在于它"合用",相反,它所以"合用"是因为它"可依托"。同样,这种"可依托"不是出于某种原因或者后果的"分析"和"思考",而是用户在器具使用中伴随而来的关于"物之为物"的"充实的"沉甸甸的厚重感受。

需要指出,这里的"Verlaessigkeit"是海德格尔《本源》文中的一个至关重要的概念,传统译为"可靠性"。借助这个概念,海德格尔将自己对"物"的理解不仅和传统知识论的"对象物"或者"表象物"区别开来,而且和《存在与时间》中使用的"用具物"区别开来。不仅如此,这个概念还帮助我们理解"作品物"的本质,引出既"隐匿"又"涌出"的"大地"概念以及理解后面将要讨论的"世界"与"大地"之间的"争执"/"宁静"关系。所以，在物的本质或"物之为物"那里体现出来的"可靠性"，就不是简单的关于"对象物"的"认知性可靠"（确定性），或者"用具物"的"合用性可靠"（实用），而更是"作品物"的存在性的真实，可依赖，特别是其可承载、承担与可负托。至于这一"真实"和"可依靠"，不是我们的"感性"或"智性"认知所能穷尽和保证的，也不是我们的"实用"智慧或灵巧所能完全把握的。但是，我们在某种厚重的和沉甸甸的，但又说不清道不白的生存感受中"知道"，这是可依可托的，而且，这种略偏"主观"的"可依可托"，却实实在在地连接或者"长在了"可托起和可承载的地基之上。就像我们脚下的大地，天空的阳光，流淌着的清泉和时刻呼吸的空气，在我们人类对其"科学认知"和"技术使用"之前，我们早就成千上万年地"依托"和"依靠"其上而从不会怀疑。鉴于这一理解，我将之改译为"可依托性"。

正是在这种直接性的日常使用和不断使用的厚重扎实的感受中，器具成为"作品"，因为这里存在的不仅是单薄脆弱的"认知"，更是回响着大地"无声的召唤"，"宁静的馈赠"，浸透着"无怨的焦虑"，隐含着"分娩的哆嗦"和"死亡的战栗"。器具的对象性分析（第一、第二种解释）和合用性分析（第三种解释）都在某种程度上将我们对"物之为物"的发问引向思想的规定。海德格尔评论道，在前两种"解释"中，"物之为物""消失不见了"，而在第三种解释中，"物之为物"遭到了"骚扰"。海德格尔这里的批评让我们不由自主地想起他在其他地方讨论德国神秘主义诗人安格鲁斯·西里修斯（Angelus Silesius, 1624—1677）的一首关于"玫瑰花"的诗篇。在诗中，诗人发问，"玫瑰花为什么绽放？"回答是，玫瑰花不为什么绽放。玫瑰花从来不问为什么，它绽放只是因为它绽放。此时此地，如果我们问，这一支玫瑰花为什么绽放？今天的植物学家、细胞生物学家、土壤学专家、森林学家、历史学家、民俗学家、诗人、文学家、花匠，乃至家庭主妇都会告诉你一个"为什么"，它绽放的原因、目的、方式、形象、时间、场景、色彩、象征等等，但玫瑰花本身，它从来不问，也不在乎这些发问和回答，它只绽放。路边采花的小姑娘也不在乎这些，在小姑娘的"生活世界"里，她"可靠地"知道这花会开，觉着好看，看着开心。这就是物之为物的本相。物，它就在那儿，它本身不需要什么解释，也不在乎什么解释。我们人天天和各式各样的物打着交道，和它们在一起，觉着它们可靠，充实，朴实，可依可赖，可依托，但在大多数情形下，"日用而不知"，这是自然的本相。艺术家，譬如画家，将这种充实、朴实、可依托状态保藏下来，偶或显露出来，就是"作品"或者"绘画艺术"。

海德格尔在这里所分析的典型作品是梵高的著名油画《鞋》。实际上，在海德格尔的眼中，这鞋究竟是梵高的鞋还是农鞋，究竟是农妇的鞋还是农夫的鞋，并不重要。他更关注《鞋》作为画家的作品，对这一鞋具物的物性，即保证其"可依托性"的存在性和真理性的保藏和显露，而不是画中的这双鞋作为对象物的形状、材料、模样、用途乃至隶属。唯有在上述的思想线索引导下，我们才能真正开始走进海德格尔对梵高《鞋》的作品的解读。"艺术作品使我们懂得了鞋具实际上是什么。要是认为我们的描述是一种主观活动，事先已如此这般地勾勒好了一切，然后再把它置于画上，那就是糟糕的自欺了"。"如果我们只是一般地回想一双鞋，或甚至在图像中观看这双只是站在那里的，空空如许，无人使用的鞋，我们将永远不会经验到器具之为器具的存在真的是什么。""自持的器具的宁静就在可依托性之中。只有在可依托性之中，我们才发现器具的真实存在。"凭借可依托性，农妇通过这器具而被置入大地的无声召唤之中；凭借器具的可依托性，农妇才觉得她的世界有确实性。世界和大地为她，也为以她的方式相伴随她的那些人们，亲临到此，而且只是在器具中亲临到此。说"只是"在这里会导致误解，因为器具的可依托性才会给这质朴的世界带来安全，并保证了大地无限延展的自由。

这样看来，"作品"（Werk）与"器具"（Zeug）的根本区别就在于，后者通过"合用性""称手性"指向目标，指向人（或者神的）建构（制作或者创造），并由此挤逼着"物"进入"形式＋质料"的解释框架，而前者则通过"合用性"（Dienlichkeit）背后的"可依托性"，听任、邀请、容纳、等待和保藏"物"的（自身材质以各所形式和形态的）绽放、展开、出现。所以，海德格尔说，"器具在物与作品之间有一独特的中间地位"。一方面，它通过"合用性"导向"作品"，导向"可依托性"，另一方面，它在"使用"，特别是"过度使用中"被用旧用废，从而使得"器具的存在逐渐消耗"，这一过程也同时就是"可依托性"的消失过程。这也就是说，"物"在我们人与之相遇，打交道的日常在世生存的使用过程中，在自身开放走向"作品"的过程中，由于它作为"器具"的合用性，被过度使用，对存在的"可依托性"消耗殆尽，取而代之的则是那"有用物的枯燥无聊而又碍手碍脚的习常性"。海德格尔这段器具的存在在过度和强逼使用中遭到损耗，丧失其可依托性，堕入单纯的工具性使用精彩描述，向前让我们联想到他在《存在与时间》

中关于亲在生存在世"本真"与"非本真"存在的著名论述,往后也将我们引向他对现代技术社会"集置"(Ge-stell)本质的揭示和批判。

三 作品的"依托"与真理之展开

作品物居于器具物和物之为物之间,是最切近于物之为物的东西。作品物不同于器具物最根本的地方就在于它将物的"可依托性"以更为鲜明的方式彰显出来,而非集中指向其"可使用性"或者"实用性"。换句话说,"实用性"更多指向人的行为,行为的"价值"和"目标",甚至作为人本身的"终极目的",而"作品",尤其是"艺术作品",除了人之外,更通过对"可依托性"彰显指向人之外的"物之为物"本身,指向存在者之存在的显现,这就是海德格尔所说的艺术的本质,即"存在者的真理自身—设置—入—作品"(das Sich-ins-Werk-Setzen der Wahrheit des Seienden)。

传统的艺术哲学坚持艺术只和美或美的东西有关,与真理无涉。这种将艺术与知识真理的划界实质上是以"知识真理"的价值为核心展开的。在这样的现代科学或者学科分类的知识论框架下,真理属于逻辑和知识,是核心领域。器具制作属于实践工艺和技术,是次级重要的领域。艺术或美则留下给了美学,这是个被边缘化的领域,是用来起"装饰"作用的和"消遣"的"甜品"。 当然,将艺术作品的本质归属于知识性的"真理",这并非近代哲学的原创。广义上说,这个传统可以追溯到古希腊的柏拉图和亚里士多德。但问题的关键在于,柏拉图、亚里士多德真理观的实质仍然在于"符合论"或者"反映论",即真理是对实在的符合。这种实在或者是理念或理想实在,或者是现实或经验实在。这种真理观理所当然使得命题真理或逻辑真理成为真理的核心。相形之下,"艺术"则是低层次的"符合",这是距命题性真理较远的符合,又称之为"模仿"。海德格尔对如此解释的符合论的真理观不以为然,更不能接受在此基础上理解的艺术"模仿说"。"物"和"艺术作品"之间的关系绝不是什么"符合"与"被符合"、"认识"与"被认识"、"反映"与"被反映"的关系,而是一种真理之"自身设置""流溢""开启""生发"的关系。在西方哲学史上,这可以追溯到与"真理符合论"相对立的"真理流溢说"的传统。这也就是海德格尔在这里将艺术的本质定位为"存在者的真理自身—设置—入—作品"的原因。

将"物"和"艺术作品"之间关系定位为"自身设置"的过程,这无疑是一种"真理流溢说"。海德格尔认为,对这种真理学说的最好描述和说明并不在哲学命题和哲学论文中,相反,它们保存在伟大的诗歌作品中,例如荷尔德林的赞美诗"莱茵河"与迈耶尔的"罗马喷泉"。海德格尔在这里关于"罗马喷泉"的简短解读,让我们明白艺术作品作为真理之"自身设置""生发"或者"解蔽"。这中间至少含有如下的几个特征。第一,艺术作品的本质既不在于"合目的性"的诗意描画(康德美学),也不在于"普遍本质的再现"(黑格尔美学),而是(物的)"真理自身—设置—入—作品"。用诗人的话来说就是,喷泉的"水柱升腾又倾注,盈盈,充满大理石圆盘;渐渐,消隐又流溢"。第二,这种"流溢""解蔽"和"生发"有层次或层级,即"层层圆盘,同时接纳又奉献,激流不止又泰然伫息"。真理的呈现、展开、流溢有层级和层次,这并不是什么新鲜的说法或立场。但当海德格尔将这一关于真理的说法放在他自己讨论"物"和"作品"关系的背景下,就颠覆了传统哲学将艺术作品置于这一层级之末端的正统美学理论的定位。相反,现在的情况是,既不是理论认知和逻辑推论,也不是实用器具的工艺制作,而是"艺术作品"的诗性创作,被置放在了"物之为物"作为物的真理之"流溢"的最切近之处,介于"物"与"器具"之间。第三,我们追问的是物之为物,物的"存在",物的"真理",是源泉本身,但我们必须从其"流溢"入手。作品总是物的作品,就像存在总是存在者的存在一样,我们必须"越过"存在者,"越过""作品"才能通达"存在",通达"物之为物"。所以,海德格尔在这里才一语双关地说,"作品中的物因素不容否定,但如果这种物因素属于作品之为作品的存在,那我们就只能从作品因素出发去思考它。所以,走向对作品的物性实在的规定之路,就不是越过(ueber)物到作品,而是越过(ueber)作品到物"。换句话说,所谓"越过物到作品"讲的是传统的以知识论为核心的现代美学的思路,即经由并撇开非人的客体"物"去讲属人的"作品"。在这样的思路下,"物"在"作品"之外,被否定和遗弃,或者永远不可企及。唯有在作品之为作品的存在的可依托性中,而非其作为"认知对象的可信"或作为使用对象的"适用"/"合用"中,作品的"物性"才可能真正展开。也正因为如此,海德格尔就从讨论"物和作品"转到了"作品与真理"。

四 梵高的《鞋》与"正确性"认知

人们在解读海德格尔的《本源》时，一般说来，首先都将关注力放在海德格尔对梵高《鞋》的作品的解释上。这样的解读不能说错，因为这毕竟是海德格尔在他正式出版的著作中首次分析绘画大师的作品。而且，梵高的"鞋"系列也是举世公认的艺术精品。但是，海德格尔对梵高的"鞋"的作品"物之为物"本质的分析之目的主要是否定性的。这种否定性就表现在海德格尔一方面用作为艺术品所揭示的"鞋"与"大地"的"可依托性"联系来区别这双鞋作为"用具"与"大地"的"合用性"联系，以及区别这双鞋作为"认知对象"与"大地"的对象性认知"观照"关系。我们知道，这种对象性的认知观照关系是近代哲学自笛卡尔以来知识论哲学的主流，也是海德格尔在《存在与时间》中关于 Dasein 的生存论分析为主要特征的"基础存在论"所要批判和清算的对象。在《存在与时间》中，海德格尔用了一个后来非常著名的"锤子"的例子。在日常生活中，我们对"锤子"的"熟练使用"先于也优于对"锤子"的"瞠目观视"式的对象性认知，所以前者应当具有存在论上的优先性。后来，美国实用主义哲学家赫伯特·德莱弗斯（Hubert Dreyfus）将海德格尔的这个观点发扬光大。德莱弗斯是一位著名的美国海德格尔专家。有意思的地方在于，德莱弗斯本是20世纪著名的分析哲学家和逻辑学家奎因的学生，他追随分析哲学另一大家莱尔的说法，区分所谓"内容之知"（knowing-that）与"技能之知"（knowing-how），并强调后者对前者的优先性。但他现在却以此来解释和肯认海德格尔《存在与时间》对传统笛卡尔主义近代知识论传统的批判。尽管德莱弗斯对海德格尔哲学中的实用主义因素的强调，甚至将海德格尔哲学实用主义化使得海德格尔哲学在美国哲学界得以被接受和生存下来，但这种解释方向对海德格尔哲学的根本精神的浅薄化甚至误解也是显而易见的。海德格尔的"锤子"虽然揭示出，在我们的日常生活世界中，相较于认知性的对象相似符合关联，"合用性"的实践关联在存在论上更为原本和优先。但是，这并不意味着我们对世界的存在性关联仅止于此。这也是海德格尔在《本源》中进一步分析梵高作品《鞋》的原因。相比较于我们使用"锤子"所揭示出的我们和周遭世界的"合用性"或者"上手性"的关系，梵高的艺术作品《鞋》揭示出更深层的我们（农人）和大地之间的生于斯、长于斯的"可依托性"或"可依托性"的存在关联。这是一种"沉甸甸的"实在的关联和关系，我们对此无需思索，也无需任何实用的展示即可感受和感觉。我们对此从不怀疑，也无需论证。这是一种对"大地"的感受、感觉、感情、感通和感恩。正是也唯有在这种和"大地"的存在关联基础上，我们才谈得上表象认知的"正确"和"不正确"以及实践中使用的"合用"与"不合用"。

举个不那么高大上，那般哲学，但确确实实是我们平常生活中几乎每天都会遇到的，"接地气的"例子，即每天早晨我们起床穿鞋子。我们早晨醒来，起床，下地，穿鞋子，有多少人"想过"，这鞋子究竟在"知识论"上是"可靠"还是"不可靠"，究竟是不是我昨晚上床前脱下的鞋子呢？当然，这些"不可靠"，"不是"的情况在"知识论"上都是可能出现的，在某些情形下，也值得我们去"怀疑"。但我们每天早上都会是，或者说，几乎都会是下床下地，穿上鞋就走。为什么呢？因为这鞋，就像我们脚下的"大地"，我们呼吸的"空气"，有一种存在论上的"可依托性"。这种"可依托性"，并不是来源于我们认知的"可靠性"，无论这种认知的可靠性是来自感官知觉，还是来自理性推断，或者其他什么神秘的认知能力或经验。相反，我们之所以有这样那样的认知"可靠性"，恰恰是因为这些所谓的"可靠性"本身，无一不源出于或者根植于这种存在论上的"可依托性"。

这样说来，海德格尔在《本源》中所做的对梵高《鞋》的分析，实质上不是一般理解的"艺术品"鉴赏性，历史性，或事实性分析，而是哲学存在论的分析。美国艺术史家夏皮罗（Meyer Schapiro）曾经就梵高的《鞋》的事实归属问题做过考证和批评。他力图证明海德格尔所评论的梵高作品中的那双鞋不是海德格尔臆想中的"农妇之鞋"或"农鞋"，而是梵高自己的鞋。尽管这在对象性的事实认知层面上也许是"正确的"，但对海德格尔关于艺术作品的本质在于揭示"物"和"大地"之间存在论层面上的"可依托性"关联的论断并无大碍。我们知道，即便这种认知层面上的"正确性"，也曾遭到法国哲学家德里达（Jacques Derrida）的调侃和诘问。可见这种正确性并不是海德格尔的哲学思考关注的核心所在。用海德格尔自己的话来说，正是因为在存在论层面上，"物"和"大地"之间有这层"可依托性"的关联，一个物品在认识论层面的"认知正确"与否，以及在实践论层面上的"合用"与否才成为可能。哲学家的工作并不能保证科学家、历史学家或艺术史家，甚至哲学家本人在认知层面上工作的正确性。他只是在存在论上说明和解释这种"正确性"本身意味着什么以及它是如何发生的。所以，同时要求一位哲学家在理论上的"深邃"和在认知层面上或结局上的绝对"正确"，不仅是一种实际生活中的"苛求",而往往甚至更是一种哲学思考上的浅薄和混乱,以及伴随这种混乱甚至混淆而来的"居心不良"。

五　艺术之"知"与存在真理的"解释学"

如果说上面的解释和分疏是有道理的,那么,海德格尔在发表作品《本源》中讨论的三个"艺术作品",即"梵高的鞋""罗马喷泉"以及"希腊神庙"之间的关系就一目了然了。艺术作品的本质首先不在于其作为认识的对象,而在于其作为艺术物之物性真理的生发和敞开。一般说来,这里提及的绘画作品"梵高的鞋"是表现艺术的代表,诗歌作品"罗马喷泉"是语言艺术的代表,而历史建筑"希腊神庙"则是建筑艺术的代表。但就海德格尔所要讨论的主题,即"作品作为真理的敞开"而言,"梵高的鞋"更多是要去批驳传统知识论的"对象性"美学视角的狭窄和浅薄。换句话说,艺术作品的存在性本质首先不是它在"认知"上被表象的"确定性",也不在它的"实践"上的被使用的"合用性",而在于它的物之为物的"可依托性"的展开和显现。沿着这个思路,海德格尔这里选用迈耶尔的诗歌作品"罗马喷泉"的目的就比较好理解了。它意在表明"艺术作品"作为物之真理的敞开乃是一个像诗歌语言一般层层开显和不断打开的过程。比较起后面重点讨论的第三件"艺术品",即希腊神庙,"梵高的鞋"和"罗马喷泉"固然也都是艺术精品,但它们或者更多只是起着否定性的作用,或者扮演"陪衬"和"过渡"的角色。按照这一思路,"希腊神庙"才是海德格尔解释"艺术作品本源"的要害所在,这一点从海德格尔《本源》一文的创作历史过程也可以明显地看出来。如我在前面所述,现在见到的正式出版的《本源》只是海德格尔作品的第三个版本。在前两个版本中,"梵高的鞋"与"罗马喷泉"都没有被提及,即没有被海德格尔作为"艺术作品"的例子提出来讨论。而唯一在三个版本中都出现的例子是"希腊神庙"。由此可见,在海德格尔的心目中,"希腊神庙"才是最可以展现艺术物的真理之发生过程之深度和厚度的具有典范性的"伟大"艺术作品。

在海德格尔看来,艺术真理的本质就在于显现在"立起一个世界"和"置出大地"之间的"争执"以及在这种争执状态下形成的"宁静",这也就是海德格尔所讲的"存在者的真理自身—设置—入—作品"。

正是在这样理解的"真理"观念下,海德格尔走向探讨"艺术作品的本源"具体是如何生发和展开的。换句话说,这个问题意识或目标使得海德格尔从"作品与真理"(第二节)进到"真理与艺术"(第三节),即在存在论—解释学意义上的"美学"或"艺术哲学",假如我们可以说海德格尔有一个"艺术哲学"的话。

在本文开始之际,我曾在方法论上提出按照一个设想来解读海德格尔《本源》,这个设想就是将之看作是《存在与时间》的基础存在论之存在发问的延续或者是其在某种意义上的重演,两者具有相似的结构。而这个发问,从西方哲学思想史发展的角度看,又是康德《纯批》之疑难问题的重新发问。在结构上,三者也非常相似。熟知康德哲学的学者都知道,康德哲学的最主要著作《纯批》的思考围绕其核心问题"先天综合判断如何可能"(以及"如何不可能")展开,其中最重要的工作是其"先验论分析"(die transzendentale Analytik)。"先验论分析"分为两卷,"概念分析论"(die Analytik der Begriffe)与"原理分析论"(die Analytik der Grundsaetze)。其中概念分析论的核心篇章是"纯粹知性概念的先验论演绎"(Transzendentale Deduktion der reinen Verstandesbegriffe),而"原理分析论"的核心篇章是"论纯粹知性概念的图式化"(Von dem Schematismus der reinen Verstandesbegriffe)。如果我们说,海德格尔的《存在与时间》作为"基础存在论",即Dasein的生存论分析(die existenziale Analytik)主要相应于康德的"先验论分析",那么,《存在与时间》的已完成部分所对应的大致是康德"概念分析论"部分的工作,而其未完成的部分,即具体地"将时间阐释为任何一种存在之领悟的可能境域"则对应康德的"原理分析论",尤其是其中的"论纯粹知性概念的图式化"。就哲学发问的问题意识而言,康德《纯批》的核心发问指向"我可以认识什么",《实践理性批判》指向"我应当做什么",《判断力批判》指向"我可以期待什么",而按照康德本人在晚年对自己一生哲学总结时的说法,所有三大批判的核心都指向最后那个问题,即"人是什么"的问题。海德格尔在解释康德哲学的本质时,也专门将这个说法强调出来,称之为康德哲学中比前面三个核心问题都更加重要的"第四个问题"。因此,康德的全部工作就被归结为去发问关于"人的存在如何可能"的问题,即"为形而上学奠基",而这正是海德格尔《存在与时间》基础存在论所发问的核心问题。这样看来,康德的工作无疑在海德格尔这里得到了"接续",或者重新获得了"意义"。也正因如此,海德格尔才会说,沿着康德发问的指引,我们从《存在与时间》的发问视野来阐释《纯批》。"然而,这在事实上就将康德的发问置放在了（另）一个它所陌生的，尽管它是以之为前提的发问之上了"。

将《存在与时间》的问题意识与文本结构和康德《纯批》的问题意识和文本结构对应或者呼应起来，不仅能帮助我们更好地理解《存在与时间》，也有助于我们理解海德格尔后来关于《本源》的发问思路和文本结构。海德格尔《本源》的文本结构并不复杂，除了一个导言，一个后记，一个附录之外，正文分为三节。如果《纯批》《存在与时间》和《本源》三者问题意识相似，文本布局同构，那么，我们不妨就可以说，《本源》的第一节《物与作品》是对以康德或新康德主义以来传统美学之存在论基础的清算和解构。它旨在指出，以"对象物"为核心和基础近代知识论美学必然导致"物自身"的抵抗和封闭，导致作为"艺术作品"或"艺术物"之根基的"大地"丧失。第二节《作品与真理》是全文的核心，相应于《纯批》中的"先验论演绎"或《存在与时间》中的亲在的生存论分析，旨在说明"艺术作品"作为"艺术物"在"概念"层面上（康德）或者存在论层面上（海德格尔）"如何可能"。第三节"真理与艺术"是全文的展开，要说明"艺术物"在"原理层面"（康德）或"存在者层面"（海德格尔）上具体如何展开。换句话说，"先验论演绎""生存论分析"以及"作品与真理"做的是"奠基"的工作，而"图式化""时间境域阐释"以及"真理与艺术"则是要去解释和思考，一个个具体的知识表象（《纯批》），一个个生存在世的亲在（《存在与时间》），一个个艺术作品（《本源》）具体如何"可能"，如何"本真存在"，以及如何"不可能"或者"非本真存在"。而"艺术物"的问题，就像"表象物""器具物"一样，归根到底，都是"人（物）"或者"亲在"的生存存在方式的问题，关键在于我们如何去发问这个问题。将人的本质视为"理性的生物"（知识人）、"使用工具的生物"（实践人）、"会说话的生物"（语言人），还是"生存着会死的 Da-sein（亲-在）"，这不仅影响后面全部形而上学哲思发问的方向，而且决定着其发问的深度、广度和高度。我们生活中的每个个体，以及每个个体的生存行为，都是"作品"。狭义理解的"艺术作品"只是人类生存活动作品中的一部分，不仅艺术生活，我们的历史、宗教、国家、民族、社会、语言、政治、神话、伦理、司法、知识等都是"作品"，都需要有一个"存在者的真理自身—设置—入—作品"的过程，它们的"合法性"或"可能性"或"存在性"都面临着"奠基"（开端）和"不断奠基"的疑难，这是我们"人"与生俱来的存在疑难。作为现代社会中被从"大地上""连根拔起"的"无家可归"的流浪者，我们需要返归

"大地",重新扎根于大地,我们的生活真正成为"诗意地栖居在大地上"。

在澄清了这个大的层面和背景下,我们才能真正到达探寻"艺术哲学"问题的领地。于是,我们看到,紧接着第二节"作品与真理",海德格尔在第三节"真理与艺术"回到了《本源》开首的初始问题,即"艺术作品的本源"。这是在问,我们的"艺术作品",作为"艺术物",是如何从"物之为物"的"立起世界"与"置出大地"的宁静之争执中脱颖而出,从真理的半明半暗、隐显交错中的"林中空地"上长出和保藏。这也就是为什么海德格尔在第三节要具体讨论关于艺术作品的"生产"和"创作",艺术作品的"鉴赏",艺术作品的"保藏"以及所有艺术作品的"诗意本性"等纯粹"艺术哲学"或"美学"的话题。而关于海德格尔的这些"艺术哲学"的具体话题的展开和讨论,让我们留待另一篇专论来讨论。

罗杰·弗莱的艺术理论及其形成过程
——兼论中国画论对西方现代艺术的意义

杨思梁

一 摄影技术的挑战以及西方批评家的应对

摄影技术大约1824年在法国问世。1839年7月30日，法国政府正式公布了达盖尔银版（Daguerreotype）技术之后，摄影很快风靡西方世界并且日益成熟。19世纪50年代出现的珂罗版（the Collodion print）和蛋白银盐印相（the Albumen print）以及1864年出现的凹版印相（the Woodbury type）已经能够制作出非常清晰完美的图像，给西方写实艺术带来了巨大的挑战。[1] 1888年问世的柯达手提相机让略微富有的中产阶级可以便利地进行户外摄影。同年出现的明胶银盐工艺（Gelatin silver process）可以从一张小小的底片上晒出大尺寸的图像（此前的底片只能晒出对等尺寸的图像），使摄影在便利性、时间、成本、写实程度上都远胜于肖像绘画和风景画。当时的摄影家因为没有别的参照，只能模仿名画中的摆设，好像是刻意追求绘画的效果。更可怕的是，有些摄影家甚至玩起画意派摄影［Photographic art，或称高艺摄影（high art photography）］，也就是像画家作画那样，先设计出场景并画出大样，让模特摆好姿势拍摄，再通过多张底片和多次曝光，组合出复杂的、带有情节的画面。这等于剥夺了写实画家的最后一

---

[1] 对西方摄影史感兴趣的一般读者，可参阅顾铮：《世界摄影史》，浙江摄影出版社，2006年。

线生计。及至19世纪90年代,即使最迟钝的西方画家也应该意识到,自己无法在写实性方面与机器竞争。

这一来,艺术家们失去了目标。众所周知,从乔托开始,五百多年以来的西方绘画都以写实为标准。虽然其间的不同时期有不同的特色,如画面的优美、动作的复杂度、表情的生动、色彩的和谐,等等,而且绘画的技巧也有很大变化,比如透视、几何测量以及描绘各种光线和闪光的技巧,或者用油画取代蛋彩(tempera)技巧,但其基本的衡量标准总离不开与自然对象的相似程度,也就是"像不像"。即使有些肖像画大师强调揭示对象的内心活动,调动观者的想象力,注重情境的戏剧效果,甚至采用前人不曾采用过的"风格"来达到某些效果,其目的都是为了使绘画看起来更逼真、更生动。批评家讨论和评价艺术的标准,也都离不开"写实"这一基本要求。19世纪的印象派虽然与传统或古典的写实风格不同,但其基本宣称依然是要更真实地画出眼睛之所见。只不过印象派画家试图让人们确信,人眼所看到的并非如古典画面所展现的样子,而是像他们的画面所展现的样子。因此,不少艺术史学家依然把印象派归为写实主义的延续。然而,随着摄影技术的日益完善,写实的标准被彻底颠覆。不仅因为画家无法达到摄影的写实程度,即使达到了,公众对它的欣赏程度也不可能超过照片,许多人可能更欣赏新颖的摄影作品。

照相机对画家产生的影响远远超过欧洲大革命、工业化、城市化及其带来的社会环境和个人生活的巨变,后者最多只是迫使他们改变题材或风格。面对照相机的挑战,虽然极个别画家依然充满自信,但是绝大多数靠写实为生的画家都受到摄影的巨大冲击。[2] 不甘心沦为装饰图案工匠的画家们都在问自己到底该怎么办。印象派之后的各种画派,比如高更(Paul Gauguin,1848—1903)的原始/象征主义,

---

[2] 当时的乐观派画家属于极少数,其代表人物是比利时学院派画家魏茨(Antoine Joseph Wietz, 1806—1865),他在1855年发表的"La Photographie"(摄影)短文中说,达盖尔不会扼杀艺术,相反,当"这一伟大的孩子"成熟后,它可以成为艺术家的助手,让艺术家摆脱机械性工作,专心于智性的和创造性的工作。该文收入作者的《文论集》(Oeuvres Litteraire,巴黎,1870年,pp.309-310)。绝大多数悲观派画家的观点则被简单地概括为"从今天起,绘画死了"[据说这话是法国的学院派画家德拉罗歇(Paul Delaroche, 1797—1856)所说]。见 Charles Harrison, Paul Wood and Jason Gaige 编辑的《1815—1900年的艺术理论》(Art in Theory, 1815—1900),Blackwell, 1998, p. 143。 当然,还有另外一派人认为摄影本身就是一种艺术。该派中最著名的代表人物是大摄影家艾默生(Peter Henry Emerson, 1856—1936),他1886年3月11日在伦敦摄影俱乐部作演讲时,用的题目是"摄影,一种图画艺术"(Photography, a Pictorial Art)。该演讲发表于同年3月19日出版的《业余摄影家》杂志(The Amateur Photographer)第3期,pp. 138-139。

梵高的表现主义，修拉的点彩派，马蒂斯的野兽派，布拉格和毕加索的立体派等，本质上都是对这个问题的答复，或者说是对摄影技术的回避或回应。而塞尚正是后摄影时代画家中最杰出的代表。

受摄影冲击最厉害的艺术家群体显然是画家。这些冲击在几乎每一本艺术史教科书中都有详细的记录和讨论。但是，摄影对批评家的冲击却少有论及。实际上，这一冲击也是致命的，它使西方艺术批评陷入了绝境。过去那套参照理想美、数学比例、解剖学的术语只适合于描述写实艺术。一旦艺术家不再追求写实，写实当然不再是艺术评论必须遵循的准则，该如何评论绘画作品？

一时间，艺术批评的困境成为西方学术界的关注焦点。虽然批评家们不知道该怎么做，但谁都知道，过去的那一套行不通了，必须寻找新的批评方法。最早意识到照相机威胁的是法国诗人波德莱尔。他在"1859年的沙龙"中强烈抨击了"头脑简单的自然主义，或叫把观众当傻瓜的技术性写实绘画"。然后，他话锋一转，表达了对摄影技巧发明者达盖尔的公开鄙视。他认为，摄影是想象性功能缺乏的症状和结果，因为它不需要"官能皇后"——想象力；照相机就像那些缺乏创造性想象力的写实画家一样，只能无批评性地、机械地模仿现存的外部世界，而不能创造出一个新的世界或不曾存在的东西，不能揭示事物的内在特质或情感，不能通过自己的心灵去照亮事物。[3] 至于艺术家如何才能通过想象力去进行创造或"构造"，波德莱尔给出了各种不同的、有时相互矛盾的回答（pp. 155-156）。换句话说，波德莱尔更多地指出了艺术不是什么，但没有说明艺术应该是什么。此后二三十年间，出现过几种为配合艺术运动和艺术创作的理论，比如原始艺术理论和象征主义理论，以及关于如何形成和欣赏艺术作品的移情理论（它对建筑艺术的分析尤其重要）。但是，这些理论都无法直接回答艺术到底是什么这个由照相机提出来的问题。

俄国大文豪托尔斯泰在1898年发表了《什么是艺术》[4]，他在书中不仅批判了

---

[3] 见波德莱尔：《1845—1862年巴黎的艺术：沙龙和其他画展》（*Art in Paris, 1845-1862: Salons and other Exhibitions*），Jonathan Mayne tr. Oxford, 1965, pp. 151-155。在当时以及此后的很多年，从事艺术评论的基本上是职业作家，也有少部分记者，其次就是艺术家评论同行的作品或者解释自己的作品。

[4] 托尔斯泰的《什么是艺术》（*What is Art*）1898年在伦敦部分发表。该书最早用俄语写成，作者自称花费15年完成此书，但当时俄国的审查者不让其在俄国出版。于是，Aylmer Maude 在托尔斯泰本人的协助下将其翻译成英文。笔者采用的是1904年纽约 Funk & Wagnalles 公司出版的版本。托尔斯泰虽然在书中频频提到中国，但从中却看不出他对中国（转下页）

过去的美学体系，而且试图回答"什么是好的、有用的并值得费力追求的文学和艺术"。他认为，艺术的首要功能是通过通俗易懂的形式表现高尚的普世情感和生命意义，并以此向人民大众传达道德感和价值观，使人民大众更接近宗教的理想。"艺术是一种大家都懂的语言。中国人的悲欢就像俄国人的悲欢一样能打动我。绘画、音乐和诗歌也一样，只要把它翻译成一种我能理解的语言。"（Tolstoy, 1904, p.101）"好的、普世性的艺术……（表现）的情感是俄国农民、中国人、非洲人（以及）老少贤愚都能理解的"（p.168）。托尔斯泰从这一观点出发，摒弃了瓦格纳、莎士比亚、莫里哀、塞万提斯等公认的大师，也否认了艺术上仅仅以美作为艺术标准的普遍看法。他认定的好艺术包括：颂扬上帝的基督教艺术、崇尚美和生命力的希腊艺术、敬祖先守传统、强调民族大义的罗马艺术和中国艺术以及重灵魂轻肉体的佛教艺术（pp. 53-55）。

德国艺术史学者朗格（Konrad von Lange, 1855—1921）做出了更专业化、更宏大的努力。他于1901年出版了两卷本巨著《艺术的本质》[5]，提出了另一种观点。朗格对当时流行的艺术模仿论进行了修正。他认为，艺术不可能直接或客观地模仿自然。艺术创作和欣赏都需要一种想象性的游戏态度，一种自我欺骗（die bewussete selbsttäuschung）。观看者与艺术作品之间的交流其实是一种错觉性的交流。观看艺术品时，我们像在玩游戏一样，把我们明知不存在的状态想象成真实存在的样子。因此说，艺术作品其实就像儿童游戏中的道具。绘画艺术尤其需要借助错觉，借助对形式的摆弄。朗格的这一观点对当时的理论界产生了重大的影响。另外一位德语艺术史学者沃尔夫林（Heinrich Wölfflin, 1864—1945）则另辟蹊径，于1915年出版了《美术史的基本概念》（Kunstgeschichtliche Grundbegriffe），试图从全新的角度审视西方古典艺术

（接上页）艺术理论有比较系统的了解。1913年，意大利哲学家克罗齐发表了《美学导论》（Brevario di estetica）一书，也是为了回答"什么是艺术"这个问题。克罗齐认为艺术主要与艺术家的直觉（intuition）有关，与外部对象关系不大。该书明显受到弗莱和贝尔的影响。克罗齐《美学导论》的英文版为 Guide to Aesthetics（Indianapolis, 1965）。

5 Konrad von Lange, *Das Wesen der Kunst, grundzüge einer relistischen kunstlehre*（《艺术的本质——一种写实主义的艺术理论》），Berlin, G Grote, 1901, 全书上下二册共797页，26章。该书在1907年出版了修订本，副标题改为 grundzüge einer illusionistischen kunstlehre（一种错觉艺术理论原理），且将头版的两卷本合并为一卷，全书668页，共22章。为什么会有如此大的"修订"，作者将另文探讨。

后期的发展状况。⁶

从史学的观点看，这几十年中，西方学者对"什么是艺术"这个问题关注的深度和广度远超人类文明史上任何其他时期。参与讨论的人不仅有艺术史学家和美学家，还包括哲学家、文学家、心理学家、文化史学家以及政治评论家。上文所列举的只不过是众多反应中比较有代表性的例子，它们本质上都与后摄影时代西方艺术和艺术理论所面临的巨大危机这个大背景有关联。表面上看，这些西方学者都试图对艺术重新定义，但在操作的层面上，他们其实是在寻找一种新的评价标准和一套新的批评语汇。

二 转向东方：谢赫六法的翻译

另一些学者则把眼光投向了东方。早在18世纪中叶，欧洲已经刮过一阵"中国风"（chinoiserie），它对欧洲的建筑、园林、室内装饰等领域产生了较大影响，也在一定程度上影响了洛可可绘画。⁷ 不过，当19世纪中叶西方艺术家再次回望东方时，他们首先注意到的却是日本绘画，主要是浮世绘。这一"日本主义"（Japonisme）风潮的影响波及一大批画家，包括大部分印象派大师。随着欧洲人对日本艺术的深入研究，特别是当他们开始追寻日本艺术的根源时，发现其母体是中国艺术。正如宾庸（Robert Laurence Binyon，也译宾扬、比尼恩）所说："亚洲艺术的中心传统必须在中国寻找。在所有东方国家中，中国人有史以来表现出了最强的审美本能，最丰富的想象力，而这一本能和想象力在绘画中得到了最高级

---

6 见沃尔夫林：《美术史的基本概念——后期艺术风格发展的问题》，洪天富、范景中译，中国美术出版社，2016年。该书采用了五组相互对立的概念对部分16、17世纪西方绘画作品进行分析和解剖。它们是：线描和图绘（Linear und Malerisch），平面和纵深（Fläche und Tiefe），封闭和开放（Geschlossen und Offen），多样和统一（Vielheit und Einheit），清晰性和模糊性（Klarheit, Unklarheit und Bewegtheit）。在过去的一个世纪中，这五对概念一直为学者们津津乐道。但迄今为止，笔者尚未发现哪位批评家将它们用于阐释后摄影时代的绘画，可见它们对艺术批评没有产生直接影响，因此不在本文讨论范围之内。当时非常流行的一些概念，比如"为艺术而艺术"的概念，也因为与本文的论题没有直接关系而没有讨论。

7 见雷德侯（Lothar Ledderose），《16—18世纪中国对欧洲艺术的影响》（这是作者1991年发表的文章，曲艺译，张总校），《美术史与观念史》2019年8月（总23—24期），第19—43页。对"中国风"最近的一项精彩研究是张省卿的《东方启蒙西方——十八世纪德国沃里兹（Wörlitz）自然风景园林之中国元素》，辅仁大学出版社，2015年。

和最完美的表现。"（Binyon, 1908, p.5）[8]

欧洲人对中国绘画的认识是逐步形成的。西方人对中国艺术的收藏和了解始于器物。卜士礼（Stephen W. Bushell）1904年出版的《中国艺术》中[9]，竟然没有讨论绘画。当时西方人策划的中国艺术展中也都不包括绘画。[10] 大英博物馆是早期对中国绘画独具慧眼的极少数欧洲机构之一。该馆在19世纪中、晚期便开始收藏中国绘画精品，并于1881年从收藏家安德森医生（Dr. William Edwin Anderson, 1842—1900）手中购买了一大批日本画和中国画，这对西方人理解中国绘画提供了一定的实物。[11] 而西方人真正开始了解中国画，则要等到翟理士（Herbert Giles）1905年出版的《中国绘画史》（*Introduction to the History of Chinese Pictorial Art*）。翟理士在此书的前言中宣称，这是第一本用欧洲语言出版的中国绘画介绍（Giles, 1905, p. i）。应翟理士邀请，宾庸为该书挑选了12幅中国画（七幅出自大英博物馆藏，四幅取自《国华》杂志，一幅取自私人收藏）作为插图，并亲自为每幅插图撰写了说明文字。翟理士在书中不仅向读者比较详细地介绍了明朝之前的中国绘画，而且首次将谢赫的六法翻译成了英文（Giles, 1905, p.28）。[12]

同年，德国汉学家夏德（Friedrich Hirth）出了英文版《一个收藏者的笔记》。[13] 夏德这本135页的小册子确实只是个笔记，算不上学术著作，但他却给出了谢赫六法的另一种英译。而且，他还在书中几十次引述翟理士。考虑到当年的运输条件和出版速度，远在美国任教的夏德竟然能在当年出版的书中如此频繁地

8　为了减少注释，下文常用书的引文只注明作者，年代以及页码。具体书名文后的"主要参考书目"。

9　Stephen W. Bushell, *Chinese Art*（《中国艺术》）Vol.1, London, Wyman and Sons, 1904. 第二卷1909年出版，共145页，讨论绘画的篇幅只有寥寥几页。《博灵顿杂志》（*the Burlington Magazine*）第9卷（1909年）第282页在对该书第2卷的评论中说："中国绘画是新的发现"（"Chinese painting is a new discovery"）。同一书评认为，最早向西方介绍中国绘画的学者是翟理士和宾庸。

10　关于西方早期收藏和展览中国艺术的案例，参见劳悟达：《皇家的机遇——古斯塔夫六世阿道夫国王的中国艺术收藏》，载《故宫学刊》2017年第1期，第363—368页。

11　安德森的《大英博物馆藏中、日绘画的描述性和历史性叙述》*Descriptive and Historical Account of a Collection of Japanese and Chinese Painting in the British Museum*, London, Longmans & Co, 1886）介绍了这些作品的收藏过程。

12　Herbert Giles, *Introduction to the History of Chinese Pictorial Art*, Shanghai and Leiden, 1905.1918年修订和扩充版（London, Bernard Quaritch）中则包括了中国画论的介绍。

13　Friedrich Hirth, *Scraps from a Collector's Note Book, Being Notes on Some Chinese Painters of the Present Dynasty, with Appendices on Some Old Masters and Art Historians*, Leiden and New York, 1905. 六法的翻译见该书 p.44 和 p. 58。

提到翟理士,可见翟理士的《中国绘画史》在小圈子内所产生的影响。[14]

次年,法国学者佩初兹(Raphael Petrucci, 1972—1912)出版了《远东艺术中的自然哲学》,内容以中国为主。其中五章介绍了中、日哲学(主要是中国哲学),一章讲佛教;剩下的六章中,一章介绍佛教之前的中国艺术,三章介绍山水画,另两章分析中日艺术中的形式。这本书不仅紧随翟理士的《中国绘画史》之后出版,而且是欧洲人第一次深入探讨哲学和宗教对中国和日本艺术的影响,是一本非常重要的学术性著述,理应在东西方艺术交流史上占据一席之地。而且,佩初兹在书中首次将谢赫六法翻译成了法文。可惜它和翟理士的书一样,没有立即引起弗莱的注意。弗莱在该书出版五年之后的1911年为其写了简短书评。[15] 几年之后,德国人敏斯特堡(Oskar Münsterberg)出版了《中国艺术史》。[16] 不过可以肯定的是,弗莱也没有受到这些德语书籍的影响。

受翟理士的启发,宾庸于1908年出版了名著《远东绘画史》(*Painting in the Far East, an introduction to the history of pictorial art in Asia, especially China and Japan*)并在其中给出了谢赫六法的另一种英译(Binyon, 1908, p.66)。宾庸的这本书与佩初兹的书一样,虽然冠名中国和日本,内容却以中国绘画为主。正是这本书,对弗莱产生了革命性的影响。

其实,弗莱在当时并非最积极地寻找新方向的批评家。42岁之前,他一直在

14　另有一例可说明翟理士该书所产生的影响:曾在日本任教多年的美国人费诺罗萨(Ernest Fenollosa, 1853—1908)1912年出版了由其遗孀玛丽(Mary McNeil)整理的遗作《中国艺术和日本艺术的各个时期》(*Epochs of Chinese and Japanese Art: An Outline History of East Asiatic Design*, New York and London, W. Heinemann, 1912)。该书的出版得到了佩初兹和宾庸的帮助,可见当时西方中国画研究圈的紧密联系。书中多次采用了 rhythmic(韵味)一词,比如,书中提到顾恺之"用富有韵味的轮廓线表现诗意性构造的人物"(rhythmic outlines for poetically conceived figures, p.38);中国器物纹样中"富于韵味的装饰线条"(rhythmic lines of decoration, p.40)。费氏本人1908年去世,其手稿当在去世前完成。但费氏此书可能对弗莱没有产生影响,因为弗莱没有提到过它,而且费诺罗萨的文笔远逊于宾庸。

15　Raphael Petrucci, *La philosophie de la nature dans l'art d'extrême-orient. Illustré d'apres les originaux des maitres du paysage des VIIIe au XVIIe siecles de quatre gravures sur bois de K. Ehawa et S. Izumi*, Paris Librairie Renouard, 1906. 谢赫六法的翻译见第89页。弗莱为该书写的书评 "Review of La philosophie de la nature dans l'art d'exteme Orient" 发表在《伯林顿杂志》(*the Burlington Magazine*)1911年5月,总第19卷第98期,第106—107页。弗莱在该书出版五年后才为其写书评,说明他是先受到宾庸的影响,然后才注意到该书。关于佩初兹及该书的详细介绍,参见二村淳子:《ラファエル・ペトルッチの自然哲学》,载《東京大学学術機関リポジトリ》2010年1月12日,第1—21页。其中有详细的注释和参考文献。

16　Oskar Münsterberg, *Chinesische Kunstgeschichte*'Paul Neff Verlag[1910年出版第一卷:Vorbuddhistische Zeit, die hohe Kunst(佛教之前的时期,绘画和雕塑);1912年出版第二卷:die Baukunst, das Kunstgewerbe(建筑艺术,手工艺术)]。中国读者可能感兴趣的是,蔡元培先生曾经协助该书的部分撰写。

从事着传统意义上的艺术批评，但弗莱在思想上一直比较开放，[17] 而且职业敏感性强，是最早关注中国艺术的极少数批评家之一。宾庸出书的第二年，43岁的弗莱发表了一篇石破天惊的论文，题目是《美学散文》（an Essay on Aesthetics, 1909）。在这篇被冠以现代西方艺术批评宣言"最重要的理论纲领"中，弗莱对现代西方艺术采取了完全不同于此前的观点，并且首次采用了一些全新的批评术语和观念。他宣称："艺术是想象性生活的表现，不是现实的模仿……。艺术肖似自然已经成为具有妨碍作用的标准。自然可能是理解绘画艺术最大的绊脚石。"同样是在这篇文章中，弗莱写道："艺术家通过满足对秩序和多样性的要求，达到愉悦感官、唤起情感之目的。艺术家唤起情感的方法就叫设计的情感元素（emotional elements of design），其中有五：线条的韵律（rhythm of line）、量感（mass）、空间（space）、光线与阴暗（light and shade）、颜色（Color）。"[18]

这些元素中，最不为当时西方批评家熟悉的显然是"线条的韵律"。根据宾庸的说法，"rhythm"一词原来只限于指音乐和演说中的声音，翟理士最早用这个词来翻译中国画论中的"气韵"或"韵律"，使之进入西方艺术批评（Binyon, 1911, p.15）。[19] 实际上，弗莱不仅从中国画论中借鉴了"气韵"这个术语，他这篇美学宣言的主导思想也来自宾庸所介绍的中国画论。这样说的证据有二：1. 宾庸

17　伍尔夫的丈夫 Leonard Woolf 对弗莱的评论是："从智性上说，他是我遇到的思想最开放的人。"（Intellectually, he was the most open-minded person I have ever met.）见 Virginia Woolf, *Roger Fry, A Biography*《罗杰弗莱传》, New York, 1940, p. 179.

18　弗莱"美学散文"最早发表在1909《新季刊杂志》（*New Quarterly Magazine*）上，收入《视觉与赋形》（*Vision and Design*, London, 1920, pp.11-25）。由于本文的论证需要借助英语原文，因此重要引文都注明原文，译文均由笔者翻译。

19　邵宏在《中日六位作家与中国画论西传》（载《诗书画》2016年第3期，第55页）中认为，日本学者冈仓觉三（Okakura Kakuzo, 以冈仓天心行世, 1863—1913）首次将"气、韵"分别翻译成 spirit 和 rhythm。宾庸在其1908年的著作中多次引用冈仓（Binyon, 1908, p.53, p.169），甚至在一条注释中同时提到冈仓这本书和翟理士的《中国绘画导论》（Binyon, 1908, p.266），但宾庸却认为翟理士最早使用了 rhythm 一词翻译谢赫的第一法。笔者赞同邵宏的观点。当然，翟理士最早全部翻译了谢赫的六法。邵宏还认为，冈仓1903年出版的《东方的理想》（*The Ideals of the East*, London, John Murray），是汉语文化圈学者首次用英文介绍东方艺术。实际上，正如该书副标题所示，它"主要介绍日本艺术"（with special reference to the art of Japan）。全书十五章中只有两章（pp.23-59）讲中国，主要介绍中国历史和哲学，涉及中国艺术的部分不过几百字，包括谢赫的第一、二法。但这几乎是当时西方世界仅有的中国绘画介绍，可见当时这方面的材料是多么匮乏。（参见上文注9对卜士礼的书评）。冈仓虽然崇尚中国文化，但他用日语发音拼写与中国相关的专有名词，比如，周拼作 Shu，秦朝作 Shin，陶渊明作 Toenmei，庄子作 Soshi，等等，再加上一些史料错误，比如把秦朝的建立和秦始皇做的一些事情放在了公元1世纪（却又告诉读者公元前202至公元220年是汉朝），并说秦朝的建立者在公元23年被刺（pp.33-35），使西方读者无法把他书中的内容与实际的中国历史联系起来。该书第51页把谢赫第一法翻译成"The life-movement of the spirit through the rhythm of things"，被宾庸采用。但冈仓紧接着说，"For art is to him the great Mood of Universe, moving hither and thither, amidst those harmonic laws of matter which are Rhythms"，则不免让人摸不着头脑。

的《远东绘画史》正好出版于弗莱此文发表的前一年；2. 弗莱在1910年初发表了他为宾庸此书写的书评。在弗莱一生所写的众多书评中，此篇最长，且比其他书评长好几倍。[20] 弗莱在这一长篇书评中首先总结了当时批评家的普遍心态："关心艺术的人对科学家有种羡慕嫉妒（admiring envy）。过去伟大的（科学）发明使艺术家泄气，让他们被笼罩在阴影之下。批评家和实用美学学者同样为科学家赞叹，同时感到惊愕，脱轨离轴，不知所措。他们迫切需要找到一个新方向，为自己提供新的航图和新的指导原理"（Binyon,1911,p.225）。用大白话说就是，摄影技术彻底推翻了原有的艺术标准，同时也破坏了原有的批评体系和批评语汇。批评家该如何认识艺术、如何评论艺术？

接着，弗莱批评了欧洲人固守希腊-罗马和文艺复兴再现艺术的偏见，呼吁欧洲人放开眼界，注重域外民族，特别是中国和日本的艺术："我们再也不能掩藏于埃尔金大理石像后面，因为我们的任何一种美学体系都无法先念地排除哪怕最荒诞、最不写实的艺术形式"（同上，p.226）。正是在这样的上下文中，弗莱隆重地向读者推介了宾庸的《远东绘画史》。

弗莱这篇书评中的大实话道出了当时西方批评家普遍面临的困境。宾庸本人对这一困境的表述更为直白："在有思想的人看来，艺术是模仿和再现的理论不再站得住脚，但又没有别的理论能被广泛接受并成为普遍观点"（Binyon, 1911, p.11）。在这样的背景下，不受缚于自然模仿的中国画论正好填补了西方绘画理论的真空。宾庸欣喜地发现，在中国画中，"最高的境界是气韵，注意，不是模仿自然或忠实于自然。后者是西方各民族凭一般本能所认为的艺术的根本关注点"。而在中国，"艺术模仿自然的观念要么不为人知，要么被作为异端而受人鄙视"（Binyon,1908,pp.8-9）。[21]

回过头看，中国绘画理论对当时西方评论界产生的立即而巨大的影响是顺理成章的事。如前所述，摄影技术的发展彻底粉碎了写实绘画，也推翻了此前绘画所

20　见 Roger Fry, "Oriental Art"（东方艺术），载 *Quarterly Review*（《评论季刊》）1910年第1期第225页（vol. 212, no.422, Jan/April, 1910）。虽然弗莱这篇书评针对的是四本书，但全篇14页（pp. 225-239）中只有4页涉及其他三本书。

21　"the idea that art is the imitation of nature is unknown, or known only as a despised fugitive heresy ", Binyon, 1908, p.66。翟理士1905年的书中没有提及中国画家如何对待模仿自然的问题。可见宾庸的书更多是针对处于艺术困境的欧洲读者。而翟理士的书则"多少表现了某种从中国人的角度所理解的中国绘画理论"（Giles, 1905, p.vi）。

依据的评价标准。托尔斯泰和朗格等人的理论虽然有一定的道理，但毕竟无法彻底解开绘画理论所面临的困境。既然绘画无法在写实性方面与相机竞争，画家究竟应该做什么？绘画的价值标准是什么？正是在这些关键问题上，中国画论给处于生死存亡的西方绘画指明了一条生路，或者说，提供了救命稻草。

谢赫六法在当时被翻译为 Six Canons（六准则，有时也作 Six Rules）。这对急于寻找新准则的西方批评家来说，无疑是踏破铁鞋无觅处。中国画论不仅不强调模仿自然，无需关注画得像不像的问题。而且，竟然还有一套现成的、使用了上千年的标准，可以用来替代被照相机所推翻的写实性准则。六法对当时西方艺术界的重要性，可以从当时多种不同的翻译中反映出来。至1911年止，至少有六种不同的英译文和一种法语翻译。兹列表如下页：

这些翻译中，最通行的是翟理士的翻译和宾庸自己的译文。[22] 而在当时所有介绍中国绘画及其理论的著述中，宾庸的影响最大，这主要是因为他的文笔优美流畅。毕竟，他本人是个著名诗人，而且又身居大英博物馆的要职，加上他从一开始就是以西方人的眼光来看待东方艺术，文笔更有针对性。他在书中颇为在行地向读者解释说，六法中第一法最重要，其他五法都是为达到第一法的手段（Binyon, 1911, p.13）。

三　弗莱"形式分析"理论的成形

从《美学散文》发表之日起，弗莱便从理论和实践同时入手，开始了他"改变西方趣味"的历程，其中重点涉及对塞尚的阐释。[23] 1910年，即他为宾庸写书评的那年，弗莱发表了自己翻译的、法国画家德尼（Maurice Denis, 1870—1943）写的

22　除了上述译法，另有1910年敏斯德堡（Oskar Munsterberg）在《中国艺术史》（Chineschiche Kuntgeschichte）中给出的德文翻译。20世纪30年代之后，谢赫六法还出现了蒋彝、坂西志保、林语堂等人的英文翻译以及滕固的德语译文，但它们均在弗莱1927年的《塞尚发展研究》之后，因此与本文无关。邵宏在《中日六位作家与中国画论西传》一文（同前引文）中对谢赫六法在西方的翻译和传播有详细的介绍。另见包华石（Martin J. Powers）：《中国体为西方用：罗杰·弗莱与现代主义的文化政治》，《文艺研究》2007年第4期，第141—144页。

23　关于弗莱艺术批评的更多信息，见Reed,1996,pp.1-5；Kenneth Clark, *Introduction to Roger Fry's Last Lectures*（《罗杰·弗莱最后演讲录》前言），Boston,Beacon Press,1939,pp.ix–xxix。另见沈语冰《塞尚及其画风的发展》（广西美术出版社，2016年）中的"译者导论""译后记"以及附录中的相关资料。

冈仓觉三的翻译（只译了第一、二法）[Okakura Kakuzo, *The Ideals of the East*（《东方的理想》）London, 1903, p.51）谢赫作 Shakaku]	1.The life-movement of the spirit through the rhythm of things. 2. The Law of bones and brushwork.
翟理士的翻译（Giles, 1905, p.28）	1. Rhythmic vitality. 2. Anotomical Structure. 3.Conformity with nature. 4. Suitability of colouring. 5. Artistic composition. 6. Finish. (1918年修订版 p.29 改译成：5. Artistic composition and grouping, 6. copying of classical masterpieces)
夏德的翻译（Hirth, 1905, p.58）	1.Spiritual element, life's motion. 2. Skeleton drawing with the brush. 3. Correctness of outlines. 4. The colouring to correspond to nature of object. 5. The correct division of space. 6. Copying models.
宾庸的翻译（Binyon, 1908, p.66）	1.The life-movement of the spirit through the rhythm of things.2.Organic structure. The creative spirit incarnates itself in a pictorial conception.3.The Law of conformity with nature. 4.Appropriate colouring. 5. Arrangement. 6. Finish.
泷精一（Sei-Ichi Taki）的翻译（载《国华》杂志第244期和 Three Essays on Oriental Painting, London, 1910, p.64）	1.Spiritual tone and life-movement. 2. Manner of brush-work in drawing lines. 3. Form in its relation to the objects. 4. Choice of colour appropriate to the objects. 5. Composition and grouping. 6. The copying of classic masterpieces.
宾庸（Binyon, 1911, p.12）对六法的另一种翻译*	1. Rhythmic vitality or spiritual rhythm expressed in the movement of life. 2. The art of rendering the bones or anatomical Structure by means of the brush. 3. The drawing of forms which answer to natural forms. 4. Appropriate distribution of the colours. 5. Composition and subordination, of grouping according to the hierarchy of things. 6. The transmission of classic models.
佩初兹的法文翻译（Raphael Petrucci, *La philosophie de la nature dans l'art d'extrême-orient*, 1906, p.89）	1. La consonance de l'esprit engendre le mouvement (de la vie)，2. La loi des os au moyen du pinceau. 3. La forme représentée dans la conformité avec les êtres. 4. Selon la similitude [des objets] distribuer la couleur. 5. Disposer les lignes et leur attrituer leur place hiérarchique. 6. Propager les forms en les faisant passer dans le dessin.

* 在同一页中，宾庸（Binyon, 1911, p.12）还对"气韵生动"作了进一步解释："the fusion of the rhythm of the spirit with the movement of living things."

《塞尚》一文并为之加了按语:"塞尚是个伟大而独特的天才……他代表了一种新的抱负,一种对绘画目的和方法的新概念……一种新的希望、新的勇气。他试图在绘画中直接表现想象的意识状态,而这一任务长期以来归于音乐和诗歌……(塞尚)开创了现今时代最有前途和最富成果的运动。"[24] 同年11月,弗莱在伦敦策划了第一届"法国后印象派画展"。然而,这第一次实际操作却引发了公众的嘲讽和谩骂。弗莱的传记作者伍尔夫(Virginia Woolf)生动地记录了当时观众的反应:大家认为这些展品是笑话,是侮辱英国公众。观众对画展中塞尚作品的反应尤其让弗莱沮丧:一位男子在《塞尚夫人像》【图1】前笑得如此厉害,差点背过气去。就连弗莱本人也受到攻击谩骂。媒体骂他是笨蛋、恶搞、冒牌货。有些观众给弗莱寄去小孩的涂鸦,并附言说这些东西也比塞尚的作品强。[25] 弗莱无奈地写信告诉父亲,这次画展使他自己"成了各方报纸狂风暴雨般谩骂的对象"(Reed, 1996, p.49)。

但是,弗莱却并没有因此而退缩,其执着和勇气确实可嘉。两年之后的1912年,他组织了第二届后印象派画展,但改变了策略。第一次画展的彻底失败多少和策略有关,因为弗莱在目录中主要强调了参展作品与"印象派"作品之间的少许承传和巨大差别,所用的批评语汇基本上是传统的。[26] 针对塞尚等人与传统完全不同的风格,这类评论显得苍白和空洞。在介绍第二届画展作品时,弗莱一改此前的做法,大胆采用了他刚刚学来的中国画论的概念和语汇。他不仅让观众注意塞尚画中"至高的随意性"【图2】(supreme spontaneity),并且开始了他的引导和教育工作:"公众指责参展的画家不诚实,放肆,那是因为公众误解了绘画的目的,误以为绘画就是模仿自然形式的外表,其实绘画只是通过逻辑结构的清晰性和纹理的紧凑统一性来制作图像"(收入 Fry,1920, p.156)。接着,弗莱以这样的语气介绍了马蒂斯的一幅画:"《舞蹈者》【图3】是一件伟大的装饰作品,其气韵是如此雄浑,如此强烈,走在它前面的人体似乎变成了整体韵律的一部分。气韵从

24　Roger Fry, "Introductory Note", the *Burlington Magazine*, XVL, London, Jan-Feb 1910, p 207 。德尼的这篇法文传记写于1907年。

25　Virginia Woolf, *Roger Fry, A Biography*(《罗杰弗莱传》),New York,1940,pp. 154-157.

26　第一届后印象派画展于1910年11月在伦敦 Grafton Gallery 举行,目录题为《马内与后印象派》(Manet and the Post-Impressionists)。弗莱写的序言在目录第7—13页。现收入 Reed, 1996, pp.81-85.

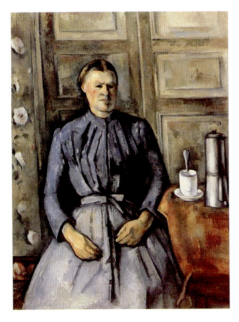

图1　塞尚　塞上夫人像　约1895年
巴黎奥赛博物馆

画面跳出，弥漫于画面四周"（收入 Reed, 1996, p.114）。在1912年另一篇介绍该展览的文章中，弗莱写道："马蒂斯试图通过富有韵律的线条的流动，通过空间关系的逻辑性，特别是通过全新的色彩运用，让我们相信其形式的写实性。在这里，就像在他明显的韵律图案设计中一样，他比任何欧洲的画家都更接近中国艺术的理想"（收入 Fry, 1920, p.158）。这些文字说明，弗莱本人比当时欧洲任何其他的批评家更接近中国画论。他甚至已经在不自觉地以中国艺术作为评价绘画的准则。结果，英国观众没有对这次画展进行抨击。当然，绝大部分英国观众可能也没有因为弗莱的这些评论而马上接受塞尚或马蒂斯。不过，弗莱本人却认为他找到了可以阐释现代绘画的概念和词汇。他此后的艺术评论越来越多地采用了这一方法和这些语汇。

当时，意识到塞尚作品内在价值者，除了弗莱，还有塞尚的几位年轻同胞，包括从19世纪90年代起便不遗余力地推崇塞尚的记者热弗卢瓦（Gustave Geffroy, 1855—1926。其文章见 Danchev, 2012, p.459）、画家贝尔纳（Emile Bernard,

图2 塞尚 大浴女
1900-1905年 伦敦国家美术馆藏

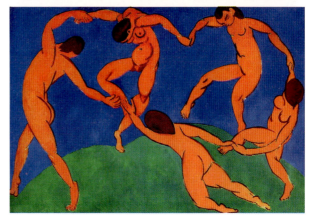

图3 马蒂斯 舞蹈者
1910年 俄国圣彼得堡埃尔米塔什博物馆藏

1868—1941。其文章见 Danchev, 2012, p.457）、立体派画家莱热（Fernand Leger, 1881—1955）以及1907年写了塞尚传记的德尼。这些年轻人都宣称自己受到塞尚的巨大影响，但他们对塞尚的看法则各不相同。德尼认为塞尚是19世纪各种前卫派的集大成者，把稚拙简朴与古典和理性融为一体。莱热视塞尚为"印象派中的一员，对传统绘画中不完美之处了如指掌。他觉得需要一种与新色彩密切相连的新形式和新画法。他一生都在为此而寻求"。不过在莱热看来，塞尚也许没有成功。因为他说"塞尚在现代绘画史中的地位有如此前的马内。两人都是过渡性的画家"。[27] 另两位年轻的立体派画家格莱兹（Albert Gleizes, 1881—1952）和梅津杰（Jean Metzinger, 1883—1956）对塞尚的看法则完全不同。他俩在1912年发表了《立体主义》（Du Cubisme）一文，盛赞"塞尚是引领历史的最伟大（艺术家）之一。把他和梵高或高更相比是不合适的。他意味着伦勃朗……他以执拗的目光探索现实。如果他自己没有到达这样一些领域——在这些领域中，深刻的写实主义与闪耀的灵性悄然地融为一体，至少他为那些想获得一种简单而奇妙的方法（以达到这些领域）的人而竭尽全力"。[28] 除了这些玄乎的语句，他俩还把塞尚视为立体主义的开山鼻祖，并试图从这个角度来解释塞尚的作品，虽然塞尚本人从来没有表露过自己对抽象形式的趣味。

这些早期的努力其实都是在为塞尚的绘画寻求理论上的武装或支持。但它们都无法得到批评界的共鸣，也无法让公众意识到塞尚的艺术价值。德尼承认："我从来没听见过塞尚的崇拜者说清楚一条崇拜他的理由，即使是最直接感受到塞尚魅力的艺术家也如此。"[29] 丹切夫非常简洁地概括了当时的境况："推崇塞尚的人总是不吝奢华的赞美之词，但却总是无法把自己解释清楚"（Danchev, 2012, p.6）。

27　见 Fernand Leger 1913年写的 "The Origins of Painting and its Representational Value"（《绘画的起源及其再现价值》）。转引自 Charles Harrison & Paul Wood ed., *Art in Theory, 1900-2000*（《1900—2000年的艺术理论》），Blackwell, 2009, p.203.

28　"Cézanne is one of the greatest of those artists who orient history, and it is inappropriate to compare him to Van Gogh or Gauguin. He recalls Rembrandt…he plumbed reality with a resolute eye, and if he did not himself reach those regions where profound realism merges insensibly into a luminous spirituality, at least he dedicated himself to whoever really wants to attain a simple, yet prodigious method." 见 Robert L. Herbert ed., *Modern Artists on Art: Ten Unabridged Essays*（《现代艺术家论艺术》），New York, 1964, p.4。格莱兹和梅津杰这篇文章被誉为立体派的第一篇美学理论，而立体派又被认为是最富有理论的现代画派，其中"深刻的写实主义"指的是立体派艺术。文中几次提及中国（如第二章和第五章），可见作者也试图从中国艺术的角度为立体派找到理论依据（难怪毕加索对中国艺术如此崇拜）。当时推崇塞尚的年轻画家还包括马蒂斯，他把塞尚看成是父亲般的人物，见 Jack Flam ed., *Matisse on Art*（《马蒂斯论艺术》），Berkeley, 1995, pp.78-80. 但也有少数画家虽然注意到了塞尚艺术的独特性但却没觉得他有多么伟大。比如，意大利画家卡拉（Carlo Carrà, 1881—1966）1913年发表了《从塞尚到我们未来派》（Da Cézanne a non Futuristi）一文，认为塞尚是旧时代的最后传人，在许多方面不如雷诺瓦现代，其长处只是在色彩方面："他的色彩敏感性超过了埃及人、波斯人、中国人甚至拜占庭人……他依靠色彩结构仅仅把一种现存的原理推至其最终的结果。因此，他没有开辟一个新的绘画时代。"见 Herschel B. Chipp ed., *Theories of Modern Art*（《现代艺术理论》），U.C.Berkeley Press, 1996, pp.304-307。

29　Maurice Denis, "Cézanne"（1907），转引自 Danchev, 2013, p.6.

即便是尝试从形式分析的角度来阐释塞尚等后印象派绘画者,也并非弗莱一人。弗莱的追随者贝尔(Clive Bell, 1881—1964)在协助弗莱策划完"第二届后印象派画展"的第三年,出版了他的名著《艺术》(Bell, Art, 1914)一书,其中花了整整一章(pp. 199-214)介绍塞尚。此外,贝尔还在书中的其他章节大肆颂扬塞尚,称塞尚"超乎所有印象派画家,是新的形式大陆上的哥伦布……自从原始的拜占庭人在拉文纳摆出镶嵌画以来,欧洲的艺术家没有哪位比塞尚创造出了更有意味的形式"(Bell, 1914, p.207, p.130)。仔细阅读贝尔该书会发现,他其实也受了中国艺术的影响。该书首页印有一张北魏观音像,而且书中还不时提到中国艺术。比如,贝尔把现代西方艺术中的"建筑式设计"(architectural design)和"装板式设计"(imposed design)之间的差别比作14—15世纪一流的佛罗伦萨绘画和宋画之间的区别(同上书,p. 253)。但他明确表示不愿意使用"气韵"之类的新词(Bell,1914,p.16,p.57),而更愿意采用自己创造的"有意味的形式"(significant form),并雄心勃勃地试图根据这一概念"为视觉艺术提供一种全面的理论"。贝尔认为塞尚的作品和中国地毯、波斯古盘、墨西哥雕塑、乔托的壁画以及普森的杰作之间所具有的共同特征就是有意味的形式:"以特定方式组合的色彩和线条及其关系能够打动审美情感。这些组合及其关系我称之为有意味的形式。有意味的形式是所有视觉艺术作品的共同特质"(Bell,1914,p.8)。[30]

贝尔书中的另一个做法,即把塞尚与原始主义作品相比较,也不是什么新发明。最早介绍塞尚的文章就是提请大家关注塞尚作品中的"原始主义"因素。[31]

---

[30] 有意思的是,弗莱明确指出,"有意味的形式"这一术语是贝尔发明的:"如果我们能够从一件作品中剥离出贝尔先生称之为 significant form 的纯审美特质,它会是一种什么特质呢?……我们都同意,所谓 significant form 是指超出形式的惬意安排以及和谐图案之类的东西。拥有 significant form 的作品是(艺术家)表达一种观念而非创造一件漂亮物体的努力的结果……我眼下还无法超越对 significant form 特质的这一模糊勾勒"(Fry, 1920, p.199)。然而,弗莱自己在 1911 年的一篇文章中,却最早使用了 significant and expressive forms(有意味和表现力的形式)。见他的《后印象派》(Post Impressionism),载《评论半月刊》(The Fortnightly Review), 1911年5月1日,第867页。这或许说明,弗莱在掌握了谢赫六法之类的中国画论术语后,已经不再满足于自己此前臆造的词汇,甚至不愿承认(或者忘记了)自己造的这一术语。

[31] 贝尔的短文 "Paul Cézanne",载巴黎出版的《当代人》(Les Hommes d'aujourd'hui)杂志,1891年第VIII期,无页码。三年后,热弗卢瓦发表了 "Paul Cézanne",载《艺术生活》(La Vie artistique)第三卷(巴黎,1894年),pp.249-260。两人都强调了塞尚作品中的原始主义特征。热弗卢瓦还讨论了塞尚作品中的装饰统一性。塞尚参加第三次印象派画展期间出版的一份周刊甚至这样说:"塞尚先生的作品堪比希腊古典时期的作品,它们具有古典绘画和陶器的宁静和英雄般的祥和……塞尚先生的画中具有圣经时期和古典时期那种无法形容的吸引力。"文章的作者是瑞维尔(George Rivière, 1855—1943),载1877年4月14日出版的《印象派画家》(L'Impressioniste)第二期;收入 Charles Harrison, Paul Wood and Jason Gaige, 同注2引书,p.596。研究者认为,瑞维尔的文章实际上是雷诺瓦的兄弟、专业作家 Edmond Renoir 代写的,只是为了避嫌才冠名瑞维尔。文章对所有参展的画家都赞誉有加(同上,p.593)。

1910年第一次画展失败后,弗莱本人也曾经尝试把塞尚的绘画描述为"原始主义"(Reed, 1996, pp.51-52),但与前者的努力一样,这样的描述显得空洞,没能引发西方公众的共鸣。虽然此时的"原始主义"一词意指与东方相关的艺术,[32] 但是此前已有批评家用这个词来描述卢梭等人的艺术,而塞尚的风格与他们有明显的区别。

这些失败的努力说明,不管是从西方传统的角度还是用现有的西方批评术语或者自己臆造的术语来解释塞尚这样的全新艺术风格,这条路都很难走通。当然,连中国朝代都没弄清楚的贝尔(Bell, 1914, p.22)即使想采用中国画论的术语,估计也力不从心。这些失败必然使弗莱意识到,要想成功地阐释塞尚的作品,不能依靠即兴式的新闻评论,因为这些华美的赞词缺乏理论深度,也不能靠简单地把他和过去的大师进行对比,因为塞尚的艺术志趣和画风与之大不相同。三年后的1917年,弗莱总结道:"哪一天我们可能需要对塞尚的作品做一次全面的研究,对他的成就和地位进行一次中肯的评判——现在这么做,或许为时过早。"[33]

与此同时,弗莱并没有停止"向中国艺术接近"。1918年底至1919年初,他分两部分发表了《线条作为现代艺术的表现手段》一文。[34] 这是西方艺术批评史上首篇专注于素描线条的研究。文章说,在文艺复兴所确定的再现规范下,连安格尔这类靠线条韵律与平衡获得表现力的画家也不得不遵守神圣的解剖学事实而牺牲韵律表现。20世纪的艺术家摆脱了精确再现的束缚,可以通过线条素描获得更丰富的表现力,并运用线性素描独立而完整地表达某种艺术观念,就像马蒂斯和毕加索那样。弗莱把线条素描分为书法性的(calligraphic)和结构性的(structural)。马蒂斯快速而准确的线条是书法性的,而他那些比较规整、极为简

---

[32] 俄国画家和理论家谢夫臣科(Alexandr Shevchenko, 1888—1948)在1913年用法文发表的"Neo-primivizm"(新原始主义)一文中写道:"'原始的'一词直接展示了一种东方的源头,因为在今天,它体现了完整系列的东方艺术——日本的,中国的,朝鲜的,印度'波斯的艺术'。"见 Charles Harrison & Paul Wood ed., *Art in Theory, 1900-2000*, Blackwell, 2009, p.101。

[33] "The time may come when we shall require a complete study of Cézanne's work, a measured judgment of his achievement and position——it would probably be rash to attempt it as yet."弗莱,"评沃拉尔(Ambrioise Vollard)1915年出版的塞尚传记",载 The Burlington Magazine,1917年。收入 Fry,1920,pp.207-208。沃拉尔是经销塞尚作品的画商。在该文的最后,弗莱写道:"哪天我们对塞尚的作品进行全面欣赏时,沃拉尔这本书将是最重要的文献。"他当时没预料到,最后欣赏塞尚却依靠了中国画论。

[34] Fry, "Line as a Means of Expression in Modern Art", in *The Burlington Magazine*, December, 1918, pp.201-208;February 1919, pp. 62-69. 收入 Reed, 1996, pp. 326-338.

单的线条则是结构性的。弗莱认为,马蒂斯的线条都表现出一种夸张的精细和敏感,异常生动并具有韵律和谐;线条本身的韵律序列就能给观者带来快感。另一位画家西科特(Walter Sickert)的素描线条亦然。弗莱承认,西方人从来没有像中国人和波斯人一样看重书法,但实际上纯线条及其韵律可以表现无数种情调和状态,表现某种观念的气质和主观性;它是一种姿态的完整记录,观众可以像看舞蹈动作一样看线条。因此,他预言,马蒂斯线条的微妙气韵(不同于学院艺术家武断的气韵)将会成为现代艺术家的标准。而毕加索的线条则是一种紧凑的形式的综合,一种通过更自由、更灵活、更具有适应性的韵律表现出来的构造性设计。而"这种更灵活、更离散的韵律是画家惠斯勒(Whistler)从日本(可惜不是从中国)引入欧洲设计的,它是一种具有造型特征的线条"(Reed, 1996, p.333)。文章的下部分,弗莱虽然警告画家和赞助人不要过分因其书法性本身而欣赏素描,但依然用了同样热情的语调赞美了几位年轻画家:格兰特(Duncan Grant)的素描表现出"极大的书法美;直率,韵律灵活轻松";汉娜(Nina Hamnet)和沃尔夫(Edward Wolfe)的素描则属于一种新的书法,比老一代更细微,更持重,不那么臆断;而英年早逝的Gaudier-Brseska的素描则太像日本人那种武断而具有自我意识的书法(Reed, 1996, pp.335-7)。

同样是在1919年,弗莱在博灵顿美术俱乐部素描展目录的前言中说:"线条至少是一种姿态的记录,它极大地展示了画家的人格、品味,甚至可能展示其生活的时代。"(Fry, 1920, p.160)这些文字与中国书论和画论的亲缘关系显而易见。当时欧洲人所熟悉的艺术理论中,只有中国艺术有类似的观念。[35] 一年之后的1920年,弗莱在评论非洲雕塑时更进一步借用了中国艺术观念:"假如我们想象一下,运用中国人从远古时代就拥有的批评性欣赏官能来看待这件黑人艺术,我们就能轻而易举地看出它的奇特美。"(Fry, 1920, pp.67-8)

也就是在这个时候,弗莱在剑桥大学结识了徐志摩(1897—1931),两人探讨了中国艺术。徐志摩还邀请弗莱访问中国。既然到了邀请对方访问中国的程度,可见不是泛泛的交往。徐志摩精通英语,艺术修养也高,想必对弗莱深入了解中

---

35 弗莱很可能直接从宾庸的书中借鉴了这些概念。比如,宾庸在介绍顾恺之《女史箴图》时说"作品中暗涌着幽默和嬉闹,揭示了画家的某种人格"(Binyon, 1908, p.43)。

国艺术理论有一定的帮助。回想1929年徐志摩与徐悲鸿在《画展》杂志上关于西方现代派艺术的针锋相对态度，再想想弗莱和徐志摩的接触，我们或许很容易理解当年徐志摩为什么会反对徐悲鸿的观点，并热情地为塞尚等现代派辩护。[36]

不过，总体来说，1920年的弗莱还在探索当中。他在这年出版的《视觉与赋形》的"回顾"中写道[37]，艺术批评家有两大任务：1. 以自己的审美感受和学识，参照同行的定论，尽可能诚实客观地对艺术品作出判断。 2. 当批评家对一件作品的反应明晰化之后，将它翻译成语言（when the critic holds the result of his reaction to a work of art clearly in view, he has, next, to translate it into words。Fry, 1920, p.189）。第二件任务显然更艰难。弗莱承认，"在这方面我的准确性可能大都失败了，因为我缺乏诗人那样对语言的娴熟运用……显然，我对作品的分析做得不够深，还没有把纯审美的元素与其相伴的附加成分区分开来"（Fry, 1920, p.191，p.195）。

通过分析弗莱的著述可以发现，弗莱完成第二件任务的过程正是他一步步深化自己对中国绘画理论的掌握和运用的过程。他在这方面的最大进步，体现于1926年出版的《转变集》。该文集1926年8月付梓。弗莱在序言中写道："书中收入的文章重写和改动如此之大，大多不值得向读者交代原文出处。极少数几篇基本未改的文章则注明了原文出处"（Fry, 1926, p.i）。[38] 将自己以往发表的文章裒辑成册，这是文人常见的做法。但将旧文重写一遍出版，实属罕见。这至少说明弗莱对以前发表的这些文章不再满意，或者说，他的看法发生了根本改变。文集首页的唐朝羊头石雕像以及书中多幅周朝青铜器插图，预示着"中国元素"对该书的重要性，虽然评论的对象都是西方艺术大师。文集共收入14篇文章，第一篇题为

---

[36] 关于弗莱与徐志摩的交往，见劳伦斯（Patricia Ondek Laurence）的《布里斯科的中国眼：布卢姆斯伯里，现代主义与中国》（*Lily Briscoe's Chinese Eyes: Bloomsbury, Modernism, and China*, University of South Carolina Press, 2003, p.347），以及Anne Witchard 的《老舍在伦敦》（*Lao She in London*, Hong Kong University Press, 2012, p. 149, note 50）。就笔者寡闻，讨论二徐之争的现有文章中，均未提到徐志摩与弗莱的交往。

[37] 该文的中文翻译收入范景中主编：《美术史的形状》I, 中国美术学院出版社，2003年，第501—513页。

[38] Roger Fry, *Transformations, Critical and Speculative Essays on Art* (《转变集：批评性和推测性艺术论文集》), New York, Chatto and Windus, 1926. 文集中只有三篇注明基本未改，即1924年发表的《艺术与国家》（Art and the State）和《朗格多随想》（Speculations in Languedoc）以及1925年发表的《文化与附庸风雅》（Culture and Snobbism）。换言之，书中所有重要的文章，即与形式分析和中国画论有关，或表达美学观点的文章都重新改写了。这些文章很有可能是在弗莱出版了《视觉与赋形》之后的1921年至1926年8月之间改写的。而弗莱从1924年起便开始撰写塞尚的专论。

《一些美学问题》（Some Questions in Esthetics, pp.1-43），其主要观点是：艺术作品的形式特征（formal characters）或造型价值（plastic values）与作品的心理学方面或戏剧性方面（即再现内容所引发的情感反应）是作品的两个审美层面，两者相辅相成。略微熟悉西方文学批评史的读者很容易发现，这一观点来自另一位深受中国文化影响的学者，英国文学批评家瑞恰慈（I.A. Richards, 1893—1979）在1924年出版的《文学批评原理》（Principles of Literary Criticism），虽然弗莱表面上摆出与之商榷的姿势，实际上，弗莱这篇文章是用绘画的例子重新解释了瑞恰慈的观点。弗莱非常正确地强调，观众认识作品的造型价值比认识作品的心理学目的更难（p.43）。这话的潜台词是，批评家应该更多地引导观众注意作品的形式，而不仅仅是关注作品所再现的内容。书中的第四篇文章题为《中国艺术面面观》（Some Aspects of Chinese Art）。这篇文章表明，此时的弗莱对中国艺术及其理论的了解与十几年前相比有了飞跃性的发展。弗莱一开篇就向读者保证：

"因为陌生感而拒绝中国艺术是一种错误的恐惧。其实，中国艺术极易为欧洲人感受，如果我们对之怀以面对文艺复兴意大利杰作或哥特、罗曼式雕塑时所拥有的惴惴慎重（attentive passivity）。你无须是汉学家就能理解中国塑像的审美情趣。它可能再现了某种异域的神明，但却是根据某些特定的赋形原理，并根据特定的韵律表现出来的。这些原理和韵律的本质对欧洲人的眼睛，远不如中国音乐的韵律对我们的耳朵那么陌生。相反，它们在这方面看似如此熟悉，以至于（可以说）有些备受喜爱的欧洲艺术家更接近中国人。它们绝对不像印度艺术那样难以接近"（p.68）。

弗莱认为，中国艺术之所以让欧洲人看起来熟悉，是因为中国艺术在色彩和谐、讲求逻辑、画面平衡、部分与整体的协调以及细节处理服从整体结构等方面与欧洲艺术相同（p.68）。接着，弗莱总结了自己对中国艺术的几点看法，并谦卑地说明，他这样做"只是为了引导观众欣赏，而非为了建立重要的基本原理"。他所总结的中国艺术特征包括：1.注重线条韵律（linear rhythm），轮廓线总是构型中的最主要部分；2.线条韵律总是连续而流畅的；3.中国人的造型感以蛋形为主，而欧洲人则以立体或多面体为主；4.欧洲艺术重人体，而中国艺术以动物造型为主；5.中国艺术缺乏悲剧精神，而具有微妙的幽默（pp. 72-76）。

以上的总结是否完全正确，见仁见智。但它们证明，此时的弗莱显然认真研究过中国艺术。他不仅自己真正欣赏中国艺术，而且他还注意到，中国艺术对西方现代艺术的影响越来越大了。弗莱这篇文章的主旨是，"中国艺术在形式方面虽然有其独特之处，但对欧洲人的感受力来说，没有什么大问题"（p.76）。

不仅没问题，而且在弗莱看来，欧洲艺术的许多方面，包括意大利文艺复兴大师以及意大利17世纪的艺术、伦敦的雕塑家和雕塑作品以及当代的某些西方素描，都可以用中国绘画理论来阐释，甚至用中国艺术的标准来衡量。他写道：

中国艺术中延续而流动的线条韵律类似于洛伦采蒂（Ambrogio Lorenzetti）的轮廓线（p.72）。

波提切利（Botticelli）本质上是另一位中国艺术家。他依靠线性韵律来组织构图，而且，其韵律具有一流中国画所展示的那种流畅，那种优雅轻松。甚至安格尔（Ingres）也被称赞或贬低为'中国'画家——他也坚守线性的方案（linear scheme）（p.73）。

马蒂斯（的素描）展示了线性韵律的独特之美。毕加索也具有强烈的内在韵律感（p.206）。

不管毕加索的素描目的何在，他都能轻松而优雅地运用现代性的、自由的线条韵律（p.207）。

在英国，格兰特（Duncan Grant）是特立独行的纯粹而优雅韵律的大师。他把自由的"东方"韵味与其个人情感融为一体，用于表现运动，其效果不俗（pp.211-212）。

就连拉斐尔之所以伟大，也不仅仅是"因为他作品中描绘了人物的多愁善感，而且因为其形式可以自立，韵律与形式的要求保持一致。实际上，在拉斐尔身上，其形式的完美是绝对完整的。……这类艺术家尽管有缺点，但他们具有风格。也就是说，其绘画表面的信息根据某种韵律概念获得了足够的阐释，进入到了想象的现实"（p.107）。

相反，如果哪些作品看起来不对劲（lack style），比如Bacciacca的素描，"主要原因是，人们略微觉得，他对描述的兴趣每每破坏了韵律特质"（pp.107-108）。

甚至一些和中国艺术沾不上边的大师，比如米开朗琪罗和格列柯，弗莱也做出了这样的评论："他们在中国艺术的氛围里是不可想象的"（p.74）。

不仅是泛泛的比较，《转变集》中还采用中国画论的标准和术语讨论了具体的作品：

画家巴托洛缪修士（Fra Bartomomeo）【图4、图5】画了两幅《圣凯瑟琳的婚礼》（Marriage of St Catherine），一藏 Pitti 宫，一藏卢浮宫。"两幅画的韵律节奏不同。在前者，线性运动和造型运动相互作用，相互对应，组成了紧凑的构图"（p.89）。

"科雷焦（Corregio）的情感表现更强烈……但他比较幸运，他作品中的情感表达与其固有的韵律感没有冲突，表现力和形式要求之间没有冲突……而且，这一韵律的流动性迫使他大跨步地发展出了巴洛克的赋形观念……其急躁的韵律冲动迫使他在（表现）深度方面做出最自由的运动。比如，在藏卢浮宫的《朱庇特与安提厄普》（Jupiter and Antiope）一画中【图6】，转着头躺在地上的安提厄普与画面形成对角线……而朱庇特的形象提供了一种抗衡的对角运动，并通过一种螺旋动作让画面重新获得平衡，因而完成了一个非对称但却完美自足的韵律片段"（p.109）。

"达楼（Dalou）1879 创造的雕塑《母性》（Maternity）看似一件普通作品【图7】，但只要稍有耐心，就能看出其中明显的韵律结构……从审美的观点来看，雕塑（成功）的决定因素必须是，较整体的韵律运动与把握材料所产生的精细的方向变化之间的某种密切对应"（p.150）。

罗丹的著名雕塑《加莱义民》（Burghers of Calais）表现出他的"雕塑家特质（sculptor's quality）和画家特质（qualite de peintre）……他的手的每一个无意识的精确运动，不管是控制颜料还是黏土，都遵循某种深刻而本能的韵律冲动。唯此才能让作品表面气韵生动，将它从一种无生命的材质转化成一种富有精神的媒质……看看任何雕塑馆里罗丹亲手制作的雕塑的一小块，我们都会被它散发出来的生动所吸引"（p.147）。

"梵高葵花的黄色在欧洲艺术中少见。就梵高而言，它毫无疑问来自东方的影响，因为这种黄色在17、18世纪中国的装饰性设计中起着巨大作用"（p.182）。

以上主要例举了《转变集》中与"气韵"一词相关的例子。有兴趣的读者可以注意一下书中出现的其他中国画论术语（比如谢赫六法中其他五法）。其中的有些说法，比如对马蒂斯的评论，显然是正确的。毕竟，马蒂斯本人不仅多次承认自己受到东方

图4 巴托洛缪修士圣凯瑟琳的婚礼 巴黎卢浮宫藏

图5 巴托洛缪修士 圣凯瑟琳的婚礼
1512年 Pitti宫藏

264　　　　　　　　　　　　　　　　　　　中国文明与山水世界

图6 科雷焦 朱庇特与安提厄普　　　　　　　　图7 达楼 母性（又名：慈善）1879年

（日本和中国）艺术的影响和启发，而且明确承认自己"模仿中国人"。[39] 但用中国画论的术语来阐释西方写实绘画和雕塑，恐难为大多数批评家认同。不过，我们从以上的例子可以看出，弗莱其实在努力试图用中国画论的概念和术语，甚至采用中国画的标准，来重新梳理欧洲的艺术遗产。对比弗莱1912年首次采用中国画论来阐释后印象派作品以及1920年《视觉与赋形》中的例子，1926年这些重新改写的文章已经更成熟了。把这些文章按写作时间顺序重读一篇，我们会发现，弗莱通过不间断的摸索，逐步掌握了这些词语和概念的用法。换句话说，弗莱并不是像爱因斯坦那样，先完成

39　见 Jack Flam ed., *Matisse on Art*, p.130, p. 154, p.178。"模仿中国人"的说法见 p.149, p.150.

罗杰·弗莱的艺术理论及其形成过程——兼论中国画论对西方现代艺术的意义

了相对论的理论构思，再从黎曼几何中找到了描述相对论的数学工具。相反，弗莱是被中国画论和术语引导着，一步步脱离欧洲传统的批评方式，走向新型的艺术批评理论。

四　弗莱的《塞尚发展研究》

通过以上的实践，弗莱对中国画论概念和术语的运用趋向成熟，这为他"对塞尚的作品做一次全面研究和中肯评判"打下了基础。因此，当他1924年应邀为《爱艺》杂志（*L'Amour de l'Art*）出版佩勒痕（M. Pellerin，也译佩莱伦、佩尔兰）收藏的塞尚作品写文字介绍时，他果断抓住这个机会，最终完成了那本后来成为不朽名著的《塞尚发展研究》（*Cézanne, A Study of His Development*）。

弗莱正是凭借此书，成功地向西方世界解释了塞尚的绘画，从而把塞尚推上了西方现代艺术的最高殿堂。弗莱本人也因此书而跃身为最伟大的艺术史学家之一。英国著名学者肯尼斯·克拉克（Kenneth Clark）赞誉道："如果说趣味可以由某一个人改变的话，这个人就是罗杰·弗莱。"[40] 以客观的标准来看，弗莱倒也配得上这一殊荣。因为他不仅彻底改变了塞尚在西方评论家和大众眼里的形象，而且还确定了整个"后印象派"的价值，同时为后摄影时代的西方艺术批评开辟了新的方向。从1909年写《美学散文》算起，弗莱凭一己之力，在区区18年内成功地改变了整个西方社会的艺术趣味，这样辉煌的成就在人类文明史上恐怕是孤例。[41]

弗莱的这本书究竟是如何既捧红了塞尚又改变了公众趣味呢？仔细阅读，我们不难发现，他基本上是以中国画论的术语，特别是谢赫六法的英译文来阐释塞尚的绘画。每当关键的时刻，比如在对塞尚某幅画进行总结时，就会出现六法的影子

---

[40] 见 Kenneth Clark, Introduction, in *Roger Fry, Last Lectures*（《罗杰·弗莱最后演讲录》前言），Boston, Beacon Press, 1939, p.ix。这本演讲录包括弗莱去世前在剑桥大学作的、专门介绍中国艺术的斯莱德系列讲座（the Slade Lectures at the Cambridge University in 1933-1934，见该书第8章，pp. 97-148）。这些演讲是弗莱出版了《塞尚发展研究》一书之后作的，因此本文没有引为论据。

[41] 本文强调的是艺术趣味，而不是政治倾向或宗教信仰。独裁者和宗教领袖凭借个人权力或魅力，在短时间内掀起思想狂潮的例子在历史上多有发生。但仅凭一人之力在十多年的时间内改变整个社会的艺术趣味，除了弗莱之外，笔者想不起历史上还有第二人。

或是某个中国画论的概念。为了说明问题,下表列举了弗莱采用谢赫第一、第二法的部分文句。当然,弗莱采用的术语绝不限于谢赫的第一、第二法,其他四法也频频采用。但其他四法的英文术语此前在西方文献中曾以不同的方式出现过,因此无法确认弗莱采用的这些术语是否必定出自谢赫。而谢赫的第一、第二法,则是随着中国绘画被首次介绍到英语世界的。

谢赫六法	弗莱:《塞尚发展研究》页码系英文原书页码(中文为笔者所译)
1. 气韵生动 Rhythmic vital-ity ——翟理士 译 Rhythmic vital-ity or spiritual rhythm expressed in the movement of life ——宾庸 译 Spiritual ele-ments, life's motion ——夏德 译 life-movement of the spirit through the rhythm of things ——冈仓 译 spiritual tone and life-movement ——泷精一 译 the fusion of the rhythm of the spirit with the movement of living things ——宾庸 译	Daumier…far surpassed him (the young Cézanne) in the understanding of movement and in the subtlety of rhythm (p.26).在对生动性的理解和气韵的微妙上,杜米埃远胜(年轻的塞尚)。 He chose…those pieces of modelling which became…the di-recting rhythmic phrases of the total plasticity (p.64).在整个场景中,他所选择的造型块面似乎都变成了引导整体造型的韵律节奏。 The picture-space recedes, and every part has the vibration and movement of life &….They are felt as setting up rhythms in every part of the surface (p.67).画面空间退缩,每个部分都具有生动的气韵……即使是水彩,画面的每个部位也让人感觉画出了气韵。 Our artist's extraordinary power of holding together in a single rhythmic scheme such an immense number of small and often closely repetitive movements (in Cézanne's landscapes) (p.75).我们的艺术家(塞尚)具有不同寻常的力量,能(在风景画中)把这么多细小且常常紧凑重复的节奏安排在同一个韵律格式之中。 We get a kind of abstract system of plastic rhythms……but the more one looks, the more do these dispersed indications begin to play together, to compose rhythmic phrases… Every particle is set moving to the same all-pervading rhythm. (p.78-79).我们看到某种造型韵律的抽象体系……人们越看越觉得这些分散的迹象开始聚拢,构成种种韵律节奏。 There is a new impetuosity in the rhythms, a new exaltation in the color (p.80).(塞尚晚年)韵律中有了一种新的急迫,色彩中有了一种新的靓丽。 …an extraordinary freshness and delicacy of feeling, a flowing suavity of rhythm and a daintiness of color… these (Toilet and Sancho Panza) moreover are conceived in such perfect concordance with the landscape, the rhythmic feeling is so unbroken and all-pervading that Cézanne's peculiar lyrical emotion emerges clearly (p.86).(塞尚的一批小画如《梳妆》《桑丘·潘萨》)情感清晰细腻,气韵流畅,色彩精美……人物与景物如此完美和谐,韵律感如此连贯充沛,使塞尚特有的情感一览无余。

谢赫六法	弗莱：《塞尚发展研究》页码系英文原书页码（中文为笔者所译）
2. 骨法用笔 Anatomical structure by means of the brush (strokes) ——翟理士、宾庸 译 Skeleton-drawing with the brush ——夏德 译 The Law of bones and brushwork ——冈仓 译 Manner of brush work in drawing lines ——泷精一 译	弗莱《塞尚发展研究》中提到用笔或笔触的举例： The conviction behind each brush stroke has to be won from nature at every step (p.2) Others (portraits) plastered on with vigorous applications of the palette knife and…successive layers of a loaded brush (p.35) Instead of those brave swashing strokes of the brush…the accumulation of small touches of a full brush (p.42). He draws the contour with his brush, generally in a bluish grey…. He then returns upon it incessantly by repeated hatchings (p.50). In other examples there is a return to impasto laid on to the preparation directly, in loaded brush strokes (p.78).

此前，西方画家的用笔或笔触从来都不是值得讨论的艺术元素。在西方古典派绘画里，笔触的显露表明作品尚未完成，因而是不完美的表征。即使个别作品中偶尔显露笔触，比如伦勃朗和提香的极少数作品，也没有哪位批评家会认为那是值得讨论的方面。笔触偶尔被提及，也只是在作品鉴定的上下文，绝不会作为值得赞赏的艺术价值或特质。弗莱采用中国画论的标准，认定塞尚的笔触本身具有审美价值，其书写性本身具有观赏性，并从这个方面来确立塞尚绘画的整体价值。

一旦用笔或笔触成了审美准则，理所当然地就要重视笔触所产生的肌理效果。弗莱极力赞扬塞尚绘画中的 texture（肌理，质地），比如，弗莱详细讨论了《普罗旺斯农庄》中用小笔触堆出的肌理【图8】，认为塞尚通过变化闪烁的肌理将自然元素提炼成为艺术成分（Fry, 1927, pp.58-59）。从词源学上说，"texture"这个英文单词第一次出现在与绘画有关的上下文是在1859年。当时的一本绘画教材在解释 impasting（源于意大利文 impasto，厚涂颜料）时写道："这一技巧可以画出肌理和表面。"[42] 这次昙花一现的使用之后，接下来的数十年内"texture"一词就

42　见 T.J. Gullick and J. Timbs, *Painting popularly explained*（《绘画通解》），London, 1859, p.223.《牛津大词典》的解释为笔者找到这条证据提供了线索。

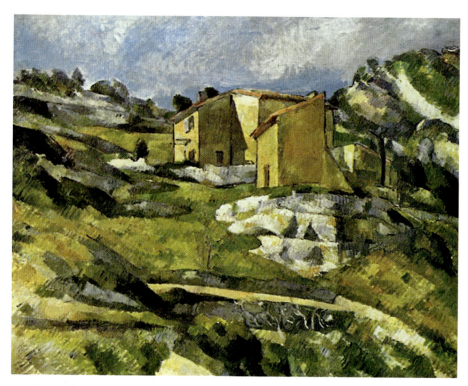

图8 塞尚 普罗旺斯农庄 1879—1882年 华盛顿国家美术馆藏

不再与艺术批评有何关系。直到翟理士和宾庸等人用这个词来描述中国画的皴擦效果，它才真正在西方批评家笔下活跃起来。[43]

弗莱描述塞尚画作的方法被后人称为"形式分析"（formal analysis, formal criticism 或 formalism）。实际上，弗莱本人一开始并没有刻意去追求一种新的批评方法。他这本书只是为了解决一个具体问题，即如何阐释塞尚的作品而写的。如果它确实能称得上一种方法，那么，这种方法其实是运用中国画论的概念和术语对具体作品进行分析。正因为如此，弗莱《塞尚发展研究》一书中阐释塞尚的语句读起来更像是出自某位中国批评家的手笔。兹再举数例：

"物质特性的问题当然极大地取决于艺术家的'书写性'，取决于其笔触所描绘的习惯性曲线……他放弃了大笔横扫（sweep of broad brush），转用密集的小笔触来建立体块……其笔触严格平行，几近直线，从右向左倾斜。下笔的方向并不考虑对象的轮廓。"（pp.44-45）

"只有心胸开阔、肆意挥洒的艺术家才能即刻透过诡异而令人讨厌的'书写'媒质，看到造型设计的特质……许多作品，乍看之下令人生厌。然而，其构图特征倘若不被陌生的'书写性'所掩盖，当会令人即刻着迷。"（p.46）

"通过主体结构内诸平面运动的不断变化，通过轮廓的起伏变幻和色彩的组合，特别是通过趣味盎然且流畅的用笔，他使（《玩纸牌者》【图9】）画面避免了僵硬和单调的感觉。"（p.73）

"此画（《黑堡之路》【图10】）选材讲究，变化多端，造化的无穷通过（笔触的）微妙和生气得以重建。这一勃勃生机多少得之于塞尚笔法的变化，因为其笔法也（随之）变得更加自由，更充满灵活的韵味。"（p.77）

除了谢赫六法，弗莱还不露声色地运用了其他中国画论的概念和术语，比如，他认为从静物画的描绘对象中我们能捕捉到艺术家最纯粹的自我揭示，因此可以用它来衡量艺术家的人格（p.41）。又比如，他在书中使用了"简淡"（austere,

---

43　宾庸对 texture 一词的使用，可见 Binyon, 1908, pp.10-11, 以及 Binyon, 1911, p.177。顺便说一句，皴法一词的英译文是 texture stroke（肌理笔触）。

图9 塞尚 玩纸牌者 1892—1893年 卡塔尔皇室藏

图10 塞尚 黑堡之路 1895年 得克萨斯州金博尔艺术博物馆藏

p.51, p.56，也有冷峻之意）、"秀逸"（elegant incontinence, p.45）等令欧洲读者耳目一新的词汇来描述塞尚的笔触、肌理、线条及其产生的艺术效果。这些词汇此前不曾被用来描述西方绘画作品或艺术风格，因为按照西方的标准，这些是不具有审美意义的特征。但这些词在中国的画论中经过上千年的使用，具有很高的可接受性，绝非"有意味的形式"之类临时臆造的新词可比拟。

此外，弗莱在书中至少两次直接提及中国。一次是感叹欧洲人对静物画的培植比中国差太远（p.41），另一处则把塞尚的圆形和椭圆形的变异和中国早期艺术进行比较（p.48）。

以上引文足以证明，弗莱是以中国画论作为指导思想，具体采用谢赫六法的英译文，辅以翟理士、宾庸等人用于描述中国画作的词汇，来阐释塞尚的绘画。批评界认为他的阐释全面而透彻，令人信服，因此接受了塞尚，从而确立了塞尚在西方艺术史上的地位。随后的故事是大家熟悉的：塞尚被西方艺术界接受之后，现代派艺术便冠冕堂皇地步入了西方主流的收藏室、展览厅和教科书。

弗莱这本书所产生的即刻而巨大的影响，从以下例子可知。如前所述，塞尚本是一位几乎无人知晓的画家。弗莱自己说，他19世纪90年代在法国留学时"从未听说过这位来自埃克斯（Aix）的隐士"（Fry, 1927, p.38）。塞尚出道以来，即使画作偶尔展出，也总是引来谩骂。1877年，塞尚参加第三次印象派画展期间出版的一份周刊这样写道："过去十五年来被媒体和公众毁谤和误判得最厉害的画家是塞尚。他们用了最恶毒的形容词来描述他，今天我们依然听到对他的歇斯底里的嘲笑。"[44] 晚年的塞尚虽然受到几位同行画家的推崇，并且有了少数年轻的追随者，但依然不为绝大多数观众理解。塞尚在1903年3月给儿子回信时说，他每天都会收到谩骂的文字。[45] 如上所述，塞尚的作品1910年在伦敦首次展出时受到了普遍攻击和谩骂，弗莱在《塞尚发展研究》中也提到此事。当时，较文雅的批评家说塞尚的绘画"粗笨，常常颠三倒四""丑陋"（Reed, 1996, p. 97）。较率性的人则

44　见1877年4月14日出版的第二期《印象派画家》（*L'Impressioniste*），作者是瑞维尔（George Riviére,1855—1943）。不过，该文却认为"塞尚先生是位伟大的画家"。同注32引文，p.596。

45　塞尚在1903年3月给儿子的回信（书信编号224）中写道："没必要给我寄这个。我的门口每天都能发现这些东西，更不用说通过邮局寄来的《坚定者》（*L'Intransigeant*）"（该报1903年3月9日刊文，对左拉、塞尚的作品和人生进行了恶毒攻击）。见 Alex Danchev, 2013, p.327。

干脆称塞尚为"屠夫，粗制滥造者"，而且"这些还是相对温和的术语"（Fry, 1927, p.46）。这么一位被公众唾弃的画家，当然不受官方艺术机构的待见。1894年，画家和收藏家卡列波特（Gustav Cailebotte, 1848—1894）的家人根据其遗愿，将他收藏的68件现当代绘画作品（其中包括塞尚的五件）捐赠给法国政府，条件是政府必须在卢森堡宫（Palais du Luxembourg，展览在世艺术家作品之地）定期展出。但"（法国政府）勉强接受了其他印象主义者的画作，却长期拒绝塞尚的作品，理由是它们永远无法在公共美术馆展出"（Fry, 1927, p.46）。弗莱说的长期拒绝，应该指1904年和1908年法国政府再度拒绝送上门来的同一批作品。但在1928年（《塞尚发展研究》出版之后仅一年），法国政府却厚着脸皮宣称自己拥有这些作品，遭到卡列波特家人的反驳。[46] 这些作品后来被巴恩斯（Albert C. Barnes, 1872—1951）收藏，现为巴恩斯基金会拥有。

另一个例子是：塞尚死后的第二年（1907），与官方的巴黎沙龙相对抗的法国秋季沙龙（Le Salon d'automne）组委为他和贝尔德·莫里索［Berthe Morisot, 1841—1895，她是大画家马奈（Edouard Manet）的弟媳妇］合办了一个小型遗作展。虽然现在很少有人知道莫里索的名字，可当时的评论家却认为她大大优于塞尚："她与笨拙而做作的塞尚形成鲜明的对照，就像公主和劳工之间的差别"。[47] 更能说明问题的是，这次秋季沙龙展出的塞尚作品有一半是弗莱1927年这本书中讨论的佩勒痕藏品。而同一批作品在1936年的塞尚回顾展中竟然引起了轰动（Danchev, 2012, p.271）。

由此可见，肯尼斯·克拉克把公众趣味的彻底改变归功于弗莱的这本书，无疑是正确的。根据当时传统的西方艺术标准，塞尚的绘画确实算不上艺术，至少算不上好艺术，更别说大师级的艺术了。若是弗莱没有从理论上阐释塞尚艺术的精妙，一般人恐怕难以理解这些风格迥异的作品，也不可能轻易接受它们。当然，塞

---

46 关于这段公案的介绍，见 Anne Distel ed., *Gustav Cailebotte: Urban Impressionist*（《卡列波特：市区的印象派画家》），New York, 1995。

47 见 Camille Mauclair, "Le Salon d'automne"（秋季沙龙），载《蓝色杂志》（*La Revue bleue*），1907年10月7日。丹切夫提到了几位西方艺术家对这次秋季沙龙中塞尚作品的正面评价（Danchev, 2012, pp.3-16），但都是二三十年后的回忆，而非当时发表的文章。其中最痴迷于塞尚的是一位年轻诗人里尔克（Rainer Rilke, 1875—1926）。他在写给新婚妻子的信中高度赞扬了塞尚的画（Danchev, 2012, p.271, p.7）；里尔克这些信在1944年首次以《关于塞尚的通信》（*Lettres sur Cézanne*）为题发表。

尚自己从未说明他是否借鉴了中国或日本的绘画元素。但是历史已经证明，假如弗莱不采用中国画论的概念和术语，塞尚的绘画就无法获得阐释，很可能不被西方公众接受。既然如此，塞尚自己承不承认都不重要了。

弗莱这本著作出版之后，塞尚在西方现代艺术上的历史地位已经难以动摇了。现在，塞尚已经矗立于西方现代艺术的最高殿堂，追随者多，仰慕者众。弗莱凭借中国画论的概念和术语，不仅把塞尚推上了艺术的神坛，而且为西方艺术批评开辟了新的生命之路。弗莱的这本书不仅当时产生了巨大影响，80多年之后的今天，研究塞尚的专著已经不计其数，但弗莱的这本书依然被认为是"对塞尚绘画最为敏锐、最为深刻的研究"，是"塑造美术史的（十六本）著作"之一。[48]

五　从形式分析的角度看中国画论

既然中国画论对宾庸、弗莱等人如此重要，我们不妨从他们的角度简单梳理一下我们民族这个貌似熟悉的古老传统。说它博大精深，实不为过。谢赫六法只是这个传统中很小的一部分，当然是很重要的一部分。宾庸说："谢赫的六法凝结了长期以来以不太确定的形式弥漫在其同胞心理的一种艺术观念。而且，它们被此后的子孙后代一致接受"（Binyon, 1908, p.66）。此言不虚。谢赫去世1500年之后的今天，中国的画家和理论家还在讨论它。而在这一千多年当中，讨论、解释、继承、试图扩展六法的人和观点究竟有多少，已无法统计。

谢赫的六法主要针对人物画而言，因为他在《古画品录》中提出六法之后，列举了27位画家，其中绝大多数擅长道释人物。而且他还明言，六法"唯陆探微、卫协备该之矣"。不过，弗莱的形式分析所基于的艺术概念却主要源于中国的山水画

48　见 Richard Verdi, "Art History Reviewed III: Roger Fry's Cézanne: A Study of his Development, 1927"（艺术史评论之三，弗莱1927年的《塞尚发展研究》）, The Burlington Magazine, Vol. 151, no. 1277, Aug, 2009, p. 544, 收入 Richard Shone and John-Paul Stonard ed., *The Books that Shaped Art History: From Gombrich and Greenberg to Alpers and Kraus*, London, 2013。中译文见《塑造美术史的十六书》，广西美术出版社，2016年，第59页。目前最全面的塞尚研究参考书目见 Danchev, 2012, pp. 449-466，其中包括四篇学位论文，三百多本专著和近四百篇已发表的西方语言专题论文。

理论。中国的山水画不仅比欧洲早成熟千年之久,而且它有一套完整的理论。被谢赫列为第六品的山水画家宗炳(375—443)在《画山水序》中说道:"今张绢素以远暎,则昆、阆之形,可围于方寸之内。竖划三寸,当千仞之高;横墨数尺,体百里之迥。是以观画图者,徒患类之不巧,不以制小而累其似……嵩、华之秀,玄牝之灵,皆可得之于一图矣。"可见,相当于欧洲中世纪之初的宗炳就已经在关注如何安排绘画元素,以获得最佳的视觉效果,而不是关注如何直接模仿自然山水。另一方面,宗炳认为"山水质有而趋灵",能"以形媚道",故能起到畅神的作用。加上儒家仁智之乐的观念,使得山水画被赋予了丰富的象征含义,成为画家最喜欢的绘画题材。画的人多了,理论总结和哲学思考便大盛。假托王维(701—761)之名所作的《山水诀》和《山水论》[49],除了论证山水画的哲学意义,还提供了具体的技巧和方法。

《山水诀》写道:"初铺水际,忌为浮泛之山;次布路歧,莫作连绵之道。主峰最宜高耸,客山须是奔趋。回抱处僧舍可安,水陆边人家可置。村庄着数树以成林,枝须抱体;山崖合一水而瀑泻,泉不乱流。渡口只宜寂寂,人行须是疏疏。泛舟楫之桥梁,且宜高耸;着渔人之钓艇,低乃无妨。悬崖险峻之间,好安怪木;峭壁巉岩之处,莫可通途。远岫与云容相接,遥天共水色交光。山钩锁处,沿流最出其中;路接危时,栈道可安于此。平地楼台,偏宜高柳映人家;名山寺观,雅称奇杉衬楼阁。远景烟笼,深岩云锁。酒旗则当途高悬,客帆宜遇水低挂。远山须要低排,近树惟宜拔迸。"

《山水论》同样可以称为山水画的图谱:"凡画山水,意在笔先。丈山尺树,寸马分人。远人无目,远树无枝;远山无石,隐隐如眉;远水无波,高与云齐。此是诀也。山腰云塞,石壁泉塞,楼台树塞,道路人塞。石看三面,路看两头,树看顶领,水看风脚。此是法也。"书中还列出了具体的法则,比如不同天气同一景色的不同画法,不同季节同一景色的不同处理,甚至还提供了画家要注意的事项,如"山头不得一样,树头不得一般。山借树而为衣,树借山而为骨。树不可繁,要见山之秀丽;山不可乱,须显山之精神。"

---

49 关于《山水诀》和《山水论》系伪托王维之作,见王世襄:《中国画论研究》(上卷),三联书店,2013年,第50页起。张玉金:《正本溯源——王维〈山水诀〉〈山水论〉真伪辩》(《美术学报》2017年第3期,第114—120页)一文则认为,《山水诀》非伪,《山水论》伪。真伪问题不影响本文的观点。本文强调的是二书在如此长的时间中广泛流传这一事实。

虽然二书的作者难以确定，但书中的指导性意见却构成了中国历代山水画家的共识，是后学者需要掌握的基本口诀。而且，它们还变成了具有指导意义的美学原理。自然的山水千姿百态，但只有特定景色的搭配才最具"诗情画意"，最适合作"画题"，比如烟笼雾锁、楚岫云归、秋天晓霁、古冢断碑、洞庭春色。这些题材从自然景色升华出来，经过许多画家在思维中和实践中的重新安排，因此不一定与某处具体的山水相对应。它们是"共相的"或"类型化的"山水。

根据其他有确切作者和日期的画论，我们可以追溯这些绘画的经验是如何一点点凝结起来的。[50] 在山水画盛行的宋朝，共出了四十多种论画著作，其中最有名的山水画论是郭思根据父亲郭熙的思想写成的《林泉高致》。它把山水分成了可行、可望、可游、可居四种，并具体叙述了如何画山、水、石、松、林、烟云。郭思还列举了各地不同山水的不同特征及其不同处理方法。他们的理论总结经过后人的发展和补充，成为一个便利的技术工具箱，绘画者可以从中选用合适的公式，匹配自然。虽然公式不能造就艺术大师，却能够让初学者避免很多不必要的试错。

难怪宋朝的山水画得到了翟理士、宾庸和弗莱的最高赞赏。宾庸为翟理士1905年版《中国绘画史》选用的插图之一，是发表于《国华》杂志上的赵令穰（字大年，活跃于1070—1100年）的山水画。宾庸为该画写了这样的解说词："宋朝是世界上少有的几个其智性特征可称为'现代'的时期。这突出表现在其山水观念中。欧洲直到19世纪才出现类似中国宋代山水画的艺术——对自然美忘我的、因其本身而生的热爱，而不考虑人类为生存斗争而强加其上的种种联想……。对宋朝的画家和诗人来说，山是一种激情，基于这种观念的山水艺术应该位列全世界最伟大的风景派别，它是对自然中最基本、最壮丽元素的想象性图绘"（Giles, 1905, 第112—113页之间的插图）。

宋朝山水画中最令宾庸着迷的是水墨山水，因为这一艺术形式本身就反映了"艺术不是模仿自然"的概念（自然万象不可能是水墨画的颜色）。宾庸认为宋朝的水墨山水卷轴"最接近音乐，比如贝多芬的奏鸣曲……这些手卷以其不断延续

50　参见卢辅圣主编：《中国书画全书》1—8册，上海书画出版社，1993—1994年。其中张彦远的《历代名画记》可改用毕斐点校的《明嘉靖刻本历代名画记》（上、下册），中国美术学院出版社，2019年。

的韵味，高超而轰鸣急切的对比，遥远的雄伟和醉人的平静，显示其效果。它们像音乐一样，以急促而呼应的变化，唤起情感的回响。而对固有色彩的抑制，使得想象力能自由驰骋，似乎直逼自然的力量，而不是自然的外部特征"（Binyon, 1913, pp.147-148）；宾庸还说过："除了宋朝的水墨长卷之外，没有哪种山水画能像音乐一样，给我们带来如此众多不同的情绪波动"（Binyon, 1911, p. 81）。这一方便的比喻也为弗莱借用，他在1927年的书中多次把塞尚的画比作音乐。[51]

宋朝绘画具有现代性的说法，也为弗莱认可。弗莱在1910年评论宾庸的《远东绘画史》时写到，宾庸极好地描述了宋代画家的"极端现代性"（extreme modernity），揭示了这一现代性特征如何弥漫于整个南宋："确实，宋画显示了对自然的热情而忘我的沉思，这是我们自己的艺术从未达到过的。"[52]

宾庸和弗莱所着迷的宋朝山水画大都为文人画家所作。中国的绘画工具和书写工具基本相同，而中国的象形文字又源于图像，即使经过多次改造已经高度抽象化，却依然比较接近图像，这为文人介入绘画提供了天然的条件。如果我们仿照弗莱的做法，总结一下文人对中国绘画产生的影响，至少可以得到以下几点：1. 在图式和题材方面，文人不可能像专业画家那样在技巧方面花费太多时间，因此他们常常对图式加以简化，用比较简约的构图描绘对象。同时，文人们大都选择可以发挥书写特长的母题，比如山水、四君子等植物或者花卉，而且这些母题多富于象征意义。2. 在审美趣味方面，文人引入书法的审美特性，强调笔墨、韵味和格调，并且逐渐将笔墨与内心的精神活动相联系（这两点是弗莱从塞尚的作品中发掘出来的特质，见 Fry, 1927, p.9, p.40, p.79）。3. 一旦绘画被赋予了表现内心的功能，图像就承载了过重的负担。因为图像无法像文字一样，言志明理，直抒胸臆，更因为图像大都具有多义性，在不同的场合可以有不同的含义，容易被误解。因此，要用图

51　宾庸此处所用的奏鸣曲比喻借用了意大利收藏家科斯塔伯爵（Count Enrico Costa）和他一同观看雪舟仿宋人山水手卷时作的评论。把绘画比喻为诗歌，乃东西方画论中的老生常谈。但绘画比喻为音乐，在宾庸此书之前的西方文献中却不多见。宾庸在《远东绘画史》第一版中将宋朝水墨山水比喻为华兹华斯的诗歌或布莱克的诗句（Binyon, 1908, p.138, p.145），将宋朝的花鸟画比喻为雪莱笔下的云雀（p. 144）。在1913年的修订版中才首次采用了音乐的比喻。此前，法国的崴泽瓦（Téodor de Wyzewa, 1862—1914）在《我们的大师：研究与文字画像》（*Nos Maitres:études & portraits littéraires*, Perrin et Cie, 1895, pp. 17 ff.）中，曾把音乐家和画家进行比较。佩特（Walter Pater, 1839—1894）在同一时期也曾说过，所有艺术都追求音乐的境界。但把具体作品与音乐进行对比的例子，应该始于西方人对中国绘画的讨论。两者的比较主要针对形式结构、独立的审美力和表现力。

52　见 Roger Fry, "oriental art", in *Quarterly Review*, 1910, No1, p.228。

像来表达内心情感，就必须借助文字。大概因为这个原因，中国画上出现了长款，即除了人名、画题、作画日期之外的大段款识。[53] 文人在绘画中引入题款，从表现主义的角度看，其实是一个独特的优势。然而，这一特色或许因为中国观者太熟悉，反而容易忽略其重要意义。而当时的西方评论家又都没有注意到这个问题。倒是有些西方画家注意到了这个优点。比如，梵高临摹的日本画就包括了画面的题款。当然，西方艺术家无法在他们自己的创作中借用这一特征，因为西方绘画传统不允许那样做。这说明，仅就表现内心情感而论，西方表现主义艺术乃至所有形式的西方艺术都不如中国文人画那么便利，其成就当然也不可能超越中国文人画。

宋代之后，关于山水画的图式性解释越来越多，也越来越细微，使得中国山水画成为图式最全、理论体系最完善的画种。画家们代代相承的经验总结，为后代提供了一个很高的起点。这些图式性的经验被编成口诀，成为每个学画者的启蒙老师。照着这些"图谱"去画，可以减少许多不必要的错误。当然，熟悉和掌握这些公式与艺术的独创毫不矛盾。

元代的士大夫画家彻底摆脱了高度写实的宋朝院体画传统并对画面构图更加关注，对笔墨更加讲究。用形式分析的术语说，更强调"写"或"书写性"（文人很轻松地称为"书画同源"）。这说明，元代的绘画在理论和实践方面已经远远超过19世纪的西方现代绘画。一方面，元代画家在笔墨方面祖述前人（师古、古意），如回归荆、关、董、巨、二米、李、范等。另一方面，元人画家重视与古人的神似，而不重形似。倪瓒（1301—1374）"不求形似，聊以自娱"的洒脱，欧洲画家得要在400多年之后才开始这么做。从图式上看，元代的中国画论就已经明确了"绘画有着与自然相分离的境界，有其自身的沟通原理"（这是塞尚留给西方现代艺术的主要理论遗产之一）这一艺术概念，[54] 而且提供了实施这一概念所需要的笔墨技

53　关于中国画的题款，参见潘天寿：《中国画题款研究》，《潘天寿美术文集》，人民美术出版社，1983年，第119—148页。如潘天寿所言，中国画题款的起源无从详考（第119页）。到了苏东坡，始喜题长款（第129页）。对题长款需求的表述，最早见于吴龙翰（1229—？）为杨公元自编诗集《野趣有声画》作的序："画难画之景，以诗凑成，吟难吟之诗，以画补足。"长款始于文人画家，这一推测符合逻辑。文人有这个需要，也有这个条件。长款不仅能更确切地表达文人画家的思想感情，展示其文学和书法才能，且便于文人画家与画工区分开来。

54　塞尚对这方面的论述，见他1904—1906年间的几封信。载 Danchev, 2013，p.336, p.339, p.342, p.370, p.374, p.380（书信编号168, 169，171, 193，197，200）。

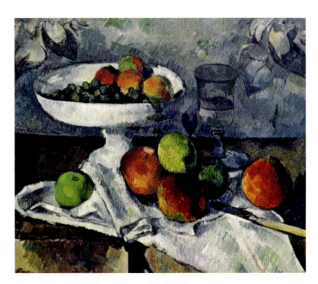

图11 塞尚 高脚杯果盘 1879—1880年 私人藏

巧。与元代同期的13世纪西方绘画,才刚刚开始复兴古希腊、罗马人的写实传统。

　　到了明代(1368—1644),前人累积的绘画图式和笔墨公式已经足够丰富,画家们可以根据所描述的对象选择不同的技巧。不同地域的画家倾向于采用不同的风格,或追求形象逼真,或描绘想象性的仙境,或注重求神写意而不在乎细节的肖似,或刻意模仿古人笔墨,不一而论。史论家根据这些不同的风格,把明代的画家归类为不同的画派,比如浙派、吴派,等等。也正因为有这么多的程式可供采用,有些画家便采取综合的方式,集前人程式和笔墨之精华,加上自己的体会,变化出有足够个人特色的程式,形成自己的细腻风格,如董其昌(1555—1636)和四王所为。这种集多家精华于一体的做法就是塞尚所追求并得到弗莱高度赞赏的"综合"(synthesis)。根据弗莱的论述,塞尚的发展过程中有过不同的综合,甚至是"对立原理的完美综合"(perfect synthesis of opposing principles, Fry, 1927, p.57)。弗莱认为,在《高脚杯果盘》【图11】这幅画之前,塞尚是将一种直接的和先入为主的综合强加于所描绘对象的外表。为了创作这幅画,塞尚做了长久的研究,因而获得了一种终极的综合(Fry, 1927, p.42-43)。弗莱还认为,塞尚最后十年的杰作中，更频繁地采用了综合的手法（Fry, 1927, p.66）。如果"综合"确实是这么值得夸耀的艺术特质，那么董其昌、四王、吴、恽等中国绘画大家在这方面显然更为杰出（且不说时间上早了两三百年），因为他们在这方面所继承的传统比塞尚所继承的要丰富得多。

明朝末年，中国绘画在形式分析方面的另一大发展是，画家和鉴赏家都已经习惯于把自然和绘画作为相互独立的客体来欣赏，至少在山水画领域如此。这一观点的最直白表露是董其昌在《画禅室随笔》卷四"杂言"中所说的"以自然之蹊径（一作'以蹊径之奇怪'）论，则画不如山水；以笔墨之精妙论，则山水决不如画"。董其昌这一观点与塞尚所说的"艺术是一种与自然平行的和谐"完全对等。[55] 有人也许会说，塞尚应该是通过自己的领悟而获得这一见解。这完全可能，但不可否认的是，他说这话时毕竟比董其昌晚了近三百年。鉴于董其昌在中国绘画领域的领袖地位和巨大影响，我们可以肯定，至少从明朝末年开始，这一观点在中国画家里已经成为公认的常识。

翟理士和宾庸二人的著作均未讨论明代之后的绘画，这大概是由于当时的中国人认为清代的绘画已经衰败，因此没有对其进行研究（翟理士说自己没写清朝绘画是因为"缺少材料"，Giles, 1905, p.170）。实际上，如果从形式分析的角度看，清代的绘画有着极高的成就，对前人笔墨的继承和发扬更加精细，更加多样。除了延续明代的画派，又出现了基于"综合"风格的华亭派、楼栋派、新安派、虞山派，等等。但清代画家中，在形式方面最具创新精神且成就最高的大师，是与正统派相对立的清初四僧。

四僧中最年长的弘仁（1610—1664），画风空寂而简括，山水采用高远和平远构图，远溯郭熙，近承元四家，特别取法倪瓒的画风并加以发展，给人以"远""淡""疏""苍"的意趣。他画的山石，峭壁悬崖，三两松树，坚实而有力，大小疏密有致。弘仁的程式既适合于描绘真山实景，又能够恰当地表达他那"冷"和"静"的内心感受。 史论家把他的风格描述为简淡、冷峻。而这两者竟然可以用同一个英文词来形容（austere, 名词 austerity）。如前所述，弗莱常用该词来形容塞尚的

---

[55] 这是塞尚1897年9月26日写给发小 Joachim Casquet 的信："艺术是一种与自然平行的和谐——说艺术家不及自然的那些傻瓜们不知道是怎么想的"（Danchev, 2013, p.287, 编号181）。

280　　　　　　　　　　　　　　　　　　　　　　　　　　　中国文明与山水世界

画风,认为塞尚的画面虽然形式简淡,却充满生动的气韵(Fry, 1927, p.51)。

石涛(1642—1708)与几乎所有中国画大师一样,一方面继承和借鉴古人的笔墨技巧,一方面又有创新,只不过石涛创新的尺度更大,其风格更加纵横蓬勃。他的"笔墨当随时代""立法与了法""借古以开今""经权与变化"都表明了创新的意图。而创新的结果则记录在其作品的题款以及他的《石涛画语录》(又称《苦瓜和尚画语录》)中。仅以他对点的分析为例:"有雨雪风晴四时得宜点,有反正阴阳衬贴点,有夹水夹墨一气混杂点,有含苞藻丝缨络连牵点,有空空阔阔干燥没味点,有有墨无墨飞白如烟点,有似焦似漆邋遢透明点。更有两点,未肯向人道破:有没天没地当头劈面点,有千岩万壑明净无一点。"小小的一个点,在任何西方词典和教科书中都没有被列为艺术元素或视觉元素,[56] 却有那么多讲究,可见石涛对笔墨探索的深度。

在题材方面,石涛则"搜尽奇峰打草稿",尽可能从实际生活中获得感受。重视直接从自然中吸取灵感的做法,在中国绘画史上也有前例。范宽的师造化、师心,黄公望(1269—1354)描绘富春山居图和王蒙(1308—1385)画黄鹤山,都是大家所熟悉的典范。只不过石涛的做法更突出,他不仅接触自然的时间和观察的细腻程度为他人所不及,以实景为题材的作品也远超前人,更富有艺术性,也更富有戏剧性。石涛师法自然的做法令人想起多年后塞尚"在自然面前重塑普森"的豪言。塞尚曾在给学生的一封信中,引述画家库图尔(Thomas Couture, 1815—1879)的建议:"去卢浮宫。但是,看过恬息其中的大师(画作)之后,赶紧出去,通过接触自然,复活栖居在我们内心的本能和艺术感。"[57] 这与石涛师法古人、师法自然的做法完全一致。

虽然塞尚没透露他是否从中国画中获取灵感,但是我们至少可以客观地说,塞尚把师前辈大师和师造化相结合的行为,最迟在17世纪的中国已经是画家们的家

---

56 关于西方美术词典和教科书对"视觉元素"的不同定义,见杨思梁:《形式分析与中国画论的源缘》,载《新美术》2019年第12期。

57 塞尚1903年9月13日写给 Charles Cannoin 的信,收入 Danchev, 2013, p.228。塞尚1904年5月12日给另一位学生 Emile Bernard 的信中说:"卢浮宫是(值得)查阅的好书。但它应该只是个中介手段。自然所提供的纷繁景象是真正该花大力气研究的"(Danchev, 2013, p.337)。浏览塞尚的所有书信可以发现,塞尚只是在生命的最后几年才偶尔谈及艺术。而他的艺术见解几乎全部见于这少量的书信。塞尚一生如此执着于自己的艺术实践,却又这么少谈及艺术,这本身是个很有趣的现象。

常便饭了。从理论上说，塞尚与中国画家相同的是，其目的都不是再现自然，而是通过对绘画元素的处理，构筑起具有审美特性的画面图像。当然，清朝的大师中，在构图和章法方面最具创新精神的是八大山人朱耷（约1626—1705）。与元代画家一样，八大也经历了国破家亡的悲痛。但是，元代画家还没有找到恰当的图像体系来表达复杂的内心情感，因此只能依靠文字的辅助。八大则找到可以抒写心意的方法和图像。他画的动物，如鱼、鸭、鸟、猫等，皆以白眼向天，而且眼珠又大又黑，常常还点在眼眶的近上角，充满倔强之气。他的形象组合常常违背常规常理，比如单脚立在怪石上的黑鸟，生长奇特的树木，凌空而出的枝条，形成了奇妙的意境，表达出一位"遗民"对前朝的强烈"忠义气节"和对当朝统治的回避。这些情感只能隐约表现，不能明言。他画的山水，多取荒寒萧疏之景，而且寥寥几笔，写实性不高（水墨写意画的确也不擅长于写实再现），但象征意义丰富，这恰恰是中国文人画"不求形似，但求气韵"的典型代表。八大的图像体系精微丰富，不仅塞尚或其他西方现代大师无法相比，就连西方的"象征派"画家也望尘莫及。

正因为八大发明了这些独特的象征图像来表达内心情感，他的画面上不需要大段题款，只有看起来像是"哭之笑之"的签名。这又反过来让八大有机会在画面的布局上更进一步创新。八大对后人的最大影响也正在此。八大构图的最大特点是简。不仅表现对象少，而且用最少的笔墨勾画出每个对象的精神。比如他画的鱼，形象简单到了无法再简的程度。他在画面中留下大片空间，但是观者却并不觉得那是空无一物之处，反而会向其中投射各种符合画面逻辑的意象。这也印证了西方人所说的"少即是多"的美学原理。八大画面结构的高度简单和抽象也是弗莱认为塞尚绘画的一大优点。弗莱高度赞扬了塞尚《马尔纳岸边的屋子》（*Maisons au bord de la Marne*）【图12】一画中"大胆的简约和直截了当（的描述）"（Fry, 1927, p.61）。

除了四僧，清代绘画在笔墨和图式方面还有许多其他创新，比如扬州八怪的构图。而且清朝的大量画论、画诀比前人写得更为具体，对前人经验有更多的发挥或跟进。比如，龚贤的《画诀》就比宋人的画诀更详实而具体。以龚贤画柳的秘诀为例："画柳若胸中存一画柳想，便不成柳矣……惟胸中先不著画柳想，画成老树，随意勾下数笔，便得之矣。"这段话极好地佐证了绘画和现实之间的鸿沟：绘画不能始于观察自然，而必须始于图式，然后通过对自然的大量观察，对图式进行修正，与自然匹配，方成图像。虽然这一理论已经为大家熟悉。但是，画柳竟然

图12　塞尚　马尔纳岸边的屋子 约1888年　私人藏

不能从印象中的柳树开始，确实无人想到。若非从经验中偶得，录以文字，后世画家必定要付出多次试错才能掌握这一诀窍。

　　顺便说一句，虽然六法被翟理士等人翻译为"六准则"，但在中国画论中，还有更具体的绘画评估体系。顾恺之的《论画》、谢赫的《古画品录》以及姚最的《续画品》均采用三品九等（或三等九品）的评价标准。朱景玄的《唐朝名画录》把绘画断为神、妙、能、逸四品三级。朱景玄说自己"以张怀瓘《画品》断神、妙、能三品，定其等格，上中下又分为三。其格外有不拘常法，又有逸品，以表其优劣也"，可见中国画论评价体系有一个承传关系。几乎同一时期的张彦远在《历代名画记》中则将绘画分为自然、神、妙、精、谨细五品。此后的荆浩推出神、妙、奇、巧的评估体系。黄休复的《益州名画录》继承了朱景玄神妙能逸的评判标准，但置逸品为首，形成了逸、神、妙、能品的顺序。他还对每格明确定义，其中"画之逸格，最难其俦。拙规矩于方圆，鄙精研于彩绘，笔简形具，得之自然，莫可楷模"。黄休复这一改变，显然与个人趣味或者时代趣味有关，就如同宋徽宗赵佶的神、逸、妙、能品，或者盛大士的精、妙、神、逸品一样。随着品画的复杂化和趣味的精微化，这一领域最终出现了黄钺（1750—1841）《二十四画品》这样独特的系统。

其中的某些等级，如苍润、淡逸、奇辟、淋漓、清旷、幽邃、俊爽、韶秀，几乎不可能在其他语言中找到对等词，当然更不可能在其他文化中被用作作品评绘画的标准。然而最关键的一点是，不管评估术语怎么改变，纵观中国绘画的历史，从来没有放弃过具体的价值评估标准。而且，评价的方式越来越精微细致，所用的词汇也越来越丰富，越来越具有独特性。[58]

当然，更多的情况下，中国的画论兼顾画理和价值评判，不管是谢赫的六法，荆浩的六要，刘道醇的六要六长，刘世儒的十二要，还是龚贤的四要，邹一桂的八法，莫不如此。对于理解这一传统的人来说，这些画论既涉及哲学层面，也涉及技术层面。当然，若要问"气韵生动"是否如"神妙能逸"一样，属于画品的范畴，恐怕大部分中国学者很难明确回答（或者认为不值得回答）。所以我们无须惋惜中国画品的理论当时没有翻译成英文（要不然弗莱对塞尚的论述可能更加具体，更加深刻），因为重要的是，虽然中国古人明知个人趣味复杂多变，并可能受历史时空的局限，却始终没有放弃艺术评价标准。因为他们知道，即便有如此多的不确定因素，艺术家在特定时空和趣味环境中的高低优劣依然需要客观评估，更何况艺术中有些标准是恒常不变的，比如文人画的笔墨、气韵和格调。西方人将谢赫六法翻译成六准则并获得认可，说明他们也意识到艺术标准的重要性。假如放弃审美标准，任何形式分析都将失去意义，任何艺术批评也将失去意义。

六　结束语

众所周知，中、西艺术和艺术理论自古不同。本文的目的，不是论证孰高孰

---

[58] 这方面的案例，参见胡昊华：《重构〈格古要论〉：12 到 15 世纪中国文人鉴藏中的趣味与品第》，中国美术学院视觉中国协创中心 2018 年博士论文。文中提到，曹昭的《格古要论》甚至将绘画的评估体系加以量化，分成"最贵""贵""不贵"，"佳""不佳""价低""俗""不甚直钱"，"古""久""少""绝"等。胡昊华在论文中还引述叶康宁的论文《竞尚清雅：明代嘉万时期的书画消费》（南京师范大学 2011 年博士论文），认为当时绘画市场上出现的价格参照标准，大致取决于鉴赏家认定的艺术价值、画家名声、创作时间、绘画题材、尺幅、流传情况以及名人题跋等。这些不单纯是（如西方画廊那样）为作品标价的做法，而更多的是一种价值评估体系。古希腊的某些地区也曾经仿照对演说家排等级的做法，对艺术家进行高低排序，但这一做法没有得到延续。后来的德·皮勒（Roger de Piles, 1635—1709）甚至尝试对各位大师的艺术元素打分（见廖内洛·文杜里的《艺术批评史》，邵宏译，商务印书馆，2017 年，第二章、第五章），但在西方艺术史上却没有一种延续的、被广泛采用的艺术价值评估体系。

低，孰优孰劣，更无意否认中国艺术及其理论对西方艺术的借鉴和吸收。本文只是力图论证一个为中西学界所忽略的历史事实，即罗杰·弗莱对中国画论的借鉴——当然只是部分的借鉴。这一借鉴出于一个非常简单的原因：纵观人类文明，我们发现，形式分析所需要的概念和术语只有在中国才能找到。中国绘画理论和实践中的这一传统流传了千年之久，虽然我们并没有采用这一叫法。究其原因，或许如下：中国画论不仅仅源于文论，也源于书论，至少与书论有极为密切的联系；中国的大批文人很早就参与绘画和论画；中国的山水画相对早熟。而形式分析的前提，即绘画必须摆脱模仿自然的束缚，在宋末元初就已经完成。从那时起，中国绘画便开始以关注画面结构安排、注重笔墨效果为主。而同时期的西方，刚刚开始着手复兴古典的写实传统。一旦摄影技术颠覆了写实传统，西方画家和评论家就陷入了绝望。塞尚是第一位系统性地、自觉地摆脱自然主义束缚，持续专注于画面结构和视觉元素安排的西方画家，这是他的伟大之处，他也因此而被公认为西方现代绘画的鼻祖。然而，当时西方的绝大多数批评家和普通大众还不具备塞尚的审美情趣和志向，因此对他充满敌意，或者干脆无视他的存在。少数几位有识之士看到了塞尚作品中的潜在价值，却又找不到恰当的概念或方法来描述它们，因为在西方批评传统中没有描述非写实性绘画的现成术语，也没有评估的标准。弗莱从翟理士、宾庸等人引入的中国画论中找到了灵感，从塞尚画作中发掘出中国画所强调的艺术价值，如气韵、笔触，又如简约、综合。而这些都是此前西方传统画论所忽略的艺术特质。弗莱运用中国画论的概念和方法（主要是谢赫六法或"六准则"）成功地阐释了塞尚的绘画，不仅使塞尚最终成为西方大众普遍接受和仰慕的大师，而且为失去标准的西方艺术批评找到了新的方向。弗莱的方法很快被其他西方艺术批评家效仿，因为采用中国画论的概念和术语不但可以准确地描述后摄影时代的作品，而且，这套外来的术语可以让批评家在肯定新风格的同时无须否定传统艺术的价值，也避免了把绘画与科学对比所引起的尴尬。弗莱的阐释让西方人接受了塞尚的绘画，并由此为西方艺术确定了新的价值标准，为西方艺术批评开辟了新方向。仅凭这一点，我们便有理由说，中国画论为西方现代艺术批评提供了理论指导和实用术语，甚至可以说，西方现代绘画从中国画论中获得了独立存在的理论依据。

后 记

笔者的英文稿"Formalism, Cézanne and Pan Tianshou---a Cross-cultural Study"最早发表于寒碧先生主编的《诗书画》杂志2017年第2期（总第24期），pp.59-97；并收入许江先生主编的《民族翰骨：潘天寿与文化自信——纪念潘天寿诞辰120周年学术研讨会论文集》（杭州，中国美术学院出版社，2017年）上册。此后，范景中先生、潘晴女士、John Onians教授和Marilyn Gridley教授分别建议把英文稿中涉及的问题分开讨论。本文即根据他们的建议，在英文稿第二、三、四章的基础上进行了较大扩展，补充了一些重要论据。潘公凯先生最早建议增加本文第五章（"文脉"）的内容。本文草成后，王霖先生、石炯女士和陈永怡女士纠正其中的一些错别字。笔者在复旦大学哲学学院和南京师范大学美术学院报告本文的主要观点时，不少同仁提出了有启发意义的问题。两年多来，中国美院的许多同事和新老校友一直关心着本文的写作，谨致谢忱。

Bell, Clive（1914），*Art*, New York, F.A. Stokes. 贝尔：《艺术》

Binyon, Laurence（1908）. *Painting in the Far East, an introduction to the history of pictorial art in Asia, especially China and Japan*, London, Edward Arnold. Second revised edition, 1913.宾庸：《远东绘画》（1908年原版，1913年修订版）

—— （1911），*The Flight of the Dragon, An Essay on the Theory and Practice of Art in China and Japan, Based on Original Sources*, London, John Murry.《龙飞：根据原始资料的一篇论述中国和日本艺术理论和实践的论文》

Danchev, Alex（2012），*Cézanne, A Life*. New York, Random House. 丹切夫：《塞尚生平》

—— （2013），*The Letters of Paul Cézanne*, Los Angeles, The J. Paul Getty Museum. Edited and translated by Alex Danchev. 丹切夫翻译、编辑：《塞尚书信集》

Fry, Roger（1920），*Vision and Design*. London, Chatto & Windus. 弗莱：《视觉与赋形》

—— （1926），*Transformations, Critical and Speculative Essays on Art*, New York, Chatto & Windus. 弗莱：《转变集：批评性和推测性艺术论文集》

—— （1927），*Cézanne, A Study of His Development*. New York, Macmillan. 弗莱：《塞尚发展研究》

Giles, Herbert（1905），*Introduction to the History of Chinese Pictorial Art*, Shanghai. Revised and enlarged edition（1918），London, Bernard Quaritch. 翟理士：《中国绘画史》，1905年原版，1918年修订版

Reed, Christopher ed.（1996），*A Roger Fry Reader*, 1996,The University of Chicago Press. 里德：《罗杰·弗莱文选》

万象

神采幽深
——青金石在古代美索不达米亚使用的历史及文化探源

贾　妍

> 请查验这雪松木的泥版匣，
> 解开它的青铜锁扣，
> 掀开它秘密的箱盖，
> 执起青金石板，高声朗读——
> 吉尔伽美什所经历的万苦千难。[1]

古代美索不达米亚最著名的文学作品《吉尔伽美什史诗》开篇部分有这样的几句，很好地说明了"物质材料"作为一种有形而可视的信息载体，在历史文化研究中的重要意义。一方面这体现了一种"内容"与"形式"并举的表述传统：在这一体系下，吉尔伽美什永垂青史的王者功业，需要以与之匹配的物质材料——雪松木、青铜、青金石来承载；另一方面，它也暗示了"形式"（既包含物质形式也包含图像形式）本身所蕴含的丰富而精深的语义信息。在文字远未普及的"吉尔伽美什时代"，物质与图像分担了文字的部分使命，即以一种约定俗成的符号内涵，传达某一文化群体内广泛认可的信息"意义"，无论这种"意义"的指向是经济层面

---

[1] 《吉尔伽美什史诗》第一块泥板，第25—30行，译自：Andrew R. George, *The Epic of Gilgamesh: The Babylonian Epic Poem and Other Texts in Akkadian and Sumerian* (London: Penguin Books, 1999), p.2.

的、政治层面的还是信仰层面的。依旧拿《吉尔伽美什史诗》为例，假如我们略过开篇导言，直入故事的"内容"，而忽略了讲述者着力强调的"形式"载体——雪松木匣、青铜锁扣、青金石板，包括与之相连的一系列庄重而富于仪式感的由"形式"到"内容"的阅读行为，那么我们对于文本"意义"的阐释无疑是极不完整的。在古代美索不达米亚的文化语境下，对物质材料本身的观读与解析构成了洞察其历史、文化的一个不可或缺的方面，也是"艺术史"在"亚述学"乃至整个古文明研究领域内的学科使命之一。

上面这段文字中吉尔伽美什用以记载其英雄事迹的特殊石材——青金石，即这样一种蕴含极其丰富的符号内涵和深刻的文化寓意的物质材料。在上起苏美尔早期城邦时代，下至亚述、巴比伦帝国的三千年美索不达米亚文明史中，对青金石的使用和关注形成了一脉延绵有致的物质文化传统，不仅体现在灿若繁星的古物遗存里，也保留在浩如烟海的文字记载中。以下将借由"文"与"物"两方面材料，以"地下之实物与纸上之遗文互相释证"（陈寅恪语）的方法，尝试梳理青金石在美索不达米亚地区流传的历史脉络，进而探讨这一特殊石材所凝聚的古代两河信仰传统和文化观念。

一　石之源与物之制

> 恩利尔，万国王，他将自动放光芒。
> 根据规定的义务，
> 阿拉塔（Aratta）居民，
> 将用金、银和青金石做交易，〔……〕义务。
> ……
> 在树根下，他们将把温润的青金石开采，
> 将用树枝编织的抬筐来运载。
> 为埃安纳的女王伊南娜，

人们将在埃安纳的庭院把这些东西堆起来。[2]

以上这段文字出自苏美尔史诗《恩美卡与阿拉塔之王》。这篇史诗成文于乌尔第三王朝（约前2112—前2004年），位列苏美尔文学"九大史诗"之首，也是现存最早的古代美索不达米亚地区关于青金石（苏美尔语 NA4.ZA.GÌN，阿卡德语 na4uqnû）来源的文字记载之一。[3] 依赖"两河之间"适宜耕种的肥沃土壤所带来的高度发达的农耕文化，苏美尔人创造了人类最古老的城市文明；乌鲁克（Uruk）是最早的文明中心之一，也是学界普遍认可的楔文诞生之地。然而两河南部平坦而深厚的淤积层造成了自然资源的极度缺乏，石材、木材、矿产等原料大多需要进口，这也促成了苏美尔人在文明初期就形成了与其周边地区庞大的物质文化交流网。史诗《恩美卡与阿拉塔之王》记载了乌鲁克王恩美卡（Enmerkar）试图用谷物换取阿拉塔的金、银和青金石，用以装饰苏美尔神庙的故事。在史诗中，这种物质交换关系的建立并非易事，乌鲁克王派遣的使者经过了很多努力，包括激烈的争论甚至威胁，阿拉塔王才最终同意以财宝换取粮食。比较耐人寻味的是史诗的末尾处，万国之神恩利尔将阿拉塔居民用金、银和青金石与乌鲁克人交易确立为一项"义务"，纳入统辖人间的基本秩序体系。

这个史诗故事所指向的以乌鲁克为中心的早期城邦时代，即苏美尔史诗中三位显赫的上古先王恩美卡、卢伽尔班达（Lugalbanda）和吉尔伽美什（Gilgameš）先后统治的时代，一般认为是在早王朝第二期前后（约前2750—前2600年）。[4] 考古证据表明从乌贝德晚期开始（约前4000年前后），两河流域北部已经有了青金石制品的零星痕迹，在底格里斯河上游的高拉（Tepe Gawra）遗址发现了最早的青金

---

2 译文参考拱玉书先生从苏美尔原文直译的史诗中译本《升起来吧！像太阳一样——解析苏美尔史诗〈恩美卡与阿拉塔之王〉》，昆仑出版社，2006年，第386—387页，第616—625行；此处引用的译文系译者在之前译本基础上修正后的最新版本，感谢拱玉书先生不吝赐阅。这篇史诗在1952年首次由美国苏美尔学家克拉莫尔翻译出版：Samuel Noah Kramer, *Enmerkar and the Lord of Aratta: A Sumerian Epic Tale of Iraq and Iran* (Philadelphia: University of Pennsylvania Press, 1952).这篇史诗的最新转写和英译，参见牛津大学东方学院创建的"苏美尔文学电子文库"（The Electronic Text Corpus of Sumerian Literature，以下简称ETCSL，网址：http://etcsl.orinst.ox.ac.uk）：ETCSL 1.8.2.3 "Enmerkar and the lord of Aratta。"

3 经拱玉书先生提点，"青金石"在阿卡德语中还有一些其他词汇可以表示，如 zaginnu, nazaginakku, zagiddurú, zagingutumakû 等。

4 关于苏美尔史诗中提到的几位上古先王的研究，参考：H. L. J. Vanstiphout, *Epics of Sumerian Kings: the Matter of Aratta*, ed. Jerrold S. Cooper and Societies American Council of Learned (Atlanta, GA: Society of Biblical Literature, 2003).

图1 母牛小卧像
材质：石灰岩镶嵌青金石
尺寸：高2.6厘米，长5.2厘米
晚期乌鲁克至捷姆迭特-那色时期，约前3300—前2900年
出土于伊拉克乌鲁克（今Warka）埃安纳神庙区，现藏于柏林国立博物馆

图2 珠串项链
材质：青金石、雪花石膏、贝壳
尺寸：长44厘米
晚期乌鲁克至捷姆迭特-那色时期，约前3300—前2900年
出土于伊拉克乌鲁克（今Warka）埃安纳神庙区，现藏于柏林国立博物馆

石印章。[5] 青金石在两河流域南部地区出现比北部晚一些，不过一经引入便得到了广泛的传播，在乌鲁克、乌尔（Ur）、特罗（Telloh）、哈法耶（Khafajah）等遗址约前3300—前2900年的地层中都发现了青金石制作或装饰的小型器物，如珠串、滚印、嵌有青金石的人或动物的小雕像等【图1、2】。[6] 考古材料和文献材料两相印证，基本可以确定在公元前三、四千纪之交，青金石已经在两河流域从北到南的广大区域内得到传播和使用，并且很可能以乌鲁克为代表的南部苏美尔城邦已经有了比较稳定的获取青金石的来源。

作为一种产地极为有限的稀有石材，青金石在现今世界范围内为人所知的矿床屈指可数，主要集中阿富汗、俄罗斯（帕米尔高原和贝加尔湖附近）、智利，另

---

5 Georgina Herrmann,"Lapis Lazuli: The Early Phases of Its Trade," *Iraq* 30, no. 1(1968)：pp.29-30.

6 Herrmann,"Lapis Lazuli: The Early Phases of Its Trade," pp.31-32.

外在巴基斯坦、缅甸、意大利、美国（科罗拉多和加利福尼亚）等地也有少量开采。在公元以前的古代近东世界，虽然青金石文物分布非常之广，地域风格也差别迥异，但是就其石料来源而论，大体都可以追溯到今阿富汗东北部的巴达赫尚（Badakhshan）省。[7]这是人类历史上开采年代最久，矿石质量最优的青金石矿床，与两河流域南部地区相距超过三千公里，中间横亘着延绵千里的高山和广袤的荒漠地带。如果公元前三、四千纪之交已经存在连接巴达赫尚与乌鲁克之间的"青金石之路"，[8]那么这条人类最早的文化与商贸之路在多大程度上能够通过文献和考古材料得以重建？

就现有的考古证据所能够给出的青金石在美索不达米亚地区的时期和位置分布来看，从阿富汗矿源到乌鲁克为中心的苏美尔城邦，至少有海、陆两条"青金石之路"【图3】是有迹可循的：陆上贸易线从巴达赫尚向西越过重重山地和荒漠，虽然其间具体中转点比较难于考证，但是位于今伊朗西部的埃兰古城苏萨（Susa）应该是青金石进入两河腹地的主要集散地之一；海上贸易线从巴达赫尚向南进入今巴基斯坦境内的印度河流域文明中心哈拉帕（Harappa），再向西南中转到青铜时代印度河流域的文明大都会，"死亡之丘"摩亨佐-达罗（Mohenjo Daro），然后经由海路进入波斯湾，抵达当时尚位于波斯湾入海口处的苏美尔城邦乌尔、乌鲁

7　Herrmann, "Lapis Lazuli: The Early Phases of Its Trade."; P. R. S. Moorey, *Ancient Mesopotamian Materials and Industries: the Archaeological Evidence* (Oxford; New York: Clarendon Press, 1994),p.85；Gary W. Bowersox, *Gemstones of Afghanistan*, ed. Bonita E. Chamberlin (Tucson, AZ: Geoscience Press, 1995),pp.37-61。近年来有学者认为临近阿富汗的今巴基斯坦俾路支省的查盖山（The Chagai Hills）也有可能是古代近东地区青金石的另外一个可能矿源，参见 A. B. Delmas and M. Casanova, "The Lapis Lazuli Sources in the Ancient East," in *South Asian Archaeology*, 1987: Proceedings of the Ninth International Conference of the Association of South Asian Archaeologists in Western Europe, held in the Fondazione Giorgio Cini, Island of San Giorgio Maggiore, Venice, ed. M. Taddei (Rome: Istituto italiano per il Medio ed Estremo Oriente, 1990),pp.493-506。但是大多数学者还是认可巴达赫尚作为古代近东世界青金石主要，甚至唯一矿源的观点。关于青金石在美索不达米亚以外的古代近东地区，特别是在埃及的传播和使用，可参考：Alfred Lucas, Ancient Egyptian Materials and Industries (London: E. Arnold, 1962),pp.340-344；Joan Crowfoot Payne,"Lapis Lazuli in Early Egypt,"Iraq 30,no.1 (1968),pp.58-61；Lissie von Rosen, Lapis lazuli in Geological Contexts and in Ancient Written Sources (P. Åströms, 1988).

8　关于"青金石之路"的探讨，参见：V. I. Sarianidi and Luba H. Kowalski,"The Lapis Lazuli Route in the Ancient East,"Archaeology 24, no. 1 (1971),pp.12-15；Y. Majidzadeh,"Lapis Lazuli and the Great Khorasan Road, " Paléorient 8, no. 1 (1982),pp.59-69；Frances Pinnock,"The Lapis Lazuli Trade in the Third Millennium B.C. and the Evidence from the Royal Palace of Ebla,"in *Insight through Images: Studies in honor of Edith Porada*, ed. Marilyn Kelly-Buccellati, Paolo Matthiae, and Maurits Van Loon (Malibu, Calif.: Undena Publications, 1986), pp.221-228；以及 María Eugenia Aubet, *Commerce and Colonization in the Ancient Near East* (Cambridge；New York: Cambridge University Press, 2013),pp.190-199.

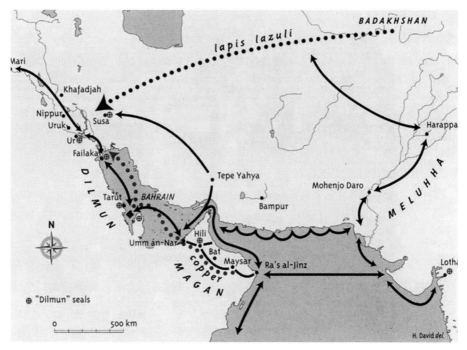

图3　阿富汗与美索不达米亚之间的"青金石之路"示意图 *
* Aubet, *Commerce and Colonization in the Ancient Near East*, p.193, Figure 6.18"The lapis lazuli routes."

克等地。[9]《史诗》中被神指定的为苏美尔人持续提供青金石的"阿拉塔"如果确有其地,从现实情况考虑,直接指代巴达赫尚矿源的可能性并不大,更有可能的是在青金石贸易中起到集散、中转及粗加工作用的某一城市。一些学者认为阿拉塔最有可能位于今伊朗中南部卢特荒漠边缘的克尔曼(Kerman)省。[10] 拱玉书先生经

9　Herrmann,"Lapis Lazuli: The Early Phases of Its Trade, "Aubet,Commerce and Colonization in the Ancient Near East,pp.190-192.

10　自上世纪50年代《恩美卡与阿拉塔之王》经克拉莫尔首译呈现到现代学者的视野中,关于阿拉塔位置的考证一直是学界争论不休的话题。代表性的研究如:Cohen, Sol. 1973."Enmerkar and the Lord of Aratta." Ph.D. diss., University of Pennsylvania,pp.55-61;J. F. Hansman,"The Question of Aratta,"*Journal of Near Eastern Studies* 37, no. 4 (1978), pp.331-336;Yousef Majidzadeh, "The Land of Aratta,"*Journal of Near Eastern Studies* 35, no. 2 (1976),pp.105-113;Majidzadeh, (转下页)

过对文献和考古材料的比照考察，认为这座城可能在今伊朗中南部与阿富汗接壤的地方，扎博勒（Zabol）南部56公里的沙赫尔索赫塔（Shahr-i-Sokhta）。[11] 无论阿拉塔的具体位置是否可考，在苏美尔人的文化记忆中，它毫无疑问指向一个富饶而神奇的"青金石之地"，在这一点上，的确与我们现代人心中的阿富汗是类似的。

受到不断变化的政治、环境等因素的影响，连接阿富汗高原与美索不达米亚平原的海、陆两条"青金石之路"在不同时期的通畅性大有差别，进而导致古代美索不达米亚地区对阿富汗青金石进口数量呈现明显的波动性历史变化。英国近东考古与历史学家莫瑞（P.R.S. Moorey）观察到，尽管这种供应和使用的波动在很大程度上被考古和文献证据的不均匀所掩盖，但从两河流域青金石作为滚印石材的使用中可以梳理出一个大致的趋势：前2600年以前，青金石很少用于滚印制作；接下来的两百年，也即"乌尔王陵"对应的早王朝第三期上半期（ED IIIA），青金石滚印的数量呈现爆发式增长；然而进入前2400—前2000年后，青金石滚印的数量相比前一时期减少了一半；公元前两千纪上半叶，青金石滚印数量依旧呈稳步下降趋势，直到公元前一千纪以后的新亚述时期，这一指标才有所回升。莫瑞认为青金石在滚印使用中的波动性变化表明了这一依赖于长途运输的特殊石材在进口过程中受到商贸线路和国际关系的影响极大。"当位于今巴基斯坦的印度河流域文明城市与今伊拉克南部的苏美尔之间沿波斯湾上下的贸易蓬勃发展时，从东向西的青金石运输也会繁荣起来。"[12] 而在印度河流域文明衰落后，海上"青金石之路"受阻；前1750年以后，美索不达米亚地区青金石的进口应该主要依靠经由伊朗的陆运进行，交通的不便，以及两河流域与东部周边地区变幻莫测的政治关系都直接影响到商贸的进行，青金石的进口数量自然降低。在缺乏原材料供应的情况下，青

（接上页）"Lapis Lazuli and the Great Khorasan Road"；其中Majidzadeh 认为克尔曼省是阿拉塔最有可能的所在地，这种观点得到了一些学者的支持，如：Moorey, *Ancient Mesopotamian Materials and Industries: the Archaeological Evidence*, p.86。当然也有一些学者认为作为一个文学作品中的想象之地，阿拉塔的准确位置不可能也不应该考证，如：Piotr Michalowski, "Mental Maps and Ideology: Reflections on Subartu," in *The Origins of cities in dry-farming Syria and Mesopotamia in the third millennium B.C.*, ed. Harvey Weiss (Guilford, Conn.: Four Quarters, 1986), pp.129-156；Vanstiphout, Epics of Sumerian kings: the matter of Aratta, 5.

11　拱玉书：《升起来吧！像太阳一样——解析苏美尔史诗〈恩美卡与阿拉塔之王〉》，第149—150页。

12　P. R. S. Moorey, "Blue Stones in the Ancient Near East: Turquoise and Lapis-lazuli," in *Cornaline et pierres précieuses: La Méditerranée de l'Antiquité à l'Islam*, ed. A. Caubet (Paris: Musée du Louvre, 1999), p.181.

图4　未经加工的青金石原料

青铜时代早期，约前2350—前2250年
出土于叙利亚埃布拉（今 Tell Mardikh）宫殿 G 遗址，行政区
L2913号房间，现藏于叙利亚阿勒颇国立博物馆

金石成品的回收与改制在公元前一千纪后半叶以后成为一种普遍的现象，这在滚印制作中尤其常见。

尽管《恩美卡与阿拉塔之王》的故事中明确提到，受伊南娜女神旨意，阿拉塔在向乌鲁克臣服之后，不仅要源源不断地为后者输送矿产和宝石，还要提供加工金、银、青金石的工匠为苏美尔人服务，但是从现存的文物证据来看，无论是前期的苏美尔、阿卡德时代，还是后期的亚述、巴比伦时期，美索不达米亚地区的青金石制品整体上呈现出较为连贯而统一的风格。比较可能的情况是青金石主要以原料或者半原料的方式进口，进入美索不达米亚后再在当地工坊完成加工。一些考古证据可以支持这个观点，比如在前三千纪的宫殿和陵墓遗迹中，与青金石成品共存的青金矿石原料时有发现。[13] 在今叙利亚境内埃布拉（Ebla）的一座青铜时代的宫殿遗址中，考古学家发现了总重超过22公斤的未加工青金石原料

13　例如在乌尔 PG789 号 "王墓" 殉葬坑中就有大块青金石矿石原料出土，参见：Richard L. Zettler and Lee Horne, eds., *Treasures from the Royal Tombs of Ur* (Philadelphia: University of Pennsylvania Museum, 1998), p.34.

【图4】；¹⁴ 同一遗址出土的楔文文献表明当地的青金石是从位于幼发拉底河中游的马里（Mari）得来的，而后者正是青金石进入两河腹地后继续向西流传路径中的重要一站。¹⁵

由于美索不达米亚人对这种得来不易的珍贵石材的持续钟爱，青金石原料和成品成为王室贵族囤积收藏的对象，是和平年代最受欢迎的外交礼物，也是动乱时期最有价值的战利品。新亚述时期王室铭文的贡品清单上时见青金石在列，前8世纪下半叶以后，亚述帝国的扩张和建设进一步增加了对青金石的需求。萨尔贡二世（Sargon II）在位时期（前722—前705年），亚述以北的乌拉尔图（Urartu）国王萨度里（Sarduri）写给萨尔贡的信中，很不客气地回应了萨尔贡向其索取青金石的要求："关于我主王上写给我的信中涉及青金石的要求：'让人把青金石带来给我！'——难道我主王上不知道青金石对我们来说是神圣之物？如果我拿走了青金石，会引起整个国家对我的反叛。如果王上觉得合适，就派大军前来这里带走青金石吧！"¹⁶ 埃萨尔哈东（Esarhaddon）在位时期（前680—前669年），有可能米底人控制了青金石从阿富汗高地向东进入两河流域的西线，这一时期的亚述铭文中多次提到伊朗中部"靠近盐沙漠"与米底接壤的中间部落向亚述进贡大量的优质青金石。¹⁷

美索不达米亚人对青金石制品的持续钟爱，以及青金石资源的不易得与供给的不稳定，在一定程度上刺激了人造宝石在这一地区的发展。值得注意的是，约从前1500年开始，阿卡德语文本中出现了"山中之青金"和"窑中之青金"（NA4.ZA.GÌN kūri）的区别，表明玻璃模仿物正成为青金石的一种替代方案被制作并使

14　Joan Aruz and Ronald Wallenfels, eds., *Art of the First Cities: The Third Millennium B.C. From the Mediterranean to the Indus* (New York: The Metropolitan Museum of Art, 2003), p.178.

15　Pinnock, "The Lapis Lazuli Trade in the Third Millennium B.C. and the Evidence from the Royal Palace of Ebla."

16　State Archives of Assyria 21, Chapter 9, Letters from Elam and Urartu, no. 124"Let Your Army Come and Take the Lapis Lazuli."参见"亚述国家档案在线数据库"（State Archives of Assyria Online）：http://oracc.museum.upenn.edu/saao/。

17　Erle V. Leichty, *The Royal Inscriptions of Esarhaddon, King of Assyria (680-669 BC), The Royal Inscriptions of the Neo-Assyrian Period*(Winona Lake, Ind.: Eisenbrauns, 2011), 20: Esarhaddon 1, iv 32-45.

图5　伊施塔城门上的彩釉"角龙"（mušhuššu）形象
新巴比伦尼布甲尼撒二世在位时期（前605—前562年），出土于伊拉克巴比伦遗址，现藏于德国柏林佩加蒙博物馆

用。[18] 新亚述时期著名的帝王亚述纳西尔帕二世（Ashurnasirpal II）就曾在铭文中提到用"青金石釉砖"装饰自己在新都卡尔胡（Kaltu, 今伊拉克Nimrud）的宫殿；[19] 公元前6世纪上半叶尼布甲尼撒二世（Nebuchadnezzar II, 前605—前562年在位）在巴比伦城修建的伊施塔城门【图5】，是此类建筑传统在美索不达米亚地区最精彩的代表。

---

[18]　参考芝加哥大学东方研究所编纂的《芝加哥亚述语词典》（The Assyrian Dictionary of the Oriental Institute of the University of Chicago，以下简称CAD）卷20，第195—202页关于"青金石"（uqnû）词条的释文。关于玻璃及玻璃制造业在晚期青铜时代近东地区的发展，参见：Andrew J. Shortland, Lapis lazuli from the Kiln: Glass and Glassmaking in the Late Bronze Age (Leuven: Leuven University Press, 2010).

[19]　A. Kirk Grayson, Assyrian Rulers of the Early First Millennium BC I (1114-859 BC), The Royal Inscriptions of Mesopotamia, Assyrian Periods (Toronto: University of Toronto Press, 1991), 289: Ashurnasirpal II A.0.101.30，第32行。亚述纳西尔帕二世之前的亚述君主，如提格拉特帕拉沙尔一世（Tiglath-pileser I，前1114—前1076年在位）也有使用"青金石釉砖"的零星记载，见：Grayson, Assyrian Rulers of the Early First Millennium BC I (1114-859 BC), 54: Tiglath-pileser I A.0.87.10，line 66.

图6 米底扼狮者
材质：青金石；尺寸：总高18.7厘米
阿契美尼德时期，约前500—前450年，伊朗，现藏于美国克利夫兰艺术博物馆

图7 多色镶嵌金胸饰
材质：金、青金石、绿松石、玛瑙；尺寸：直径2.1厘米
阿契美尼德帝国末期，约前350—前332年，出土于苏萨Acropolis，现藏于法国巴黎卢浮宫

古代美索不达米亚地区对青金石制品的钟爱一直持续到波斯征服后的阿契美尼德帝国时期（前550—前330年）。现存于美国克利夫兰艺术博物馆的一尊青金石"米底扼狮者"小像【图6】，可以算作是这一时期青金石艺术品的代表之作。"英雄扼狮"的形象在一定意义上是对苏美尔时代以来"吉尔伽美什母题"的回顾和延续。[20] 这一时期青金石也被用于多色镶嵌黄金首饰，在阿契美尼德帝国的核心城市之一苏萨的一座墓里，考古学家发现多件带有青金石镶嵌的金饰品，如图所示的一对精美的青金石、绿松石与玛瑙镶嵌圆形胸饰【图7】，延续着亚述帝国时期珠宝制作的工艺与传统。[21]

20　Dorothy G. Shepherd, "An Achaemenid Sculpture in Lapis Lazuli," *The Bulletin of the Cleveland Museum of Art* 48, no. 2 (1961), pp.19-25.

21　John Curtis and Nigel Tallis, eds., *Forgotten Empire: The World of Ancient Persia* (London: British Museum Press, 2005), p.175, catalog no. 271.

不过到了公元前后之交，也就是安息帝国（前247—224年）时期，绿松石（苏美尔语NA4.ASH.GI.GI，阿卡德语na4ashkigù）——这一在两河流域铁器时代（前1200—前550年）很少在文献或考古材料中出现的石材——逐渐成为阿富汗地区最受欢迎的蓝色系"半宝石"，而青金石则慢慢失去了其在美索不达米亚延续三千年无与伦比的地位。[22]

二 石之色与神之采

> 若那人是我的王，
> 若那是他骇人的眉，野牛的眼，
> 若那是他的青金石须髯……[23]

以上我们借由文献和文物两方面材料，说明了来源于阿富汗高地的青金石在古代美索不达米亚的使用传统、流传路线，以及人们对这种石材经久不衰的钟爱。那么，青金石究竟是以怎样的"形式"被使用，又以何种"意义"受到欢迎？这两个问题其实构成了文章开篇提到的以"艺术史"的视角，考察物质材料之文化意涵所需要面对的一些核心问题。以下将尽量在有限的篇幅内，通过对美索不达米亚艺术中较有特色的几件青金石制品的考察，尝试对这两个问题进行一些梳理和思考。

在进入具体艺术作品的讨论前，让我们暂时回到《吉尔伽美什史诗》。在古代美索不达米亚的历史和传统中，恐怕再没有哪一位世间之王，他的声望能够与吉尔伽美什相媲美，可惜的是这位传说中的英雄并没有留下什么确定无疑的图像刻画。吉尔伽美什的形象究竟是什么样子？这恐怕就如读者心中的哈姆雷特，千人千面了。难

22　Moorey, "Blue Stones in the Ancient Near East: Turquoise and Lapis-lazuli," p.198.

23　苏美尔语史诗《吉尔伽美什与阿伽》，参见 ETCSL 1.8.1.1："Gilgameš and Aga"；本文作者在与拱玉书先生的私人交流中，有幸得到拱先生提示如下：在茅尔（S. Maul）所译的德文版《吉尔伽美什史诗》中，第一块泥板，第29—62行，对吉尔伽美什的长相和性格做了描述，其中的第59—60行写道：59. tàr-ra le-ta-šú kīma (gim) šá [...] / 60. [it-q]í per-ti-šú uh-tan-n[a-ba kīma dnNissaba]，"他两腮长满胡须，像天青石一样闪烁光芒；他那卷曲的头发，茂盛得像妮撒巴的头发一样"。其中"像天青石一样闪烁光芒"处泥板残缺，茅尔的德文版译文所本不详。参见：S. Maul, Das Gilgamesch-Epos, München: C.H.Beck, 2005.

能可贵的是,苏美尔史诗《吉尔伽美什与阿伽》中保留了几句关于英雄面部的直接描写——骇人的眉、野牛的眼、青金石须髯——青金石这样一种来自遥远的阿富汗,在苏美尔先民眼中代表着为神所爱的异域奇珍的稀有石材,以物质材料所特有的"形式感",突破了现实与想象之间的壁垒,赋予英雄形象一种具体而有质感的依托。

事实上,翻阅苏美尔语及阿卡德语文学作品,我们会发现"青金石须髯"这样的刻画并非吉尔伽美什所特有,而是古代美索不达米亚人对神祇与英雄外貌特征的一种常规性刻画。在神话文本中,太阳神乌图(Utu),谷牧神杜牧兹(Dumuzid)等男性神祇都被描写为拥有青金石须髯;[24] 在现实仪式中,一些世间的统治者有时也会佩戴青金石假须,以表明自己受到神的眷顾而拥有与神相似的外表。[25] 这种文学描述在艺术作品中的最精彩呈现,应该就是出土于乌尔PG789号"王墓"的"大里尔琴"了【图8】。这张琴的琴头部分以公牛之首造型,牛面整体及耳角部分覆以金箔,牛的发须和牛角顶部以青金石雕琢,大簇青金石胡须的底部以银质背板承托。牛的双目以青金石为眶,嵌套在白色珠母贝覆底、青金石琢刻的目珠之上,瞪然如生。[26] 这件距今已超过4500年的艺术品,以杰出的造型和精湛的工艺展示了古代美索不达米亚文明早期,苏美尔工匠对青金石这种进口物质材料的娴熟把握;从它身上,我们仿佛可以看到有着"骇人的眉、野牛的眼、青金石须髯"的吉尔伽美什王的俊美丰姿。

为什么在美索不达米亚人的文学想象和艺术创作中把"青金石须髯"作为神祇与英雄的标准特征?是因为他们对"蓝胡子"的造型有着特别的钟爱吗?其实并非如此。在美索不达米亚,除了须髯,青金石还常被用以塑造人物的眉眼。苏美尔早王朝时期出土了多件有着大大的青金石眼睛的男女人像,现藏于法国卢浮宫的伊比荷伊尔(Ebih-il)坐像就是其中最为人所熟知的一尊【图9】。这件作品整体以光滑的雪花石膏打造,雕像眼部刻画尤为精细:以深色片岩雕琢眼眶,深蓝色青

24　如苏美尔神话《恩基与世界秩序》《伊南娜与杜牧兹之歌》等,参见:ETCSL 1.1.3,及4.08.25。

25　如乌尔第三王朝时期的君主乌尔纳玛(Ur-Namma,或译乌尔纳穆),以及其子舒吉(Šulgi)都有佩戴青金石须髯的文献记载,参见:ETCSL 2.4.1.6,2.4.2.15等。苏美尔人显然有不蓄须发,而佩戴假发假须的传统,参见Thorkild Jacobsen,"Pictures and Pictorial Language (The Burney Relief),"in *Figurative Language in the Ancient Near East*, ed. D. Mindlin et al. (London: School of Oriental and African Studies, 1987), 3; P. R. S. Moorey,"A Stone Replica of a Early Dynastic III Royal Hairstyle?"in *Collectanea orientalia: histoire, arts de l'espace et industrie de la terre: études offertes en hommage à Agnès Spycket*, ed. H. Gasche and B. Hrouda (Neuchâtel: Recherches et publications, 1996),p.233.

26　Aruz and Wallenfels, *Art of the First Cities: The Third Millennium B.C. From the Mediterranean to the Indus*, p.105.

图8 牛头"大里尔琴"

材质：金、银、青金石、珠母贝、天然沥青、木头
复原后尺寸约长140厘米，高117厘米
出土于伊拉克乌尔王墓 PG789，早王朝第三期上半期（约前2600—前2450年），
现藏于美国费城宾夕法尼亚大学考古与人类学博物馆

神采幽深——青金石在古代美索不达米亚使用的历史及文化探源

图9 伊比荷伊尔坐像

材质：雪花石膏、青金石、珠母贝；尺寸：高52.5厘米
早王朝时期，约前2400年，出土于今叙利亚马里，伊施塔神庙遗址，
现藏于法国巴黎卢浮宫

金石镶嵌眼珠，白色珠母贝托于眼底。人物目色清明而有神，表情恭谨而友善，堪称苏美尔艺术中最有亲和力的形象之一。

早期的一些学者在发现此类"蓝眼人"雕像后，一度认为苏美尔人"一定与欧洲人属于同一种族，是高加索人种的后裔"。[27] 然而随着近东研究的不断推进，今天的

---

[27] 这个观点的提出者为当时著名的苏格兰解剖学和人类学家阿瑟·基思（Arthur Keith），这段话出现在1927年出版的乌尔发掘报告中，参见：Harry Reginald Hall and Leonard Woolley, Ur Excavations I: Al-'Ubaid: a report on the work carried out at Al-'Ubaid for the British Museum in 1919 and for the Joint Expedition in 1922-3 (Oxford: Published for the Trustees of the two Museums by the Oxford University Press, 1927), p.215.

我们不难发现，这样的观点显然是基于西方文化语境对青金石这种物质材料在古代美索不达米亚意涵的一种误读。造成这种误读的根源即在于，从文艺复兴时代到现在，"青金石"在西方语义中几乎成为"蓝色"的一个代名词；而青金石材料本身的价值，也一直是以蓝色的纯度为主要衡量标准的。[28] 这种材料价值观的基础在于青金石在西方绘画中的特殊用处——将这一来自阿富汗高地的石材研磨成粉末，是调配油画颜料中天然群青（ultramarine）的主要原料。在文艺复兴时代的欧洲，"群青"颜料的价值贵过黄金，极受画家和赞助人的推崇。意大利画家琴尼诺·琴尼尼（Cennino Cennini, 1370—1440）在他的《艺术之书》中曾盛赞这种由青金石制成的群青色是"尊贵而美丽的颜色，其完美超越所有其他色彩"。[29]

然而回到古代美索不达米亚自己的文化传统中，我们必须要注意到的一点是，就目前所知的考古和文献材料来看，青金石在公元以前的两河流域从未被研磨作为颜料使用——所有的青金石制品都以石材本身的状态呈现。[30] 这就需要对青金石的物质属性，包括石材本身的颜色、硬度、光泽等，结合多种史料进行本土分析。事实上，正如美国古代近东艺术史学者艾琳·温特（Irene Winter）所言，这已涉及对美索不达米亚思想和经验中的"美学"问题的探讨，即对石材的视觉效果、象征意涵等做出基于本土传统的价值判断，而非套用现代的、西方的价值和眼光对前者进行揣摩。[31] 在温特看来，美索不达米亚语词传统中，"光泽度"是判定物质"积极属性"的一项重要标准：几乎一切被认为是神圣的、纯净的、华美的物质，都会被冠以"闪闪发光"这类形容词。[32] 青金石幽蓝洒金的矿物质地，在美索不达米亚人看来，有着最为吉祥的光泽和不可多得的天然"神采"，这也是"青金

28　Moorey, *Ancient Mesopotamian Materials and Industries: the Archaeological Evidence*, p.85.

29　琴尼尼在书中还详细介绍了用青金石制作"群青"颜料的具体方法，并提示："首先选取一些青金石，如果你不知道如何区分最好的石材，就选取含有'蓝色'最多的那些。"参见：Cennino Cennini, *The book of the art of Cennino Cennini: a contemporary practical treatise on Quattrocento painting*, ed. Christiana Jane Powell Herringham and Christiania Jane Powell Herringham (London: G. Allen & Unwin, ltd., 1899), p.47.

30　Moorey, *Ancient Mesopotamian Materials and Industries: the Archaeological Evidence*, p.85.

31　Irene J. Winter, "Defining" Aesthetics "for Non-Western Studies: The Case of Ancient Mesopotamia," in *Art history, Aesthetics, Visual studies*, ed. Michael Ann Holly and Keith Moxey (Williamstown, Mass.: Sterling and Francine Clark Art Institute, 2002), pp.3-28.

32　Irene J. Winter, "The Aesthetic Value of Lapis Lazuli in Mesopotamia," in *Cornaline et pierres précieuses: La Méditerranée de l'Antiquité à l'Islam*, ed. A. Caubet (Paris: Musée du Louvre, 1999), p.46.

石崇拜"在这一地区长盛不衰的价值根源所在。

在温特之前,著名德国亚述学家贝诺·兰兹伯格(Benno Landsberger)也曾指出,"青金石"在古代两河流域的文学作品中作形容词使用时,更多的不是强调"蓝色",而是富有光泽的"深色"。[33] 正因如此,在艺术中常常用"青金石"来刻画人或动物浓密的须发和幽深的眉眼。加之这种石材本身的稀有难得,以及从苏美尔时代开始美索不达米亚人对"阿拉塔"等异域青金之地的神话想象,"像青金石一样"几乎成了表达"高贵富丽"的一个标准词汇——可以用来描述人或神的宝相庄严,也可以用来形容建筑、奢侈品的华美辉煌——青金石也由一种单纯的物质材料转化成为受到神所认可的尊贵地位与超凡财富的象征符号。[34]

正因为青金石在美索不达米亚人眼中是最富"神采"的物质,它也成为文学和艺术创作中神所青睐的、最能表达"神性"的石材。《恩美卡与阿拉塔之王》的故事以文学传说的形式,保留了苏美尔人最早进行青金石交易的目的,即为神修建神庙之用。在各种传世楔文文献中,与神相关的青金石器具不胜枚举,比如谷牧神杜牧兹的青金石牧笛,[35] 战神兼爱神伊南娜(Inanna)的青金石项珠,[36] 治愈之神谷拉(Gula)的青金石量杆和测线等。[37] 有时青金石甚至直接被用以象征神祇本尊。比如苏美尔神话《伊南娜入冥府》中,伊南娜在向父神求助的过程中将自己比作青金石,曾言"不要让你珍爱的青金石与匠人的糙石混为一谈!"[38] 而在《吉尔伽美什史诗》中,洪水初退,供奉复设,母神贝莱特伊丽(Belet-ili)讽刺诸神既要毁灭人类,又贪恋人间供养,将那些从天上蜂拥而至享受献祭的神祇讽喻为"青金石苍蝇"。[39]

青金石这种极具"神采"的圣物,不仅为神所青睐,也得到统治阶层的尊崇和追捧。从苏美尔时代开始,王室贵族便喜好模仿神的方式,将青金石制成各种精

---

[33] Benno Landsberger, "Über Farben im Sumerisch-akkadischen," *Journal of Cuneiform Studies* 21 (1967): pp.164-165.

[34] CAD 卷20,第195—202页。

[35] Winter, "The Aesthetic Value of Lapis Lazuli in Mesopotamia," p.52.

[36] 参见苏美尔神话《伊南娜入冥府》,ETCSL 1.4.1。

[37] Barbara Bock, *The Healing Goddess Gula: Towards an Understanding of Ancient Babylonian Medicine* (Leiden: Brill, 2014),p.127.

[38] 参见苏美尔神话《伊南娜入冥府》,ETCSL 1.4.1,第44行;另见贾妍:《"逾界"与"求诉":从〈伊施塔下冥府〉神话的两大主题看古代两河流域伊施塔崇拜的一些特质》,《丝绸之路研究》2017年第1期,第35页。

[39] George, *The Epic of Gilgamesh: The Babylonian Epic Poem and Other Texts in Akkadian and Sumerian*, p.94,第十一块泥板,第165行。

图10　青金石珠串饰品

材质：金、银、青金石、玛瑙；
尺寸：珠串长度 8.5 厘米至 95 厘米不等
早王朝第三期上半期，约前 2600—前 2450 年
出土于乌尔 PG1237 号"大殉葬坑"，
现藏于英国伦敦大英博物馆

美首饰，不但生前佩戴，死后也要随葬墓中【图10】。尽管青金石来源有限，供给也并不稳定，这样的传统在两河流域仍然持续存在了三千余年。出土于尼姆鲁德（Nimrud）西北宫 II 号墓的一组精美的青金石镶嵌头饰【图11】，很好地体现了亚述帝国对苏美尔早期物质文化传统的继承和发扬。[40]

除了珠宝以外，青金石还被用于装饰或制作其他一些日常或仪式用具，如乐器、棋盘、匕首、印章、容器等。这种富于"神采"的圣物用在人身上，一方面彰显了享用之人地位的尊贵，一方面也代表了神对此人的恩宠和眷顾。在古代美索不达米亚乃至整个地中海周边世界，青金石都常常因其"神性圣物"的价值，被认为对人有保护作用。在公元前三千纪早期的驱病咒文中提到用青金石制作容器使

---

[40] Amy Rebecca Gansell, "Dressing the Neo-Assyrian Queen in Identity and Ideology: Elements and Ensembles from the Royal Tombs at Nimrud," *American Journal of Archaeology* 122, no. 1 (2018), pp.65-100.

图11　头饰组件，有可能坠于额前佩戴
材质：金、青金石、玛瑙、绿松石；
尺寸：最长处约8厘米
新亚述时期，约前8世纪下半叶
出土于尼姆鲁德西北宫 II 号墓，
现藏于巴格达伊拉克博物馆

用可以治病；苏美尔早王朝时期乌尔王后普阿比（Puabi）的 PG800 号墓发现的青金石带嘴杯【图12】，是两河流域目前发现的青金石器物中较大的一件，可能就具有某种仪式性功用。[41] 小件的青金石制品，如滚印，则常被当作"护身符"使用。在新亚述时期的一份医疗文书的末尾部分提到青金石滚印的特殊功效："青金石印（预示）他将获得力量，神将为之愉悦。"[42] 在埃及，青金石也有类似功效，如在中王国时期的魔法纸草中，青金石的珠子和印章被用于保佑新生儿和母亲的健康。[43]

美索不达米亚价值观念中对于吉祥"神采"的推崇，也使得艺术创作中，深邃而富于光泽感的青金石，与明亮而富于光泽感的黄金相辅相成，成为塑造神性形象或者高贵身份的最佳物质材料组合。巴比伦地区的西帕（Sippar）遗址发现的一件"太阳神石板"用图像和文字配合的方式记录了前9世纪上半叶，纳布·阿普拉·伊迪那（Nabu-apla-iddina）在位时期（前887—前855年）按照古代的方式"用黄金

41　Zettler and Horne, *Treasures from the Royal Tombs of Ur*, pp.151-152.

42　Beatrice L. Goff, "The Rôle of Amulets in Mesopotamian Ritual Texts," *Journal of the Warburg and Courtauld Institutes* 19, no. 1/2 (1956):p.27; Holly Pittman and Joan Aruz, *Ancient Art in Miniature: Near Eastern Seals from the Collection of Martin and Sarah Cherkasky* (New York: Metropolitan Museum of Art, 1987),p.11.

43　Winter, "The Aesthetic Value of Lapis Lazuli in Mesopotamia," p.50.

图12　青金石带嘴杯

材质：青金石；尺寸：高6.7厘米，直径10.5厘米
早王朝第三期上半期，约前2600—前2450年；出土于乌尔PG 800号王后普阿比墓，现藏于美国费城宾夕法尼亚大学考古与人类学博物馆

和青金石"复原修造了一尊太阳神沙玛什（Šamaš）像的事迹。[44] 还是在《吉尔伽美什史诗》中，恩启都（Enkidu）去世后，悲痛欲绝的吉尔伽美什决意为挚友打造一尊有着"青金眉毛，黄金胸膛"的雕像，用以缅怀和纪念这位威武如神的英雄。[45]

青金石与黄金相搭配，在文学描述或者艺术创作中还常用于一些神所拥有的、非同一般的器具。在两河流域的一些神话文本中，神被刻画为"在黄金的宝座上就座，在青金的餐桌上用餐。"[46] 在《吉尔伽美什史诗》中，女神伊施塔（Ištar）向吉尔伽美什求爱，并承诺奉送一架"青金与黄金打造的战车"。[47] 出土于巴比伦的一枚前9世纪的青金石滚印，上面刻有巴比伦主神马尔杜克（Marduk）和他的"角龙"的形象。这枚滚印高达19.8厘米，其上铭文记载，它是由巴比伦王马尔杜克·扎克尔·舒密一世（Marduk-zākir-šumi Ⅰ，前854—前819年在位）献给马尔杜克神的礼物；印章用"闪亮的青金石"配以黄金精心打造，以悬挂在马尔杜克神像的颈

44　Zainab Bahrani, Mesopotamia: Ancient Art and Architecture (London: Thames & Hudson, 2017), p.275.

45　George, The Epic of Gilgamesh: The Babylonian Epic Poem and Other Texts in Akkadian and Sumerian, 65.，第八块泥板，第71行。

46　CAD 卷20，第197页。

47　George, The Epic of Gilgamesh: The Babylonian Epic Poem and Other Texts in Akkadian and Sumerian, 48，第六块泥板，第10行。

图13　图坦卡蒙的金面罩

材质：金、黑曜岩、青金石、石英岩、玻璃
尺寸：高54厘米，宽39.3厘米
新王国第十八王朝时期，约制成于前1323年，
出土于埃及卢克索帝王谷KV62号墓

间，乞求神赐予他及后世子孙幸福康宁，保佑他们所统治的巴比伦长治久安。[48]

"青金＋黄金"的物质组合所彰显的非凡"神采"，在美索不达米亚以外的古代近东地区也同样受到热爱和推崇。在古埃及文学中，神的形象被描述为"银骨、金身、纯青金石头发"。[49] 埃及的法老作为统治世间的神的化身，酷爱用黄金与青金石搭配的方式来塑造自己的形象，新王国时期第十八王朝的少年法老图坦卡蒙（前1332—前1323年在位）墓出土的金面罩【图13】，可以说是这两种材质搭配的最华丽呈现。面罩整体以纯金打造，在法老金光闪闪的英俊面庞上，以天然青金石雕

48　Grant Frame, *Rulers of Babylonia: From the Second Dynasty of Isin to the End of Assyrian Control (1157-612 BC), The Royal Inscriptions of Mesopotamia, Babylonian Periods*, (Toronto: University of Toronto, 1995), 105: Marduk-zākir-šumi I, B.6.7.1

49　Miriam Lichtheim, *Ancient Egyptian Literature: A Book of Readings*, vol. II: The New Kingdom (Berkeley; Los Angeles; London: University of California Press, 1976), p.198.

琢眉毛和眼眶；而法老头巾（nemes）上的蓝色条带，则用模仿青金石的蓝色玻璃颜料涂抹成形。⁵⁰ 在这件作品中，美索不达米亚人所说的"山中之青金"与"窑中之青金"完美结合，并与黄金交相辉映。"青金+黄金"的搭配使得法老"神采"斐然，在物质层面已然拥有了与神一致的不朽之姿。

尽管青金石在古代近东世界并未像在西方那样，成为色板上某一"色相"的代名词，而更多强调的是其石材天然所具有的"色泽"。然而青金石所蕴含的幽深"神采"，特别是与黄金搭配使用时在视觉上引发的辉煌灿烂的"神圣感"，仍然有可能潜移默化地影响到西方绘画传统。上文中引述的意大利文艺复兴时期画家琴尼诺·琴尼尼的《艺术之书》中就提到，群青的颜色与金搭配，"无论在墙面还是木板上，都能够让画面粲然生辉"。⁵¹ 与琴尼尼的书大约创作于同一时代的，现在藏于英国国家美术馆的《威尔顿双联画》【图14】，是西方绘画中青金与黄金搭配传达"神采"的一个极好案例。画面中描绘了十一位蓝衣天使围着同样蓝色衣袍的圣母，后者怀抱以金色小毯包裹的圣婴耶稣，圣母和圣婴的头光以及整个画面的背景皆为纯金色。大片青金（群青）与黄金的色彩搭配营造出一种纯洁而神圣的气氛，这也成为西方绘画中此类题材形象塑造的色彩标配。⁵²

三 结语

> 他径直走过去，走向……神的树。
> 玛瑙树已结出果实，成串的葡萄，模样喜人。
> 青金石树枝繁叶茂，丰硕的果实，光彩照人。⁵³

50　Abeer el-Shahawy and Farid S. Atiya, The Egyptian Museum in Cairo: A Walk through the Alleys of Ancient Egypt (Cairo, Egypt: Farid Atiya Press, 2005),p.212.

51　Cennini, The Book of The Art of Cennino Cennini: A Contemporary Practical Treatise on Quattrocento Painting,p.47.

52　关于蓝色在西方绘画中的使用及其意涵研究，参见：David Scott Kastan, On Color, ed. Stephen Farthing (New Haven: Yale University Press, 2018), pp.98-117.

53　George, The Epic of Gilgamesh: The Babylonian Epic Poem and Other Texts in Akkadian and Sumerian, 75，第九块泥板，第172—176行。

图 14 威尔顿双联画(*The Wilton Diptych*)右侧板

木板油画;53厘米×37厘米
约1395—1399年;画家不详
现收藏于英国伦敦国家美术馆

在结束本篇关于青金石在古代美索不达米亚使用的历史与文化探源前,让我们最后一次回到《吉尔伽美什史诗》,也回到本文的开篇。虽然《史诗》所提到的以宝匣封箴、青铜扣锁的"青金石板"早已湮没无存,但是吉尔伽美什的名字伴随着他的故事以不同的语言、不同的版本流传于世,在两千年后的新亚述时期还在不断摹写传抄,并以一个官方规范的"标准巴比伦语版本"收存在尼尼微的皇家图书馆里。[54] 甚至在亚述帝国覆灭千余年以后,在阿拉伯《天方夜谭》的故事里,仍然能够于零星痕迹中追寻到这位苏美尔英雄留下的历史记忆和文化基因。[55]

然而,历史的风云变幻终究造成了物质传统与文化观念的沧海桑田。英国著名亚述学家斯蒂芬妮·戴雷(Stephanie Dalley)敏锐地观察到,当阿拉伯的英雄布鲁奇亚(Bulukiya)走进那片曾属于吉尔伽美什的"神秘花园",他所看到的神树上结满的宝石从吉尔伽美什时代的玛瑙和青金石,变成了红宝石和祖母绿。[56] 古代近东地区物质文化研究权威莫雷进一步探讨了这种变化背后体现的对于石材价值判断标准的耐人寻味的改变,他注意到,《吉尔伽美什》故事中提到的两种石材,其莫氏硬度指数都小于6,而《天方夜谭》中的两种石材,其莫氏硬度均高达9—10。[57] 在现代社会,为国际标准所公认的"贵重宝石",其莫氏硬度都在8以上。青金石仅有5.5的硬度指数在今天自然只能屈居于"半宝石"或"次贵重宝石"之列。然而,从青金石在古代美索不达米亚三千年文明史中位列所有宝石之首,并持续受到钟爱的事实来看,今人的价值标准显然不能投射到古人的文化心理和物质体验中,反之亦然。

"青金石再小也还是青金石!"[58] 苏美尔人的这句俗谚或许可以作为这种物质留给今天的我们的一则箴言。透过时间的长空,青金石的幽深"神采"所发出的点点微光仍然促动着我们不断去追寻、去捕捉,尝试发现其物质形式背后的文化意涵,在我看来,这正是历史的"温度"所在。

54　对于《吉尔伽美什史诗》"标准巴比伦语版本"的最新英译及研究,参见:Andrew R. George, *The Babylonian Gilgamesh Epic: Introduction, Critical Edition and Cuneiform Texts*, 2 vols (Oxford; New York: Oxford University Press, 2003). 较新的德译本,参见:S. Maul, *Das Gilgamesch-Epos*, München: C.H.Beck, 2005.

55　Stephanie Dalley, "Gilgamesh in the Arabian Nights," *Journal of the Royal Asiatic Society* 1, no. 1 (1991), pp.1-17.

56　Dalley, "Gilgamesh in the Arabian Nights," p.10.

57　Moorey, "Blue Stones in the Ancient Near East: Turquoise and Lapis-lazuli," pp.177-178.

58　参见苏美尔箴言集22:ETCSL 6.1.22,I 197.

农民、废墟与历史
——老勃鲁盖尔《十二月》中的"如画"风景

李涵之

老勃鲁盖尔:"如画"与否?

18世纪初,荷兰画家与艺术理论家杰拉德·德·拉尔塞(Gerard de Lairesse)对老彼得·勃鲁盖尔(Pieter Bruegel the Elder)笔下的风景不屑一顾,认为它们不配像既有评论中所认定的那样,被称为"如画"(schilderachtig)。[1] 在德·拉尔塞看来,"如画"的风景当如阿尔巴诺(Albano)、普桑(Poussin)等人笔下所表现的那样,绘有"健全笔直的树木,树干浑圆,枝叶繁茂;宽阔平坦的地面,起伏平缓;清澈宁静的河流;令人欣悦的远景;合适的色彩;宜人的蓝天,上有缓缓飘动的细云;优雅的喷泉、壮观的房屋和宫殿,依建筑规则布置,装饰丰富;造型精妙、动作宜人的人,每一个都根据其特质着色、饰衣;奶牛、绵羊及其他精心喂养的牲畜"。[2] 相反,一旦一幅风景画上出现"变形的树,枝叶蔓延,自东而西无序地伸展,树干歪曲,老而皲裂,生满疥疤与空洞;地面崎岖不平,不见道路;远景

---

1 Gerard de Lairesse, *Groot schilderboek: waar in de schilderkonst in al haar deelen grondig werd onderweezen, ook door redeneeringen en printverbeeldingen verklaard: met voorbeelden uyt de beste konst-stukken der oude en nieuwe puyk-schilderen, bevestigd: en derzelver welen misstand aangeweezen*, Vol. I, Amsterdam 1712, pp. 418-419. 有关德·拉尔塞的生平及理论,参见 C. Kemmer, "In Search of Classical Form: Gerard de Lairesse's 'Groot Schilderboek' and Seventeenth-Century Dutch Genre Painting", *Simiolus: Netherlands Quarterly for the History of Art*, Vol. XXVI, No. 1/2, 1998, pp. 87-115.

2 De Lairesse, *Groot schilderboek*, pp. 418-419.

图1 老彼得·勃鲁盖尔，收获者
1565，木板油画，116.5厘米×159.5厘米，
纽约大都会艺术博物馆，罗杰斯基金（Rogers Fund），1919

中有尖锐的山岗和怪异的峰峦；粗糙或坍塌的建筑，各部分上下错乱；浑浊的溪流；布满厚重云层的昏暗天空；充斥着瘦弱牲畜和流浪的异教徒的田野等"，[3] 它便当不得"如画"的美誉。在德·拉尔塞看来，广受称赞的勃鲁盖尔的风景画正是反例。[4]

倘若我们带着上述标准观看老勃鲁盖尔的著名组画《十二月》【图1】，便可轻易发现，德·拉尔塞对这位画家笔下风景的态度是十分自然的。这一系列作品是勃鲁盖尔于1565年为安特卫普商人尼可拉斯·约赫林克（Nicolaes Jonghelinck）创作的，最早陈列在约赫林克位于特贝肯（ter Becken）的乡间别墅室内。组画由六幅

---

3 De Lairesse, *Groot schilderboek*, p. 419.

4 Ibid., p. 419.

木板画组成，其一已佚，现存的五幅各自表现两个月的景象：《雪中猎人》表现 12月、1月的场景，《阴天》展示 2月、3月间的风光，《收割干草》再现的是 6月、7月景象，《收获者》表现 8月、9月风貌，《牧群归来》则展现 10月、11月的景色。[5] 这组作品里出现的大量或奋力劳作或肆意休憩的农民形象，很难称得上姿态"宜人"，与德·拉尔塞笔下的"如画"标准相去甚远，而人物周围景色中那些弯折的枯木、泥泞的地面、嶙峋的山岩、翻滚的浓云，更非德·拉尔塞眼中的"如画"风景。

然而，纵观诸多荷兰艺术理论，勃鲁盖尔的作品并非始终如德·拉尔塞所论，背离"如画"标准。荷兰语中，"如画"（schilderachtig）一词的内涵经历了较大变化，而德·拉尔塞对它的阐释其实已与早期艺术理论家的理解颇为不同。鲍德温·巴克（Boudewijn Bakker）对"schilderachtig"含义的演变做过细致的研究，认为最早使用该词的人是 16 世纪佛拉芒画家、艺术史家和艺术理论家卡尔·凡·曼德尔（Karel van Mander）。凡·曼德尔眼里的"如画"内涵与德·拉尔塞笔下的并不一致。[6] 当他使用该词时，"schilderachtig"多半表达一种极高的赞扬，且总与再现自然有关。一方面，它既可以用来形容作品的风格，表示一种适合入画的、有序温和的质朴风格，又可以指示一件作品的创作方式，表示画家作画时是在"写生"，在模仿自然；另一方面，它也形容画家本人的特质："如画"的画家谦和有礼、文雅理性。[7]

根据凡·曼德尔的标准，勃鲁盖尔笔下的许多风景确实"如画"。一方面来说，老勃鲁盖尔创作这些作品的方式符合凡·曼德尔眼中的"如画"标准。依康拉德·奥贝胡贝（Konrad Oberhuber）对勃鲁盖尔早期风景素描的研究，在不少

---

5 对这一系列作品的主题和创作背景的探讨可见 I. Buchanan, "The Collection of Niclaes Jongelinck: II The 'Months' by Pieter Bruegel the Elder", *The Burlington Magazine*, Vol. CXXXII, No. 1049, 1900, pp. 541-50; W. S. Gibson, *"Mirror of the Earth": The World Landscape in Sixteenth-Century Flemish Painting*, Princeton 1989, pp. 69-74; H. J. van Miegroet, "'The Twelve Months' Reconsidered: How a Drawing by Pieter Stevens Clarifies a Bruegel Enigma", *Simiolus: Netherlands Quarterly for the History of Art*, Vol. XVI, No. 1, 1986, pp. 29-35; C. De Tolnay, *Pierre Bruegel l'Ancien*, Brussels 1953, p. 69, note 85; E. Panofsky, *Early Netherlandish Painting: Its Origins and Characters*, New York, Evanston, San Francisco, London 1953, pp. 27-34.

6 B. Bakker, "Schilderachtig: Discussions of a Seventeenth-Century Term and Concept", *Simiolus: Netherlands Quarterly for the History of Art*, Vol. XXIII, No. 2/3, 1995, pp. 147-62; see also Gibson, *Pleasant Places*, p. 168.

7 Bakker, "Schilderachtig", pp. 148-152.

作品中，画家首先通过写生完成初步素描，再使用墨水笔精心描绘细节。[8] 这正是凡·曼德尔认为的"如画"的创作方式。而更重要的是，老勃鲁盖尔的许多作品与凡·曼德尔描述的"如画"之作颇为相近。一个典型的例子是凡·曼德尔学着《荷马史诗》所作的一个艺格敷词。在其艺术家传记开篇，凡·曼德尔叙述了特洛伊战争时火神伏尔干为阿基里斯铸造盾牌的故事，称这块盾上饰有一幅广阔的全景画。他描述，除了两座熙熙攘攘的城池外，该画还呈现了一片田野，其上有农夫犁耕。在页边注中，凡·曼德尔把这样的风景标注为"如画的装饰"（schilderachtighe versieringhen）。[9] 巴克认为这种"如画的装饰"同勃鲁盖尔和帕蒂尼尔的"世界风景"（Weltlandschaft）十分类似，[10] 而盾上的画面也确实很容易让人想到《十二月》里的俯视的、全景式的风景，以及其中反复出现的、有序的城镇风貌和繁忙的农耕景观。

在文艺复兴时期的尼德兰，德·拉尔塞所反对的那种贫瘠风景常被用以象征清贫的美德。最典型的例子是描绘基督诞生的作品，在这些图像中，圣母子周围的环境多非德·拉尔塞眼中的如画之景。[11] 当然，尽管勃鲁盖尔也表现过不少类似题材的风景，在更多情况下，他笔下的枯枝败叶和崎岖道路未必带有类似的道德内涵；在对景物的选择上，更重要的影响因素是审美趣味：充满奇异景观的北方的风景艺术，"凭借其荒凉，向人提供了最适宜的母题"。[12] 凡·曼德尔赞美过汉斯·鲍尔所绘的一座城堡的奇异结构，[13] 而在意大利，乔尔乔·瓦萨里（Giorgio Vasari）和保罗·皮诺（Paolo Pino）均对北方这种独特的风景画十分欣赏。[14] 不管在艺术批评家的笔下"如画"与否，老勃鲁盖尔作品里常见的此类场景确实影响了自16世纪以

8　K. Oberhuber, "Bruegel's Early Landscape Drawings", *Master Drawings*, Vol. XIX, No. 2, 1981, pp.146-56, pp. 206-219.

9　"Merckt hier schilderachtighe versieringhen". Karel van Mander, "Het leven der oude antijcke doorluchtighe schilders", in Karel van Mander, *Het schilder-boeck: waerin voor eerst de leerlustighe jueght den gront der edel vry schilderconst in verscheyden deelen wort voorghedraghen*, Haarlem 1604, fol. 60v.

10　Bakker, "Schilderachtig", pp. 150-151.

11　有关这类风景，参见 Gibson, *Pleasant Places*, pp. 157-160; 贡布里希：《文艺复兴时期的艺术理论和风景画的兴起》，见范景中编选：《艺术与人文科学：贡布里希文选》，浙江摄影出版社，1989年，第149—152页。

12　转引自贡布里希：《文艺复兴时期的艺术理论和风景画的兴起》，第149页。

13　Van Mander, "Het leven van Hans Bol, Schilder van Mecchelen", in *Het schilder-boeck*, fol. 260r.

14　Paolo Pino, *Dialogo di pittura*, Venice 1548, fol. H1v; see also Gibson, *Pleasant Places*, p. 164；贡布里希：《文艺复兴时期的艺术理论和风景画的兴起》，第149—152页。

来的尼德兰风景画。这种风格经过一代代艺术家的继承与发展,在 17、18 世纪大行其道,[15] 最终发展为我们更为熟知的"如画"风格:它是粗糙的、不规则的、复杂多变的。当我们对比勃鲁盖尔的风景作品和那些公认的如画之作时,可以看到明显的重合之处:景物的层次、构图,以及粗糙的质感。[16]

历史再现:古典废墟与当代农民

老勃鲁盖尔风景画里那些常常并不"宜人"的人物形象,多半出现在乡间农事与娱乐场景中。农事与娱乐活动是尼德兰风景画里的重要母题。凡·曼德尔表示,画家在创作风景画时,应当描绘"在这儿耕作、在那儿刈草装车,以及在旁地方钓鱼、划船、捕鸟、打猎"的人物,[17] 而 16 世纪荷兰人文学者哈德良·朱尼乌斯(Hadrianus Junius)也曾赞扬著名画家麦尔顿·凡·希姆斯科克(Maerten van Heemskerck)"擅以一种分外吸引人的风格,画山谷、农舍、河流、海峡、航船,以及骑骡或乘车往镇上去的人,或者戴着宽檐帽防晒的行者"。[18]

在一定程度上,这种特征是由其时表现风景的常见题材所决定的。在风景画成为一个自治的门类前,对山水林木的描绘多见于那些历史更为悠久的题材里;风景画兴起后,属于这些传统题材的大量元素留存了下来。这些题材中十分典型的一个是"月作图"(Labour of the Months),以及与之紧密相关的四季画。对月份和季节的描绘源远流长,可以追溯到公元前 1 至 2 世纪。詹姆斯·卡尔森·韦伯斯特(James Carson Webster)将其分为三类:其一,纯以拟人形象表现月份或季节;

15　有关勃鲁盖尔的风景程式对之后画家的影响,参见 L. Silver, *Peasant Scenes and Landscapes: The Rise of Pictorial Genres in the Antwerp Art Market*, Philadelphia, Pennsylvania 2006, pp. 161-169; Gibson, *Pleasant Places*, pp. 121-128; W. Stechow, *Dutch Landscape Painting of the Seventeenth Century*, London 1966, pp. 5-18, p. 51.

16　D. Marshall, "The Problem of the Picturesque", *Eighteenth-Century Studies*, Vol. XXXV, No. 3, 2002, pp. 413-437; Gibson, *Pleasant Places*, pp. 149-151; M. Batey, "The Picturesque: An Overview", *Garden History*, Vol. XX, No. 2, 1994, pp. 121-132; 贡布里希:《文艺复兴时期的艺术理论和风景画的兴起》,第149—152页; S. Ross, "The Picturesque: An Eighteenth-Century Debate", *The Journal of Aesthetics and Art Criticism*, Vol. XLVI, 1987, pp. 271-279.

17　Van Mander, "Den grondt der edel vry schilder-const", in *Het schilder-boeck*, fol.37v.

18　Hadrianus Junius, Batavia: in qua praeter gentis & insulae antiquitatem, originem, decora, mores, aliaque ad eam historiam pertinentia, declaratur quae fuerit vetus Batavia, Leiden 1588, p. 239; see also Gibson, *Pleasant Places*, p.118.

其二,以神祇形象指示月份;其三,以当月或当季中人们惯常所做之事来展现该月或季节的特征。在这三类表现方式中,第三种最为常见,于中世纪始盛行的时祷书(Book of Hours)和圣诗集(psalter)中大行其道,形成了"月作图"的传统,[19] 也正是在这里,对风景的描绘日渐兴盛。[20] 勃鲁盖尔的《十二月》正是这一发展的产物。通过表现风景里的农事或娱乐活动,他将16世纪人们对风景艺术日渐浓厚的兴趣,借由月作图的传统母题表现出来:《雪中猎人》展示了月作图中常出现在12月、1月画面里的雪猎、溜冰与生火取暖之景,《阴天》则表现多见于2月、3月的拾柴、修枝场面,《收割干草》展现6月、7月的割草和摘果活动,《收获者》表现7月、8月收割、藏谷与摘果的场面,《牧群归来》体现的则是10月、11月常见的畜牧景象。[21]

但老勃鲁盖尔画中的农人仅是经由月作图传统遗存下来的元素吗?事实并非如此。纵观其艺术作品,尽管他确实对风景有着浓厚的兴趣,[22] 却始终对农民形象十分关注,绘有大量集中关注农民题材的风俗画。[23] 勃鲁盖尔笔下风景里的农人,绝非如17世纪往后荷兰风景艺术中的人物形象那样,仅起点景作用。在他的作品中,不仅风景本身占据着重要地位,风景与风景里各色人物(尤其是农人)的关系同样不可忽视。以《十二月》组画为例,画中的农人是其周围风景的一部分,如某种"遗迹",令风景更"如画"。

倘若我们暂将风景里的农民形象本身搁置一边,参照风景画中常见的另一个母题——"废墟",或许能在这个问题上产生一些新的见解。斯蒂芬妮·珀拉斯(Stephanie Porras)对勃鲁盖尔笔下的农民与废墟做过深入的对比研究,在她看

19　J. C. Webster, *The Labors of the Months in Antique and Mediaeval Art to the End of the Twelfth Century*, Evanston, Chicago 1938, pp.5-56. 有关中世纪手抄本插图中的风景,参见 D. Pearsall and E. Salter, *Landscapes and Seasons of the Medieval World*, London 1973, pp. 131-205.

20　Pearsall and Salter, *Landscapes and Seasons*, pp. 143-144.

21　关于月作图中惯常表现的各月农事与娱乐活动,部分案例可见韦伯斯特的整理:Webster, *The Labors of the Months*, pp. 117-179, 以及佛勒的整理:J. Fowler, "On Mediaeval Representations of the Months and Seasons: Communicated by James Fowler", Archaeologia, Or, Miscellaneous Tracts Relating to Antiquity, Vol. XLIV, 1873, pp. 137-224. 已有不少学者讨论过月作图传统对勃鲁盖尔的影响,如 Buchanan, "The Collection of Niclaes Jongelinck", pp. 541-550; De Tolnay, *Pierre Bruegel l'Ancien*, p. 69, note 85; Panofsky, *Early Netherlandish Painting*, pp. 27-34; Van Miegroet, "'The Twelve Months'Reconsidered", pp. 29-35; Gibson, *Mirror of Ehe earth*, pp. 69-74.

22　勃鲁盖尔的大量风景作品可见 N. M. Orenstein (ed.), *Pieter Bruegel the Elder: Drawings and Prints*, New York 2001, pp. 87-136.

23　Van Mander, "Het leven van Pieter Brueghel, uytnemende Schilder van Brueghel", in *Het schilder-boeck*, fol. 233r.

来，勃鲁盖尔风景画中的当代农民形象与古典废墟实为一物，均可被视作"想象中的过去"，是一种"历史遗迹"。珀拉斯指出，废墟是从遥远的过去遗存下来的物质或文字，风俗则是流传下来的行为习惯，尽管对前者的研究需要古物学者深入历史，而后者可以直接在当下被观察到，它们其实均是"历史想象"的一种。珀拉斯认为，16世纪时，风俗是尼德兰历史学家笔下的重要"文献"，和废墟十分相似，二者均指向古代。勃鲁盖尔笔下的农民正是尼德兰风俗的体现，与其时颇受关注的废墟有着相似的功用，表达了艺术家的历史想象。[24]

尽管勃鲁盖尔在描绘风景里的农民时，未必真的刻意地回望了过去，参考着那些表现废墟的作品，以这些人物来表现某种"历史想象"，但客观来说，他笔下的农人确实可以与废墟相提并论。一方面，撇开珀拉斯理论中的各种细小瑕疵不论，[25]她对废墟和农民关系的探讨确实颇有价值。不论勃鲁盖尔的创作意图如何，通过描绘当时的风俗，这位画家确实展现了保存在这些风俗里的部分"过去"，而他画里的农民也成为某种意义上的"遗迹"：他们是为我们亲身"表演"风俗的"演员"，历史凝聚在他们身上。而在另一方面，勃鲁盖尔笔下的农民形象和废墟形象传达了十分相似的内涵。已有不止一位学者注意到，勃鲁盖尔笔下的农民脸孔多呈现出一种面具化的特质。[26]奥托·本内施（Otto Benesch）认为这种表现手法是画家刻意选取的，意在模糊个体人物本身，以表达自然对人的统摄，展现"宇宙的灵魂与构造"。[27]以《十二月》为例，勃鲁盖尔采取俯瞰的视角展现出全景式的画面，令画中的农人仿佛融入了周围的风景，成为自然的一部分，为后者支配，遵循宇宙法则预设的轨迹发展。[28]对废墟的迷恋则源于文艺复兴时期的一个尤为重

24　S. Porras, *Pieter Bruegel's Historical Imagination*, University Park, Pennsylvania 2016, pp. 21-53.

25　如珀拉斯在解读勃鲁盖尔为科克设计的版画《夏》时，将其中不少物象附会为酒神巴库斯元素（Bacchic elements），来展现勃鲁盖尔笔下农民的古典性（Porras, *Bruegel*, p. 90.）。然而，倘若我们分析涉及四季主题的大量文献 [Ovid, Fasti, I.671-74, II.519-20, IV.617-18; E. Baehrens (ed.), *Poetae Latini Minores*, Vol. IV, Leipzig 1882, pp. 131-133.]，以及同时期尼德兰版画铭文所引用的诸多诗歌，可以发现，《夏》画面中的这些形象应当与农神克勒斯的联系更为紧密。在表现四季题材的大量文艺作品中，克勒斯频繁出现于夏季的场景中，酒神巴库斯则更常被表现在秋天的主题内。

26　Silver, *Peasant Scenes and Landscapes*, pp. 123-124; O. Benesch, *The Art of the Renaissance in Northern Europe: Its Relation to the Contemporary Spiritual and Intellectual Movements*, Cambridge, Mass. 1945, pp. 95-106.

27　Benesch, *The Art of the Renaissance in Northern Europe*, pp. 95-106. 肯尼斯·克拉克反对这种观点，认为勃鲁盖尔笔下的风景特征仍由"人"决定，见克拉克：《风景画论》（Landscape into Art），四川美术出版社，1988，第33—34页。

28　Benesch, *The Art of the Renaissance in Northern Europe*, pp. 102-104.

要的主题——循环和复生的主题，而该主题源自文艺复兴时期占星术里的老生常谈——自14世纪始的、对重大事件的预言。这种理论认为世事发展由行星的位置关系决定，个人、国家，乃至整个文明的生死兴衰，均受星象掌控，通过观星，占星术士们预言即将发生的各种事件。[29] 废墟正是引发万物循环生灭的星辰运行的产物之一，而对废墟的热衷，正是人类面对这一力量时的敏感反应：康士坦丁·惠更斯（Constantijn Huygens）对"崩毁废墟的无形辉煌"大加颂扬，[30] 威廉·吉尔平（William Gilpin）也赞叹那些"坍圮的高塔、哥特拱门、城堡遗迹，以及修道院……已被时间封圣"。[31] 在勃鲁盖尔笔下的农人和废墟上，我们均可看到某种更宏观的法则对人世支配的痕迹，感受到对这种法则的慨然。也正是在这种法则下，风景画和其常栖居其中的乡村别墅，从中世纪的没落中重又升起。[32]

文艺复兴时期，对废墟的重视程度攀至自古典时期后的又一个高峰。其时各地对罗马遗迹的狂热是这股潮流的典例：在物质维护方面，经历了漫长的轻忽和破坏后，15世纪，不少教皇开始明文禁止对这些遗迹的损毁。在人文研究方面，不少古物学家对这些遗址有过探讨，并大量出版遗迹指南，介绍它们的概况和历史。在艺术方面，建筑师实地观测，试图在自己的作品中复现古典技艺，而画家们更

29　E. Garin, *Astrology in the Renaissance: The Zodiac of Life*, tr. C. Jackson, J. Allen, revised by C. Robertson, London, Boston 1983, pp. 14-19. 有关占星术在当时社会的受接受程度，参见 W. Eamon, "Astrology and Society", in B. Dooley (ed.), *A Companion to Astrology in the Renaissance*, Leiden, Boston 2014, pp. 142-91.

30　See Gibson, *Pleasant Places*, p. 142.

31　William Gilpin, *Three Essays: On Picturesque Beauty; on Picturesque Travel; and on Sketching Landscape: to Which is Added a Poem, on Landscape Painting*, London 1792, p. 46.

32　正是"循环和复兴"构成了文艺复兴文化的重要基石。就《十二月》而言，这一主题不仅在画面内容里可得一窥，也存在于风景表现本身上。文艺复兴时期风景艺术的兴起伴随着罗马别墅文化的复兴，大量艺术赞助人遵循小普林尼为代表的古典作家对"清闲"的颂扬 [Pliny the Younger, Epistolae, I.ix; see also J. Hindermann,"Locus amoenus und locus horribilis–zur Ortsgebundenheit von otium inden Epistulae von Plinius den Jüngeren und Seneca", in F. C. Eickhoff (ed.), *Muße und Rekursivität in der antiken Briefliteratur: Mit einem Ausblick in andere Gattungen*, Mohr Siebeck GmbH & Co. KG, 2016, pp. 113-122.]，热衷于从城市喧嚣中退居风景环绕的乡间别墅，并在别墅内再置风景画，约赫林克便是其中之一。《十二月》组画遵循着承自维特鲁威的古典分类法，合适地陈于特贝肯别墅中的同一房间。从该室内向外望，窗外便是农民耕作之景，室内风景画里的农事与娱乐活动呼应着室外真实风景里的相似画面，强化了别墅主人对景和人的"拥有权"：约赫林克同时拥有这一系列木板画、风景，以及风景里的农人（Gibson, *Pleasant Places*, p.130）。他甚至拥有再现辉煌过去的能力——他能够像先贤一样远离城镇的喧嚣、居于饰有风景画的乡间别墅里，能够令别墅文化复生在他的日常生活里。正是在《十二月》的所置之所，勃鲁盖尔和约赫林克对古代别墅文化的想象得以实现。

是从各地涌入罗马,对这些遗迹进行写生,[33] 勃鲁盖尔正是其中之一。[34] 勃鲁盖尔本人鲜有描绘废墟的作品留存于世,但他的许多友人与合作者均对这一母题兴趣浓厚,在他们主持创作的作品中,常可见废墟与农民在风景里并置的画面。这些朋友中十分重要的一位是安特卫普的版画出版商希罗尼姆斯·科克(Hieronymus Cock)。1551年,科克出版了《一些重要的古罗马废墟》(*Praecipua aliquot Romanae antiquitatis ruinarum*),内含一系列描绘罗马遗迹的版画。1561和1562年,他再度出版了两部罗马废墟纲目。[35] 正是在此期间(约1554年),勃鲁盖尔从罗马回到安特卫普,开始为科克工作,并为其设计了不少版画。如1555年至1560年间出版的风景画系列,[36] 又如《四季》系列中的《春》【图2】与《夏》【图3】。[37] 科克出版的版画中,废墟多置于风景里,且周围常围绕着持有各类工具的农民形象,展现农民发掘遗迹的场面【图4、图5】。[38] 除科克外,勃鲁盖尔的好友、著名制图师和考古学家亚伯拉罕·奥特利乌斯(Abraham Ortelius)同样对古典遗迹颇有研究。1568年间,奥特利乌斯出版了不列颠堡遗迹(Arx Britannica)地图。该遗址1520年发掘于莱顿(Leiden),奥特利乌斯认为它是一座罗马时期的边境堡垒,是当时前往不列颠的中转基地。该图上,遗迹示意图同样被置于一片风景里,景间也可见或发掘遗址、或忙于农事的人物形象。[39] 此外,哈德良·朱尼乌斯的《巴达维亚》(*Batavia*)中同样存在大段对不列颠堡遗迹的描述,而这位人文主义学者也与勃鲁盖尔相识。[40] 通过勃鲁盖尔本人在罗马的学习经历,以及他同上述

---

33   A. Hui, "The Poetics of Ruins: Vestigia, Monuments, and Writing Rome in Renaissance Poetry", PhD Thesis, Princeton University, 2009, p.xii, pp.13-25.

34   Van Mander, "Het leven van Pieter Brueghel", fol. 233r.

35   Porras, *Bruegel*, p. 25; C. P. Heuer, "Hieronymus Cock's Aesthetic of Collapse", *Oxford Art Journal*, Vol. XXXII, No. 3, 2009, pp. 389-408.

36   See Orenstein (ed.), *Pieter Bruegel the Elder*, pp. 122-135.

37   N. M. Orenstein, "The Elusive Life of Pieter Bruegel the Elder", in Orenstein (ed.), *Pieter Bruegel the Elder*, p. 7; see also Orenstein (ed.), *Pieter Bruegel the Elder*, pp. 236-238, pp. 243-245; Gibson, *Pleasant Places*, pp.125-128.

38   Porras, *Bruegel*, pp. 23-25.

39   T. L. Meganck, "Abraham Ortelius, Hubertus Goltzius en Guido Laurinus en de studie van de Arx Britannica", *Bulletin van de Koninklijke Nederlandse Oudheidkundige Bond*, Vol. XCVIII, 1999, pp. 225-236; see also Porras, *Bruegel*, pp. 21-24; J. Papy, "An Antiquarian Scholar between Text and Image? Justus Lipsius, Humanist Education, and the Visualization of Ancient Rome", *The Sixteenth Century Journal*, Vol. XXXV, No. 1, 2004, p. 118, note79.

40   Junius, *Batavia*, pp. 107-122; Porras, *Bruegel*, pp. 26-27.

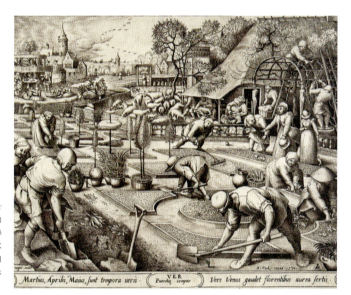

图2 彼得·凡·德·海登（Pieter van der Heyden），老彼得·勃鲁盖尔，春，1570，版画，22.8厘米×29厘米，纽约大都会艺术博物馆，哈里斯·布里斯班·迪克基金（Harris Brisbane Dick Fund），1926

图3 彼得·凡·德·海登，老彼得·勃鲁盖尔，夏，1570，版画，22.5厘米×28.7厘米，纽约大都会艺术博物馆，哈里斯·布里斯班·迪克基金，1926

图4　希罗尼姆斯·科克,《一些重要的古罗马废墟》内页
1550,版画,21.9厘米×30.5厘米,纽约大都会艺术博物馆,
菲利斯·马萨遗赠(Bequest of Phyllis Massar),2011

图5　希罗尼姆斯·科克,《一些重要的古罗马废墟》内页
1550,版画,19.5厘米×28.3厘米,纽约大都会艺术博物馆,菲利斯·马萨遗赠,2011

朋友们的交流，他应当对这种风景里的废墟形象十分熟悉，也对这些废墟旁的农人十分熟悉。这些农民是其所处风景的一部分，正如废墟已被融入了周边风景一样。亘古不变的天地和山林间，农人仍延续着传统，每月依习俗开展农事和娱乐活动。从他们身上，我们可以清晰地看到勃鲁盖尔之前尼德兰风貌的影子，正如在科克和奥特利乌斯作品里的废墟上，历史的倒影高大、厚重又苍茫。

勃鲁盖尔对古典的追索清晰地体现在《十二月》中风景和农人的这种关系上。尽管中世纪艺术里的风景确实继承了一些古典风景的特征，但总体来说，这两个时期对风景的描绘相去甚远。除却表现手法上的差异（如对透视的使用，以及对整体与细节的关系处理），被表现的风景本身同样颇有不同：在古典的作品中，一派和谐的人类世界和自然世界间并无藩篱，中世纪的画家们却要在自然的"野地"里围出一个"花园"，以抵御外在的那些不可知的危险。[41] 勃鲁盖尔则打破了中世纪风景里的这种界限，将人再度放回自然里。《十二月》画面中的农民各自进行着农事或娱乐活动，自然地融入了周围风景，成为这些风景的一部分，就像科克和奥特利乌斯的废墟融入了周围的草木、成为紧密无间的一体那样。

德·拉尔塞厌恶那些"粗糙或坍塌的建筑"，[42] 但在更多艺术批评家笔下，废墟无疑是"如画"的。吉尔平宣称"如画之眼仿佛总是热烈地追逐那些优雅的古建筑"，并强烈地要求艺术家在风景画中不绘"平整的建筑"，而是表现"粗糙的废墟"。[43] 勃鲁盖尔的农民"如画"吗？德·拉尔塞高声反对，凡·曼德尔无声赞同。勃鲁盖尔的风景"如画"吗？艺术理论家们同样众说纷纭。过去，这位尼德兰大师的作品多被认为是对现实的忠实模仿。这一幻觉业已被打破。[44] 意大利艺术对老勃鲁盖尔的影响已被不少学者讨论过，而前者对理想美的追求不仅在勃鲁盖尔笔下的人物形象上留下了深深的刻痕，[45] 更在他的风景画中显露无遗。这种美化自然

41　See Pearsall and Salter, *Landscapes and Seasons*, p. 14.

42　见注3。

43　William Gilpin, *Three Essays*, pp. 7-8, p. 46.

44　如当贡布里希谈论北方风景艺术时，用的仍是贯穿他大量研究的"先制作、后匹配"的理论，以说明勃鲁盖尔在创作中实际是在用北方视觉传统中山岩的程式。见贡布里希：《文艺复兴时期的艺术理论和风景画的兴起》，第151—152页。

45　如米开朗基罗对勃鲁盖尔的影响，见 C. de Tolnay, *The Drawings of Pieter Bruegel the Elder: With a Critical Catalogue*, London 1952, p.76; A. Blunt, "Picasso's Classical Period (1917-1925)", *The Burlington Magazine*, Vol. CX, No. 781, 1968, p. 191.

的再现手法不断演进，最终发展成普莱斯等艺术理论家笔下著名的"如画"标准。我们说 picturesque 是从 schilderachtig 发展而来的，但这一观念的内涵在其发展过程中经历了何等变化，[46] 却直接影响了我们对具体作品"如画"与否的判断。尽管德·拉尔塞拒绝形容勃鲁盖尔的风景"如画"，首次将该词运用于艺术的凡·曼德尔却明确以之标记勃鲁盖尔式的风景，而将"如画"观念发展至巅峰的吉尔平、普莱斯等人也未必赞同那位反对者。勃鲁盖尔笔下那些与历史息息相关、带着人文主义古典气息的风景正是证明，这一点在《十二月》中显露无遗——考虑到他曾同诸多人文学者密切交往，以及他那些煊赫的赞助人，[47] 这并不奇怪。

46　有关这些变化，尤其在荷兰的变化，见 W. Pantus, " 'In schilderchtige schakeering'. Over de ontwikkeling van de termen 'schilderachtig'en 'pittoresk' in de Nederlandstalige kunstliteratuur sinds de romantiek", in C. van Eck, J. van den Eynde, W. van Leeuwen (eds), *Het schilderachtige: studies over het schilderachtige in de Nederlandse kunsttheorie en architectuur 1650-1900*, Amsterdam 1994, pp. 66-71; see also Gibson, *Pleasant Places*, pp. 170-172; Bakker, "Schilderachtig", pp. 147-162.

47　See Orenstein, "The Elusive Life of Pieter Bruegel the Elder", pp. 8-9.